Wulf Schwarzwäller · Rudolf Heß

Inhalt

1. KAPITEL

Tod in Spandau

Rudolf Heß, die langlebigste »Größe« des zwölf Jahre währenden tausendjährigen Reiches, starb am 17. August 1987 im Alter von 93 Jahren im Gefängnis von Berlin-Spandau. Seit Oktober 1966, als seine Mithäftlinge Albert Speer und Baldur von Schirach nach 20 Jahren Haft auf die Minute genau entlassen wurden, war der »Stellvertreter des Führers« der einzige Häftling in dem für 600 Strafgefangene angelegten Bau. Zelle Nummer 7 (Maße: 2 x 3 Meter) wurde zur teuersten Einbett-Unterkunft der Welt: 2800,– DM pro Tag, einschließlich Vollpension. Die ehemaligen Alliierten des Zweiten Weltkriegs – Amerikaner, Russen, Briten und Franzosen – leisteten sich den Luxus, Heß als einsamsten und kostspieligsten Gefangenen auf Erden, als letztes Symbol ihrer Allianz seit einem Menschenalter hinter Gittern, Mauern und Stacheldraht zu halten; ständig bewacht und beaufsichtigt von 33 Soldaten, 20 Gefängnisbeamten, 17 Zivilangestellten, vier Ärzten, einem Kaplan und vier Festungskommandanten. Dieser Luxus hat den bundesdeutschen und den Westberliner Steuerzahler viele Millionen Mark gekostet (die DDR zahlte keinen Pfennig).

Seit 1947 saß Heß in Spandau ein, aber seine Freiheit verlor er am 10. Mai 1941, als die Engländer den »Parlamentär in geheimer Mission ohne Auftrag« nicht als Verhandlungspartner akzeptieren mochten und ihn als privilegierten Kriegsgefangenen einsperrten; als Winston Churchill, Premierminister des Kriegskabinetts, zum Herzog von Hamilton sagte: »Sie wollen mir allen Ernstes erzählen, daß der Stellvertreter des ›Führers‹ in England ist? Also, Heß oder nicht Heß, ich schau' mir jetzt im Kino die Marx-Brothers an«; als Adolf Hitler über die deutschen Sender seinen Stellvertreter offiziell für geistesgestört erklären ließ.

Der »Narr« hat sie alle überlebt: Churchill und de Gaulle, Roosevelt und Stalin. Er hat viele Präsidenten der Vereinigten Staaten überlebt und zahllose der Nachfolger in den höchsten Ämtern der anderen Siegernationen: Attlee und Eden; Bidault, Schuman, de Gaulle, Berija, Bulganin, Chruschtschow, Breschnew... Und – er hat auch Adenauer und Ulbricht überlebt. Von denen, die zum Zeitpunkt seines Todes an der Spitze der Regierungen der vier Siegermächte des Zweiten Weltkriegs standen, sprach damals noch niemand. Und niemand ahnte, wie rasch es zu der Frontstellung kommen würde, derentwegen Heß sein aberwitziges Unternehmen startete: Ihm schwebte im Vorfeld des Rußlandfeldzuges eine Verständigung mit den Westmächten vor. Er wollte nicht einsehen, daß die einstige gemeinsame antibolschewistische Haltung nun im Krieg nicht mehr gelten sollte.

Der Tod des Rudolf Heß war, wie sein Leben, ein Anachronismus: Die Augen der Welt waren auf ihn gerichtet und schienen ihn gleichsam kaum zu beachten. Sein Weg, der in Spandau in dunkler Zelle endete, begann im sonnigen Ägypten, wo er geboren wurde und seine Kindheit verbrachte.

Sie war geprägt von selbstverständlichem Luxus. Er wurde von Dienstboten, von Kindermädchen und Hauslehrern umsorgt. Da war der jüngere Bruder, die kleine Schwester. Da war die Mutter: fromm, nachgiebig, belesen. Und da war der Vater: ein wohlhabender deutscher Kaufmann, ein strenger Patriarch und Puritaner. Sein Vorbild: der Preußenkönig Friedrich Wilhelm I.

Mit 14 Jahren kommt er, der Älteste, nach Deutschland. In ein piekfeines rheinisches Internat. Er glänzt in Mathematik und Physik. Er möchte Ingenieur werden oder Physiker. Aber der Vater hat bestimmt, daß er Kaufmann wird. Also wird er Kaufmann. Er ist zum Gehorsam erzogen. Nicht anders als Tausende deutscher Bürgersöhne, für die der Satz gilt: »Der Vater hat immer recht, ob es mir nun paßt oder nicht!«

Aber dann unterbricht ein Krieg die Ausbildung. Der Kaufmannslehrling wird Soldat. Ein guter Soldat. Er wird Offizier, erhält einen Tapferkeitsorden, wird verwundet. Von der Infanterie kommt er zu den Fliegern. Dann ist der Krieg aus. Verloren, ehe der junge Fliegeroffizier seinen ersten Gegner abschießen kann. Mit einer Mischung aus Respekt und Neid hört er die Geschichten von Jagdflieger-Assen, wie dem »Roten Baron« Manfred von Richthofen und seinem Nachfolger, dem Hauptmann Göring.

Aber noch mehr enttäuscht ihn das ruhmlose Ende des Krieges. Er ist verbittert. Er weiß: Es sind dunkle Mächte im Spiel. Er hat gelesen: eine internationale Verschwörung von Freimaurern und Juden. Er wird Student, Bürgerkriegssoldat, wieder Student. Kaufmann zu werden, dazu besteht kein Anlaß mehr. Die väterliche Firma in Ägypten ist von den Engländern enteignet worden. Insgeheim freut sich der Student darüber. Heißt das nicht, daß die Macht des Vaters über ihn geschwunden ist? Trotzdem macht er einen Kompromiß. Er studiert Nationalökonomie. Der Vater ist's zufrieden. Und bald findet er einen zweiten »Vater«, von dem er sich willig leiten läßt. Einen Professor, der obendrein noch General ist. Und er verliebt sich in ein hübsches, temperamentvolles 19jähriges Mädchen, das zu ihm aufschaut und ihn bewundert.

Sein dritter »Vater« wird nach dem puritanischen Kaufmann und dem feingeistigen Professor und Generalstabsoffizier ein nur fünf Jahre älterer halbgebildeter Bohemien mit strengen blauen Augen und rüden Manieren. Und dieser Mann, den er privat immer den »Tribun« nennt, dessen Rücksichtslosigkeit ihn fasziniert, wird zum Schicksal des naiven, enthusiastischen, sensiblen und etwas beschränkten jungen Mannes aus guter Familie. Der wird sein Freund, sein Sekretär, sein Impresario, sein »Schatten«. Er hat eine Aufgabe gefunden, an der er unbeirrbar festhält: Der andere wird ihm zur »menschgewordenen reinen Vernunft«. Zum »Werkzeug der Vorsehung«, an dem Kritik zu üben einer Gotteslästerung gleichkäme.

Jahrelang arbeitet er für den Erfolg seines Idols. Er reibt sich auf. Für 300 Mark Monatsgehalt. Doch das Geld ist ihm gleichgültig. Was zählt, ist, dem Freunde nahe zu sein, als »ein Stück von ihm« zu gelten. Nach sieben Jahren heiratet er das hübsche Mädchen, seine Verlobte. Weil der Freund es will. Er selbst hätte sein Leben vielleicht lieber in mönchischem Zölibat an der Seite des auch nicht an eine Frau gebundenen Freundes verbracht.

Dann, eines Tages, triumphiert der »Tribun« und belohnt den treuen Sekretär. Er macht ihn zu seinem Stellvertreter und zum Organisationsmanager mit allen Vollmachten. Und da nun beginnt der Sekretär zu versagen. Er ist nicht mehr ständig um den Freund. Andere, Gerissenere, drängen sich zwischen ihn und den Halbgott. Sein Einfluß schwindet. Er flüchtet sich in mystische Spintisiererei, in Sektierertum und Afterwissenschaft.

9

Man witzelt über ihn, sogar an der Tafel des Freundes, den das herzlich amüsiert. Und wieder weiß der treue Sekretär: Es sind dunkle Kräfte am Werk, schlechte Berater haben sich ins Vertrauen des Freundes geschlichen. Er sieht seinen Tribunen in Gefahr. Und zum ersten Mal im Leben findet er den Mut zum Ungehorsam. Er weiß, wie er dem Freund helfen kann. Der Gedanke läßt ihn nicht mehr los. Und dann verläßt er Frau und Sohn, um eine »Tat von weltgeschichtlicher Bedeutung zu wagen«.

Seine Mission scheitert. Der Freund läßt ihn für verrückt erklären. Und der Sekretär versteht auch dies. »Er mußte so handeln. Er hatte keine andere Wahl.«

Nach einem gigantischen Bankrott bringt der Freund sich um. Und sein Sekretär zahlt die Zeche, jahrzehntelang.

Rudolf Heß glaubte bis zuletzt an seinen Führer. »Würden Sie als amerikanischer Offizier es dulden, daß ein Ausländer respektlos über Ihr verstorbenes Staatsoberhaupt spricht?!« schrie er schon in Nürnberg einen amerikanischen Armeepsychologen an, der nach der Vorführung einer Dokumentation über Greuel in Konzentrationslagern Hitler ein Ungeheuer genannt hatte. Er war sich sicher: Die Vernichtungslager, die Gasöfen von Auschwitz waren ein grandioser Propagandatrick internationaler Mächte, die sich SS-Offiziere gefügig gemacht hatten, um Deutschlands Ehre zu verunreinigen.

Er allein wußte: Hitler ist einem Komplott zum Opfer gefallen, Verschwörern im engsten Kreise. Er, Heß, hatte nie viel von Goebbels gehalten, weniger noch als von Göring oder Himmler. Er hatte nie aufgehört, sich als Stellvertreter des Führers zu fühlen. Hatte er nicht auch das Recht, sich als seinen legitimen Nachfolger zu betrachten? War nicht das Testament, das den Großadmiral Dönitz zum Nachfolger machte, von dem intriganten Bormann entworfen worden? Und hatte man ihm nicht zugetragen, daß Hitler noch 1944 bei der Witwe des Münchner Verlegers Bruckmann, einer alten Freundin aus frühen Tagen der »Bewegung«, geweint hatte, als er über Heß sprach? »Es gab nur einen Mann in der Partei, dem ich innerlich wirklich verbunden war. Er ist mir davongeflogen. Ich mußte ihn fallenlassen. Ich mußte es tun, aus Gründen der Staatsräson. Aber, liebe gnädige Frau, wenn Sie wüßten, wie ich wirklich denke ...« Und die Stimme hatte Hitler versagt.

Während Heß sich mit diesen Gedanken in einen Elfenbeinturm eigener Bauart eingeschlossen hatte, vergaß man ihn draußen. Der 22jährige britische Lance-Corporal Hugh Saunders aus einem kleinen Dorf der Grafschaft Shropshire, neues Mitglied der Wachmannschaft im »britischen« Monat, ist ein Beispiel für viele. »Heß?« sagte er. »Nie gehört. Dann ist das also gar nicht Hitler, den wir hier bewachen sollen?«

Eine anachronistische Zensurmaschinerie trug dazu bei, daß die Scheinwelt, die der Gefangene sich baute, immer gespenstischer wurde. Alle Zeitungsnachrichten, die Heß selber, das Dritte Reich, Fragen des Nazismus und des Zweiten Weltkriegs betrafen, wurden ausgeschnitten, bevor der Gefangene seine Zeitungen erhielt. Der Sinn dessen lag 1947 darin, den verurteilten Naziprominenten die Möglichkeit zu nehmen, sich bei der Zeitungslektüre als Personen von historischer Bedeutung zu empfinden. Sie sollten für die Dauer der Haft keine Namen, sondern Nummern sein.

Die Wirkung hatte sich ins Gegenteil verkehrt. Gerade der Mangel an Information machte die Gespinste des Gefangenen Heß für ihn selbst zur Realität. Man verbaute ihm jede Chance, zu einer distanzierteren Betrachtung seiner eigenen Vergangenheit zu kommen. Hätte man ihm alles über den Nazismus zu lesen gegeben, er hätte statt in den Traum in die bewußte Selbstlüge flüchten müssen, um Hitler die Treue halten zu können.

Doch unbeirrbar trennten die Zensoren den Gefangenen mit der Schere von seiner eigenen Vergangenheit. Er lächelte sardonisch darüber. Er wußte schon, warum die das taten. Er sollte nicht erfahren, wie das deutsche Volk wirklich über ihn, über den Führer, über den Nationalsozialismus denkt. Es machte ihm Spaß, wenn der Zensor einmal etwas übersah. Zum Beispiel bei den Theateranzeigen. So hat er einmal lesen können, daß ein gewisser Herr Helmut Qualtinger vor ausverkauften Theatern aus »Mein Kampf« liest. Hier war doch der Beweis: Die Menschen, besonders die jungen Leute, drängen sich, um den noch immer gültigen Thesen des Führers zu lauschen, die er selber mitredigiert hat. Die Rezensionen der Qualtinger-Soireen hatten die Zensoren ihm natürlich unterschlagen. Er wußte, warum.

Auch sonst hatte er sich daran gewöhnt, »zwischen den Zeilen« zu lesen. Auch die Bestsellerlisten der Bücher entgingen manchmal der Schere des Zensors. Und so wußte er, daß Albert Speer seine Erinnerungen veröffentlicht hatte und eine Menge davon verkaufte. Aber er war mißtrauisch. Speer war schließlich ein Verräter. Er hatte sogar offen zugegeben, daß er den Führer umbringen wollte. Und sein Buch erschien bei Ullstein. Das ist doch der jüdische Verlag? Das wäre Speer zuzutrauen.

Was mag in ihm vorgegangen sein, wenn er von antiisraelischen Protesten und Demonstrationen der radikalen Linken hörte? Vielleicht entblößte er die Zähne zu einem Lächeln, wenn er las, daß die Bundesregierung bei den Amerikanern gegen Waffenlieferungen nach Israel von deutschem Boden aus protestierte? Oder wenn er las, daß der palästinensische »Freiheitskämpfer« Arafat in Ost-Berlin umjubelt wurde? Wir haben ja damals auch den Großmufti von Jerusalem unterstützt!

Kein Reporter, kein Schriftsteller ist in Spandau je zu Rudolf Heß vorgedrungen, um ein Gespräch mit ihm zu führen. Die Vorschriften der Spandauer Haftordnung machten dies unmöglich. Jeweils ein Besucher aus dem engsten Familienkreis durfte ihn einmal im Monat sehen. In gebührendem Abstand. Nicht länger als eine halbe Stunde. Ehefrau Ilse, Sohn Wolf Rüdiger und Schwester Margarete wechselten sich ab. Alle vier Direktoren, der Amerikaner, der Russe, der Engländer und der Franzose, saßen bei den Unterhaltungen dabei. Das Mitbringen von Blumen oder Geschenken war untersagt. Der Gefangene durfte Zivilkleidung tragen, aber keine Krawatte. Sie hätte als Selbstmordinstrument mißbraucht werden können.

Über den körperlichen, den geistigen und den seelischen Zustand des letzten Spandauer Häftlings gab es die abenteuerlichsten Spekulationen. Eine Legende, die sich am zähesten hält: Rudolf Heß war ein kranker und körperlich verfallener, seelisch ausgebrannter und geistig gestörter Greis, der seine letzten Lebensjahre apathisch in seiner Spandauer Zelle verdämmerte.

Einer der Menschen, die engsten Kontakt mit dem Spandauer Häftling hatten, hat sein Schweigen gebrochen. Sein Name muß ungenannt bleiben; denn er hat sich über das Redeverbot hinweggesetzt, zu dem sich jedes Mitglied des Spandauer Gefängnispersonals für die Dauer von fünf Jahren nach seinem Ausscheiden aus der Gefängnisverwaltung verpflichten mußte. Dieser Mann hat fast täglich mit Rudolf Heß gesprochen. Er hat mit ihm Musik gehört. Ihm ist es gelungen, durch die harten, glatten Wände des Elfenbeinturms, den Heß für sich errichtet hatte, zu dringen. Er kennt die Gefühle und Gedanken von Hitlers »Stellvertreter«, des letzten Spandauer Häftlings, wie kaum ein anderer. Hier ist das Interview, das der Autor zu Lebzeiten Heß' mit ihm in Paris führte:

Frage: Wie beurteilen Sie den Gesundheitszustand von Rudolf Heß?

Antwort: Ich bin kein Arzt. Aber ich habe in meiner beruflichen Laufbahn viele Inhaftierte kennengelernt. Und deshalb wage ich zu sagen: Sein Gesundheitszustand ist so gut, daß er unter den gegenwärtigen Bedingungen seiner Haft ein sehr hohes Alter erreichen kann. Er könnte durchaus 90 oder gar 95 werden. An seinem Körper ist kein überflüssiges Gramm Fett. Er hat schon früher nur zu besonderen Anlässen ein Glas Wein oder Sekt getrunken. In der Haft bekommt er natürlich keinen Tropfen Alkohol. Seit mehr als 50 Jahren ist er strenger Nichtraucher. Vergleicht man ihn mit anderen Männern seines Alters, so sind seine Muskeln und Sehnen von geradezu verblüffender Straffheit.

Frage: Aber heißt es nicht, daß er sehr häufig von Magen- und Gallenanfällen geplagt wird?

Antwort: Unter diesen Symptomen litt er praktisch sein ganzes Leben lang. Ich bin der Meinung – und wiederhole, daß ich kein Arzt bin –, daß diese Anfälle eher psychosomatischer Natur sind. Gewiß, er wurde 1969 im Berliner Britischen Militärhospital wegen eines Zwölffingerdarmgeschwürs behandelt. Es wurde ohne Operation völlig ausgeheilt. Am häufigsten treten seine typischen Beschwerden in den Monaten März, Juli und November auf. Das sind die »russischen« Monate, in denen die Küche unter der Kontrolle der Russen steht. Von den drei Westmächten werden Heß' Wünsche im Hinblick auf seine Kost weitgehend berücksichtigt, die Russen allerdings bereiten ihm eine spezielle Diät nur dann, wenn der Arzt das ausdrücklich anordnet. Einmal erhielt Heß eine ganze Woche lang zum Abendessen nur Bismarckheringe. In dieser Zeit waren seine Anfälle besonders stark und häufig.

Frage: Glauben Sie, daß darin eine bewußte Schikane der Russen lag?

Antwort: Nein, das glaube ich nicht. Heß bekommt etwa die gleiche Kost wie zum Beispiel ein russischer Soldat in Deutschland. Die russischen Ärzte sind sehr gut. Wenn der Gefangene echte Beschwerden hat, dann sorgen sie dafür, daß er nicht nur die nötigen Medikamente, sondern auch für eine Weile eine zuträgliche Schonkost erhält.

Frage: Was tut Rudolf Heß selber für seine körperliche Gesundheit?

Antwort: Er pflegt seinen Körper mit peinlicher Sorgfalt. Täglich macht er Gymnastik, Rumpf- und Kniebeugen. Nie, selbst bei strömendem Regen, verzichtet er auf seinen zweistündigen Aufenthalt im Freien, wo er die Gartenwege des Gefängnisses in präzisem Rhythmus auf und ab marschiert. Seit die Gefängnisordnung Mitte der sechziger Jahre den Gefangenen – damals waren auch Albert Speer und Baldur von Schirach noch in Spandau – statt des wöchentlichen Bades das Privileg einer täglichen gründlichen Reinigung einräumte, badet und duscht Heß täglich. Seinen Bartwuchs hält Heß makellos unter Kontrolle. Er darf dazu einen elektrischen Rasierapparat benutzen. Früher wurden die Gefangenen nur zweimal in der Woche rasiert. Damals empfand Heß die Stoppeln eines Zweitagebartes als demütigender denn die Pedanterie der Zensoren, die Briefe tagelang zurückhielten. Ich glaube, daß die sorgsame Pflege seines Körpers Teil seines selbstgewählten »Überlebensprogramms« ist. Einmal sagte er mir: »Niemals – selbst unter den schwierigsten Bedingungen – darf ein denkender Mensch sich körperlich gehenlassen. Nachlässigkeit in Haltung und Körperpflege ist der erste Schritt auf dem Wege zum geistigen und körperlichen Verfall.«

Frage: Wie erträgt Rudolf Heß psychisch die langen Jahre seiner Haft, ohne zusammenzubrechen?

Antwort: Er versucht, den Lehren der Stoiker zu folgen. Die Schriften von Seneca und Marc Aurel gehören zu seiner Lieblingslektüre.

Frage: Hat er die Hoffnung, das Spandauer Gefängnis lebend zu verlassen, begraben?

Antwort: Nein, begraben hat er sie nicht. Er hatte sogar die unausgesprochene Hoffnung in sich genährt, am 1. Oktober 1966 zusammen mit Albert Speer und Baldur von Schirach entlassen zu werden. Obgleich er sich äußerlich keine Gemütsbewegung anmerken ließ, brachte das Zerbrechen dieser Hoffnung ihn damals in eine schwere Krise. Er redete wenig, war kaum ansprechbar, schien sich völlig in sich eingekapselt zu haben. Auch bei meinen Besuchen starrte er oft lange und wortlos vor sich hin. Noch einmal erhielt seine Hoffnung neue Nahrung, als er gegen Ende 1969 ins Hospital mußte. Immerhin waren zwei andere Spandauer »Lebenslängliche« aus Krankheitsgründen vorzeitig entlassen worden: 1955 Großadmiral Raeder nach neun Jahren Haft, zwei Jahre darauf Ex-Wirtschaftsminister und Reichsbankpräsident Funk nach elf Jahren. Wie Heß sich seinen Lebensabend vorstellt, hat er mir bei einem meiner Besuche erzählt: »Ein Häuschen im Grünen, ein weiter Blick, gute Bücher; Ruhe und immer wieder Ruhe zum Lesen und zum Nachsinnen. Auf einen Wagen könnte ich gern verzichten.« Allerdings fürchte ich, daß es zu einem schweren, unter Umständen gar lebensgefährlichen Schock kommen könnte, sollte er tatsächlich einmal entlassen werden. Er hat sich hier in Spandau in ein Schneckenhaus geflüchtet, dessen innere Welt nur für ihn logisch ist. Würde er kraß mit der Realität draußen konfrontiert werden, dann könnte ihn das umwerfen. Er würde vielleicht die Hilfe eines Arztes, eines Spezialisten brauchen.

Frage: Bedeutet das, daß Sie Heß für geisteskrank halten?

Antwort: Geisteskrank im medizinischen Sinne ist er ganz bestimmt nicht. Aber man darf nicht vergessen, daß dieser Mann seit 33 Jahren das Leben eines Gefangenen führt. Was allerdings sein Gedächtnis angeht, so ist es für einen Mann seines Alters verblüffend intakt. Er kann ganze Passagen aus Shakespeares Richard III., Schillers Don Carlos oder Goethes Iphigenie auswendig rezitieren.

Frage: Ist Heß religiös?

Antwort: Nicht im Sinne eines christlichen Bekenntnisses. Er ist aber auch kein Atheist. Er hängt sehr stark an der Anthroposophie. Sie ist auch eines jener Gesprächsthemen, bei denen er seine reservierte Verschlossenheit aufgibt.

Frage: Rudolf Heß war früher als Liebhaber von Kammermusik bekannt. Er hat in Spandau inzwischen eine ansehnliche Schallplattensammlung aus Geschenken seiner Familie aufgebaut. Hört er viel Musik?

Antwort: Wir haben oft gemeinsam Platten gehört. Aber Heß kann nicht lange Musik hören. Er ist ein beachtlicher Kenner der Musik. Aber Musik geht ihm auch nahe. Und er schützt sich bewußt vor allem, was ihm nahegehen könnte. Wenn er Musik hört, bevorzugt er Mozart. Auch Beethoven – aber nicht die Symphonien, sondern die Sonaten und Klavierkonzerte. Brahms hört er seltener. Wagner oder Bruckner, die »Hofkomponisten« des Dritten Reiches, mochte er nie. Daran hat sich auch in Spandau nichts geändert. Von den modernen Komponisten ist Carl Orff der einzige, dem er Geschmack abgewinnen kann.

Frage: Wie steht Heß heute zum Antisemitismus?

Antwort: Wir hörten einmal gemeinsam das Violinkonzert von Beethoven. Der Solist war David Oistrach. »Ich habe noch nie einen Violinisten getroffen, der Oistrach übertroffen hätte«, bemerkte Heß. »Sie wissen, daß Oistrach Jude ist?« sagte ich. »So?«

meinte er kurz. »Erstaunlich! Es wird mich nicht daran hindern, ihn für den größten Violinvirtuosen zu halten.« Ich glaube aber nicht, daß sich seine grundsätzliche Einstellung gegenüber den Juden geändert hat. Gespräche darüber sucht er nicht. Versucht man, das Thema darauf zu lenken, dann stockt das Gespräch, oder es bricht ganz ab. Einmal sagte er: »Eine Ausrottung der Juden habe ich nie gewollt und auch nie geplant. Ich bin völlig sicher, daß auch der Führer so etwas nie beabsichtigt hat. Er kann so etwas auch nicht befohlen haben. Was uns vorschwebte, war so etwas wie die südafrikanische Politik der Apartheid, auch in geographischer Beziehung. Ich weiß heute, daß es Greueltaten, daß es Vernichtungslager gegeben hat. Aber sie waren das Werk anderer Mächte.« Als ich um eine Erklärung bat, setzte er eine überlegene, »wissende« Miene auf. »Ich weiß mehr darüber, als Sie sich vorstellen können. Ich habe versucht, es in England in einem Bericht anzudeuten. Ich wollte damals auch in Nürnberg in meinem Schlußwort eine Erklärung darüber abgeben. Aber man ließ mich nicht ausreden. Aus verständlichen Gründen. Aber einmal wird die Welt die Wahrheit erfahren!« Zum Euthanasieprogramm steht Heß noch heute voll und ganz. »Ich gebe zu, daß es hie und da von unfähigen oder unmoralischen Ärzten oder Parteifunktionären mißbraucht wurde. Aber das ist nicht die Schuld des Führers. Die Grundidee war und ist richtig. Lebensunfähige durch einen schmerzlosen Tod zu erlösen ist ebenso moralisch, wie erbkranke Menschen durch Sterilisation daran zu hindern, sich fortzupflanzen.«

Frage: Auch an seiner Einstellung zu Hitler hat sich grundsätzlich nichts geändert?

Antwort: Nein. Er sagte mir, daß er noch heute zu seinem Nürnberger Schlußwort stehe, in dem er sagte: »Ich bin stolz darauf, unter dem größten Sohn gedient zu haben, den Deutschland in seiner tausendjährigen Geschichte hervorgebracht hat. Ich bereue nichts. Stünde ich wieder am Anfang, ich würde handeln, wie ich handelte!«

Rudolf Heß war nicht verrückt. Er mag ein Psychopath gewesen sein, ein Neurotiker, ein Hysteriker, aber er war kein Verrückter. Er war ein Psychopath, für den Konsequenz zum Fetisch geworden war. Für den Konsequenz eine so hohe Tugend war, daß er sie bis in den Bereich des Absurden hinein aufrechterhielt. Heß war nur der Prototyp einer ganzen Generation romantisch-pubertärer Deutscher aus gutbürgerlichem Elternhaus, verbogen von den antirationalen Gymnasial-Germanisten des frühen 20. Jahrhunderts. Jenen völkisch-verblasenen Deutschtümlern in der Nachfolge des schrecklichen Turnvaters Jahn. Sie machten ihre Schüler zu Rebellen, aber zu Rebellen gegen Aufklärung und Toleranz. Sie schürten die Sehnsucht nach bedingungsloser Gefolgstreue zu einem Helden – eine Sehnsucht, die ihre Erfüllung in Lakaientum und kritiklosem Kadavergehorsam fand.

»Ich will der Hagen der Partei sein!« sagte Heß Ende der zwanziger Jahre einmal zu Albert Krebs, einem Parteigenossen der Frühzeit, der 1932 mit Hitler brach. Hagen, der seinem König Gunther die Treue bewies, indem er seinen Freund, der ihm arglos vertraute, heimtückisch und hinterrücks ermordete. Hagens Treue war Rudolf Heß ein Vorbild. Es ließ ihn zum bedingungslos ergebenen Lakaien Hitlers und zum Propagandisten des Kadavergehorsams werden. »Treue in der Gesinnung bedeutet unbedingten Gehorsam, der nicht fragt nach dem Nutzen eines Befehls, der nicht fragt nach den Gründen eines Befehls, der gehorcht um des Gehorchens willen.« Das rief Rudolf Heß am 25. Februar 1934 auf dem Münchner Königsplatz einer Versammlung von Parteifunktionären zu. Und vier Monate später, am 25. Juni 1934, sagte er in einer Rede über die deutschen Sender: »Einer bleibt von aller Kritik stets ausgeschlossen – das ist der Führer. Das kommt daher, daß jeder fühlt und weiß: Er hatte immer recht, und er wird immer recht haben ... Wir glauben daran, daß der Führer einer höheren Berufung zur Gestaltung deutschen Schicksals folgt. An diesem Glauben gibt es keine Kritik!«

Und bis zuletzt, in der Spandauer Zelle, galt für Rudolf Heß das, was er am 4. September 1943 an seine Frau schrieb – zweieinhalb Jahre, nachdem Hitler ihn hatte für verrückt erklären lassen; zweieinhalb Jahre, nachdem Hitler seine Adjutanten hatte in Konzentrationslager werfen lassen: »Ich bin so froh, immer wieder aus Deinen Briefen zu ersehen, daß sich bei Dir nichts in Deinem *innerlichen* Verhältnis zu dem Mann geändert hat, mit dessen Schicksal wir seit über zwanzig Jahren durch Freud und Leid auf das engste verbunden sind – sowenig, wie sich wohl bei mir irgend etwas geändert hat. Man darf auch nie vergessen, welch unerhört schwere nervliche Belastung diese Zeiten für ihn bedeuten; sie kann in der Erregung gefällte Entscheidungen zur Folge haben, die unter anderen Umständen nicht so ausgefallen wären.«[*]

Verständnis für alles, was der »Führer« tat. Eine angebrochene Linie des Verständnisses, das zum ersten Mal schriftlichen Ausdruck fand in einem von Rudolf Heß gezeichneten Artikel im »Völkischen Beobachter« vom 11. August 1921: »Um sachlich zu sein, gebe ich zu, daß Hitler einigen vielleicht unnötig schroff und verletzend entgegentritt. Das ist die Folge seines Temperaments und seines oft nur zu berechtigten Mißtrauens den Menschen gegenüber. Beides Eigenschaften, die notwendig sind, um seinen gewaltig schweren Kampf für die Befreiung Deutschlands durchzuführen. Man vergesse auch nicht, daß einst weitaus berühmtere Deutsche ihre nächsten Freunde oft auf die beleidigendste Art vor den Kopf stießen, gar manches Mal, wenn es sich um die nichtigsten Dinge handelte.«

Und er war unerschütterlich überzeugt: Hitler hat ihn in Wirklichkeit nie verdammt! Daß er seinen Stellvertreter für verrückt erklärte, als dieser in Schottland gelandet war; daß er in engem Kreis erklärte, wenn Heß nach Deutschland zurückkehre, habe er nur die Wahl zwischen den Kugeln eines Erschießungspelotons oder den Mauern einer Irrenanstalt – alles das habe Hitler nur aus Gründen der Staatsräson und der Diplomatie gesagt.

Den Beweis dafür hatte er sogar schwarz auf weiß. Im Oktober 1954 erhielt Frau Ilse Heß in ihrem Haus auf dem Gailenberg bei Hindelang im Allgäu Besuch von Hitlers Exchauffeur Erich Kempka. Sie berichtete ihrem Mann nach Spandau darüber. Zur Überlistung des Zensors (die Erwähnung Hitlers in Briefen ist untersagt) chiffrierte sie die Namen. Aus Erich Kempka wurde »das Pendant Rudis« (Rudolf Lippert hieß der Chauffeur von Heß). Aus Hitler wurde »Wolf der Ältere«. (Hitlers Spitzname unter vertrauten Freunden in der Frühzeit der NSDAP war »Wolf«. Als Patenkind Hitlers erhielt Heß' Sohn diesen Vornamen.)

[*] Zitiert aus: Ilse Heß (Hg.), *Ein Schicksal in Briefen,* 3 Bde. (England, Nürnberg, Spandau – Gefangener des Friedens – Antwort aus Zelle Sieben), Druffel-Verlag Leoni/Starnberger See.

Und das schrieb Ilse Heß nach Spandau: »Noch zwischen Tür und Angel kamen wir auf allerlei Leute, und ich sagte so etwas traurig, daß leider viele höher ›in Gunst‹ gestanden seien als jemand, den wir beide gern hätten (gemeint ist Rudolf Heß). Da schüttelte er den Kopf und erzählte mir, daß er kurz vor dem Ende 1945 bei einer der allerletzten Fahrten eine merkwürdige Unterhaltung gehabt habe; dabei sei eine Äußerung gefallen – ein wenig wehmütig, ein wenig resigniert, ein wenig ironisch, aber mit unendlicher Zuneigung –, daß es wenigstens in all den Jahren gelungen sei, *einen* Idealisten reinsten Wassers unauslöschbar in die Geschichte zu stellen – nun, Du kannst Dir denken, wer gemeint war, kannst Dir auch denken, daß ich geweint habe.«

Am 17. Oktober 1954 schrieb Heß zurück: »Also der andere ›Rudi‹ war bei Dir! Ich habe meine ganze Männlichkeit zusammenraffen müssen, damit es mir nicht ging wie Dir. Freilich, ganz stimme ich seinem Chef nicht zu: Es gab nicht nur einen dieser Art, sondern zumindest zwei, wenn er es auch vielleicht nicht wahrhaben wollte oder er sich dessen nicht bewußt war – sein Ausspruch spricht ja dafür. Dann kannte ich ihn eben besser als er sich selbst. Das ist kein Bescheidenheitsgerede von mir, sondern meine ehrliche Überzeugung. Ich habe ihn mehr als einmal bewundert, wenn er gegen sein persönliches Interesse handelte, weil er es aus höherer Erwägung für notwendig hielt.«

Die Persönlichkeit Hitlers hatte sich für Rudolf Heß verklärt. In einem Brief aus Spandau über das Für und Wider des Fleischgenusses führte er – ebenfalls für die Augen des Zensors getarnt – den Tierfreund Hitler als Kronzeugen an: »Man gehe nur mal in ein Schlachthaus und beobachte, wie es sein Schicksal ahnend zum Schlächter hinweggezerrt wird, das arme Opfer! Einer, der fünfzehn Jahre seines Lebens Vegetarier war (Anm.: gemeint ist Hitler, der seit 1930 kein Fleisch mehr aß), sagte mir einmal, die große Mehrzahl der Menschen würde darauf verzichten, Tiere zu essen, wenn sie gezwungen wäre, sie persönlich umzubringen.«

Gespenstischer, makabrer Hohn angesichts der Ergebnisse von zwölf Jahren Naziherrschaft? Nicht für Heß! Er hatte diese Bemerkung ehrlich gemeint. Genauso ehrlich wie seine Bewunderung für den Ameisenstaat: »Bewundernd las ich gerade ein Buch ›Millionen in einem Bau‹, das den Ameisenstaat behandelt, die ganze Vielzahl von Staatsbürgergruppen mit ihren unabweichlich festgelegten verschiedenen Aufgaben.« Hatte er dabei an seine Rede vom 25. Februar 1934 gedacht, die er auf dem Königsplatz in München vor Politischen Leitern, Führern der Hitlerjugend und des Arbeitsdienstes hielt? Dort sagte er: »Je mehr ihr Gehorsam übt bis ins kleinste, je klarer ihr rechtsum oder linksum nach dem Befehl des Führers macht, je sicherer ihr der Weisung zum Kurztreten oder Langausschreiten nachkommt, desto sicherer kann der Führer Schritt für Schritt die Voraussetzugen schaffen zur Verwirklichung des nationalsozialistischen Programms.«

Rudolf Heß, der den bedingungslosen Gehorsam zum Führer predigte und in seiner Spandauer Zelle den Ameisenstaat bewunderte. Es war derselbe Rudolf Heß, der sich in einem anderen Brief aus Spandau zum Anwalt einer freien Erziehung machte: »Ich habe nichts gegen spartanische Erziehung – im Gegenteil. Die Grenze muß freilich beim Geistig-Seelischen dort liegen, wo der Charakter einen Knacks kriegt, Stolz, Selbstsicherheit, Selbstvertrauen verlorengehen.« Dieser Satz könnte den liberalen Statuten der Odenwaldschule oder der Internate von Salem oder Gordonstown entnommen sein. Seine Ansichten über Erziehung im Kindesalter könnten sogar aus einem progressiven Lehrbuch über moderne Pädagogik stammen: »Ich vermute, daß die schroffe Unterdrückung der Kinder bereits im frühesten Alter – und hier wirkt es sich besonders nachteilig oft fürs ganze Leben aus – eine bei deutschen Eltern weitverbreitete unbewußte Sünde ist. Sie glauben, es sei das Zeichen guter Erziehung, wenn schon der kleine Hosenmatz unbedingten Gehorsam zeigt, dauernd ängstlich nach den Erwachsenen schielt, ob er auch alles richtig mache: ›Was würden denn die Nachbarn sagen, wenn das Kind ungezogen ist?!‹«

Widersprüche? Vielleicht. Heß war sein Leben lang ein Mann voller Widersprüche. Sie liegen im Charakterbild des Psychopathen und Hysterikers begründet, der er zweifellos war. Wir finden ähnliche Widersprüche bei Heinrich Himmler, der ein perfektes System des Terrors bis hin zum Völkermord entwickelte und einen SS-Soldaten scharf maßregelte, weil dieser seiner Mutter ein paar Wochen lang nicht geschrieben hatte; der einem SS- Offizier einen geharnischten Verweis aussprach, weil dieser einem SS-Mann, der den »Orden« wegen eines »nichtarischen« Urgroßvaters verlassen mußte, die Entscheidung »nicht mit dem nötigen Takt, in verletzender Form« mitgeteilt hatte.

Rudolf Heß sehnte seine Freiheit herbei. Daran gibt es keinen Zweifel. So schrieb er an einem Silvesterabend an Frau und Sohn: »Meine Lieben, da sitze ich nun wieder einmal am Ende eines Jahres – in drei Stunden werden Glocken und allerhand Krach von Böllern und dergleichen das neue ankündigen –, gedenke Euer, hoffend wie Ihr, daß wir bei der nächsten Wende ›einen guten Schluck‹ gemeinsam trinken werden. Wer kann es voraussagen. Die Sterndeuter vielleicht?«

Und auch hier wieder ein scheinbarer Widerspruch: Die Freiheit durch ein Gnadengesuch zu erreichen, war für den Mann in Spandau undenkbar. Am 3. Oktober 1966 – als Heß nach der Entlassung von Albert Speer und Baldur von Schirach allein in Spandau zurückgeblieben war – richteten Frau Ilse Heß und Sohn Wolf Rüdiger einen Brief an Papst Paul VI., an den Weltkirchenrat, an die Menschenrechtskommission der UNO in Straßburg und an die Staatsoberhäupter der vier Gewahrsamsmächte, in dem sie die Freilassung von Rudolf Heß nach nunmehr 25 Jahren Haft forderten. Sie argumentierten, daß in zivilisierten Staaten selbst lebenslänglich verurteilte Mörder nach Ablauf einer so langen Zeitspanne auf freien Fuß gesetzt werden. Eine Kopie des Briefes wurde der Presse übergeben, eine weitere erhielt Rudolf Heß durch seinen Anwalt Dr. Seidl in Spandau.

Hier Rudolf Heß' Reaktion:

»Ich las die Meldung, Ihr hättet einen Appell an Papst Paul VI., den Weltkirchenrat, die UNO-Menschenrechtskommission und die Staatsoberhäupter der vier Gewahrsamsmächte gerichtet, meine lebenslange Haftstrafe nach 25 Jahren Internierung als abgegolten zu betrachten. Ich habe nichts dagegen einzuwenden, daß Ihr Euch an die ersten drei genannten Stellen wandtet, um so mehr aber gegen die Einbeziehung der Staatsoberhäupter. Bei ihnen ist zu befürchten, daß die Öffentlichkeit, trotz der vorsichtigen Formulierung und obwohl das ominöse Wort vermieden wurde, es dahin auslegt, ich hätte ein ›Gnadengesuch‹ an die für meine Freilassung Zuständigen gerichtet. Nur hätte ich meine Familie dazwischengeschaltet, damit ich mich nicht zu früheren Erklärungen in Widerspruch setzte … Ich begreife zwar Eure Aktion, kann mir denken, daß es Euch keine Ruhe läßt. Immer von neuem drängt es Euch, nichts wollt Ihr unversucht lassen, das endlich die Erlösung bringen könnte – die Erlösung für mich und für Euch. Wollt Ihr aber, daß auch ich mit einem Flecken auf meinem Charakterbild dermaleinst in die Geschichte eingehe? Nein, das wollt Ihr *nicht!* Und so begreift: Meine Ehre steht mir höher als die Freiheit!«

Einen Monat später kam er nochmals auf das Thema zurück und schrieb: »Die historische Forschung dermaleinst kann keinen Zweifel haben, daß ich auch nur den Gedanken an Bitte um Gnade bedingungslos von mir gewiesen habe.«

Weil er keine Gnade wollte, umgab der letzte Mann in Spandau sich mit einem Panzer, nannte sich selbst »abgebrüht«, wollte ein Stoiker sein, den nichts erschüttern darf.

Er war ein fleißiger Briefschreiber, der die wöchentlich erlaubte Anzahl von 1400 Wörtern bis zum letzten Wort ausnutzte. Die Themen seiner Briefe: Verkehr – er plädierte für ein gewaltiges System unterirdischen Güter- und Personenverkehrs als Mittel gegen verstopfte Straßen und Umweltverschmutzung; Kunst – er verachtete und verhöhnte die modernen Maler, die er für Geisteskranke hielt; Architektur – er spöttelte über modernen Kirchenbau, nannte Scharouns Berliner Philharmonie »einen Speicher, unwürdig einer anständigen Hafenverwaltung«; er schätzte Wilhelm Röpke als Wirtschaftsanalytiker und – Kulturkritiker; er hielt viel von Kiesinger und gar nichts von Willy Brandt. Für ihn war der Kommunismus nach wie vor die »gefährlichste Geißel der Menschheit«, wie er einem Gesprächspartner anvertraute. Ein Arrangement mit dem Osten war für ihn undenkbar, »politischer Selbstmord«. Über den Begriff der Koexistenz amüsierte er sich. (Als Hitler mit Stalin 1939 einen Nichtangriffspakt schloß, wand er sich in Magen- und Gallenkrämpfen und beruhigte sich nur damit, daß dieser Akt Teil der unerforschlichen strategischen Pläne des politischen Genies Hitler sein müsse.)

In seiner Spandauer Zelle war Rudolf Heß zu einem belesenen Menschen geworden. »Er ist der belesenste Mensch, den ich kennengelernt habe«, sagte mir mein Pariser Gesprächspartner. In der ehemaligen Kapelle des Spandauer Gefängnisses – in ihr fanden früher die feiertäglichen Gottesdienste für die sieben Häftlinge statt, an denen Heß nie teilgenommen hatte – wurde die Bibliothek eingerichtet. 1947 mit einem Bestand von wenigen Büchern aus Berlinern Leihbibliotheken begründet, umfaßte sie bald mehr als tausend Bände, ein Bestand, auf den manche Filiale einer Stadtbücherei stolz wäre. Rudolf Heß war der einzige »Kunde«. Ein Teil der Bücher wurde im Leihverfahren beschafft. Jeden Monat konnte der Gefangene eine Wunschliste einreichen, die vom Zensor genehmigt werden mußte. Aber seit 1964 waren

Büchersendungen von der Familie gestattet. Albert Speer und Baldur von Schirach ließen ihre Bücher dem Zellennachbarn von 20 Jahren gemeinsamer Haft zurück.

Nach der Gefängnisordnung erhielt Heß eine Art Schulheft, 70 bis 80 Seiten stark. Es sollte ihm lediglich für Notizen zu beabsichtigten Briefen an die Familie dienen. Wenn das Heft vollgeschrieben war, wurde es eingezogen und durch ein neues ersetzt. Die Seiten waren genau numeriert und wurden durchgezählt, damit keine Seite herausgerissen werden konnte. Erinnerungsnotizen aus der politischen Vergangenheit durften nicht ins Heft geschrieben werden. Die vollgeschriebenen Hefte wurden unter Aufsicht aller vier Direktoren – vernichtet.

Albert Speer hielt es für unwahrscheinlich, daß Photokopien für Archivzwecke und künftige historische Forschungen angefertigt wurden. »Ich bin sicher«, schrieb er, »daß die Aufzeichnungen tatsächlich nach dem Buchstaben der Gefängnisordnung zerstört wurden.«

In den Konzentrationslagern des Dritten Reiches war es eine beliebte Schikane sadistischer Aufseher, Häftlinge Löcher graben zu lassen, die sie anschließend wieder zuschütten mußten. Nichts ist demoralisierender als sinnlose Tätigkeit. Der Paragraph der Spandauer Gefängnisordnung, der die Vernichtung schriftlicher Aufzeichnungen bestimmte, entsprang zweifellos nicht Sadismus oder bewußter Schikane. Er sollte die Selbstglorifizierung der Verurteilten verhindern. In seiner Auswirkung aber war er ebenso demoralisierend wie die Schikane des sinnlosen Löchergrabens.

Aber für die Pedanterie, mit der seine Wächter die Vorschriften interpretierten, rächte Heß sich auf subtile Weise. An dem Tag, an dem der Gefangene gemäß einer Verordnung einen neuen Regenmantel erhielt, regnete es in Strömen. Am Nachmittag zog Heß den Mantel an und bestand auf seinem einstündigen Spaziergang im Garten, garantiert durch die Gefängnisordnung. Der Bewacher versuchte, Heß zu überreden, den Spaziergang zu verschieben. »Warum bestehen Sie ausgerechnet bei diesem entsetzlichen Wetter darauf, in den Garten zu gehen?« – »Ich finde, daß dieser Mantel nunmehr seiner Bestimmung zugeführt werden muß«, entgegnete Heß ernsthaft und entblößte für eine Sekunde seine vorstehenden gelblichen Schneidezähne in einem Lächeln bösartiger Genugtuung. Der Spaziergang wurde in Begleitung des leise fluchenden Postens absolviert.

Heß war überzeugt, daß nicht das Recht, sondern die Macht der Sieger ihn nach Spandau gebracht hatte. Wie der Gefangene von Chillon – das Gedicht von Lord Byron kennt er auswendig – wußte er, daß er zu Unrecht eingekerkert war. Und deshalb bereitete es ihm zuweilen Genugtuung, seine Wächter zu vexieren, in Ratlosigkeit zu versetzen. Während er in den ersten Jahren der Haft noch bereit war, mit anderen Häftlingen im Garten zu arbeiten, Tomaten und Sonnenblumen zu pflanzen oder Unkraut zu jäten, weigerte er sich später grundsätzlich, irgendeine Arbeit zu tun. Als Speer noch in Spandau war, amüsierte sich Heß in einem Brief nach Hause über dessen Ehrgeiz, den Rasen des Gefängnisgartens durch häufiges Mähen »zu einem Prunkstück englischer Gartenarchitektur« zu machen. Als der britische Kommandant ihm an einem heißen Sommernachmittag wohlmeinend vorschlug, sich statt des abgezirkelten Spazierganges, den er in soldatischem Marschtritt zu absolvieren pflegte, doch lieber die Zeit mit Rasensprengen zu vertreiben, erhielt er die Antwort: »Früher hatten wir zwei Admirale hier. Mit Wasser umzugehen, war ihre Aufgabe. Ich bin kein Admiral!« Der Brite hielt die Antwort für eine witzige Bemerkung angelsächsischen Genres und lachte freundlich. Aber Heß blickte den verdutzten Mann finster und verschlossen an, machte eine knappe Verbeugung, schlug die Hacken zusammen und machte auf dem Absatz kehrt, um seinen einsamen Spaziergang wiederaufzunehmen.

Liest man zwischen den Zeilen mancher Briefe von Rudolf Heß, so wird einem klar, daß die Geschichte des Nationalsozialismus nach seinen Vorstellungen noch nicht zu Ende war. Für ihn war das nicht Hoffnung, sondern Gewißheit. Ein Brief gibt Aufschluß darüber: »Ich las gerade einen längeren Aufsatz, wie illusionslos und kühl-sachlich unsere Jugend sei – es ist begreiflich. Im ganzen gesehen glaube ich nicht, daß die Jugend immer in dem Extrem beharrt, in dem sie sich heute befindet. Mit wachsendem Abstand von dem Erlebten und beim Eintritt wieder normaler Zeiten (sic!) wird sie sich auch wieder mehr der Einstellung nähern, die *unserer* entspricht. Die erbmäßige Grundlage eines Volkes kann nicht durch äußeres Erleben vernichtet werden, die schlägt über kurz oder lang wieder durch – das ist meine feste Überzeugung!«

Rudolf Heß als »Stellvertreter des Führers«, als »Hüter der Flamme des Nationalsozialismus« in seinem küchengroßen Spandauer Domizil – so sah er sich mit 90 Jahren. Er war für sich selber

24

zu einer Legende geworden. Aber nur für sich. Für Großbritannien, Amerika und Frankreich war die Fortsetzung der Haft dieses Greises ein peinliches Ärgernis. »Lebenslänglich«, das bedeutet nach ihrer Rechtsprechung im Höchstfall 20 Jahre.

Für die Russen war Heß das letzte lebende Symbol für die mit den anderen Alliierten gemeinsam erzwungene Niederwerfung des Nazismus. Der Mann namens Heß interessierte sie nicht.

Das wußte Rudolf Heß nicht.

Aber er glaubte als einziger zu wissen, warum man ihn weiter gefangenhielt. Und manchmal, in der Einsamkeit seiner Zelle, lächelte er wissend und entblößte die gelblichen Zähne: Für die Sieger wäre es gefährlich, ihn, den Stellvertreter und legitimen Nachfolger seines Führers, zu entlassen.

2. KAPITEL

Zwischen Pyramiden und Fichtelgebirge

Mehr wohl als bei einem anderen prominenten Nazi haben Herkunft und Jugend bei Rudolf Heß die Weichen gestellt – Weichen, die ihn als 26jährigen zu Hitler, die ihn als 47jährigen nach England und sechs Jahre darauf schließlich nach Spandau führten.

Um das zu verstehen, ist es nötig, den Sprung zu tun zurück in das Jahr 1894, fast in der Mitte gelegen zwischen jenem Tag, an dem im Spiegelsaal von Versailles das zweite Deutsche Reich gegründet wurde, und jenem Tag, an dem in Sarajewo die Kugel aus der Pistole des bosnisch-serbischen Studenten Gavrilo Princip den österreichisch-ungarischen Thronfolger Franz Ferdinand traf und den Ersten Weltkrieg einleitete.

1894: Wilhelm II., König von Preußen und Deutscher Kaiser, ist 35 Jahre alt. Er entläßt seinen Reichskanzler Leo Graf von Caprivi, den Nachfolger Bismarcks. Neuer Reichskanzler wird der 75jährige Chlodwig Fürst zu Hohenlohe-Schillingsfürst, bisher Botschafter in Paris und Statthalter der Reichslande Elsaß-Lothringen. In Großbritannien regiert Wilhelms Großmutter, die 75jährige Königin Viktoria, Kaiserin von Indien. Ihr Premierminister heißt William Gladstone. In Österreich-Ungarn ist gerade ein Vorstoß zur Einführung des allgemeinen Wahlrechts gescheitert. In Rußland folgt der 26jährige Nikolaus II. seinem Vater Alexander III., auf den Zarenthron. Der Präsident der französischen Republik, Sadi Carnot, wird von einem Anarchisten ermordet. Amerikanischer Präsident ist in seiner zweiten Amtsperiode Grover Cleveland. Im Fernen Osten beginnt der japanisch-chinesische Krieg um den Besitz von Korea. Die Brüder Lumière erfinden den Kinematographen. Ägypten steht seit neun Jahren unter britischem Protektorat.

In Alexandria, der größten Hafen- und Handelsstadt Ägyptens, wird dem deutschen Großkaufmann Fritz Heß und seiner Frau Klara am 26. April der erste Sohn geboren und am 1. Juli in der deutschen evangelischen Kirche auf den Namen Rudolf Walter Richard getauft.

Eine wohlhabende, großbürgerliche, angesehene Familie, die Heß in Alexandria. Als Christian Heß, Großvater des späteren »Stellvertreters des Führers«, Gründer der Alexandriner Importfirma Heß & Co., fünf Jahre zuvor im Alter von 53 Jahren gestorben war, wehten in der ägyptischen Handelsmetropole für den bekannten und erfolgreichen Geschäftsmann die Fahnen auf halbmast.

In der Ahnenreihe von Rudolf Heß geht es ordentlich zu. Herkunft und Familienhintergrund sind über viele Generationen hinweg sorgsam und sauber dokumentiert. »Heß? Das ist doch ein typisch jüdischer Name«, meinte Alfred Rosenberg, Chefredakteur des »Völkischen Beobachters« und Chefideologe der NSDAP, eines Tages, als er sich wieder einmal darüber geärgert hatte, daß der treue Sekretär den »Führer« für seinen Geschmack zu sehr von den Parteigenossen abschirmte. »Moses Heß war doch dieser Sozialist, den man in der Frühzeit von Marx und Engels den ›Sozialisten-Rabbi‹ nannte. Der Heß sieht ja auch so orientalisch aus. Es wäre interessant, seine Ahnentafel einmal zu durchleuchten.« Und Rosenberg, der von seinem eigenen Namen her gewiß etwas zurückhaltender hätte sein sollen, setzte sich eines Tages in seinem Münchner Stammcafé Ecke Brienner- und Augustenstraße mit seinem Umbruchredakteur, dem ungarischen Rabbinersohn und »Ehrenjuden« Holoszi, zusammen und bat ihn, die Ahnenreihe des damaligen Hitler-Sekretärs auf »nicht-arische« Vorfahren abzuklopfen. Holoszi scheiterte im ersten Anlauf. Schon im Jahre 1884 war in Würzburg eine »Stammtafel der Familie Heß« gedruckt worden, die auch nach den strengsten Maßstäben völkischer Judenschnüffler lupenrein war. Im beigefügten Text der Stammtafel wünschte der Autor »aus vollem Herzen, daß dem theuren Vaterlande aus unserem Stamm noch auf lange Zeit echt deutsche Männer und Frauen erwachsen mögen. Das walte Gott.«

In der Stammtafel von Rudolf Heß gibt es keine Inzucht, keine Illegitimität. Es gibt auch keine weißen Stellen und keine »dunklen Punkte« wie in der Ahnenreihe seines späteren Idols Adolf Hitler.

Hitlers Vater Alois war der uneheliche Sohn einer armen Bauernmagd namens Maria Anna Schicklgruber. Sie war schwanger geworden, als sie in Graz im Hause des jüdischen Kaufmanns Frankenberger als Dienstmädchen beschäftigt war. Man schloß lange aus dieser Tatsache, daß Frankenberger oder sein Sohn den Alois gezeugt hätten. Nach den »Nürnberger Gesetzen« wäre Adolf Hitler dann ein »Mischling zweiten Grades« gewesen. Inzwischen scheint festzustehen, daß ein Verwandter der Schicklgruber, ein gewisser Johann Georg Hiedler, der sich zuweilen auch Hitler schrieb, der natürliche Vater des Alois war. Hiedler heiratete die Maria Schicklgruber. Alois wurde erst im Alter von 40 Jahren von seinem damals 84jährigen mutmaßlichen Vater, einem hinfälligen Greis, notariell als Sohn legitimiert. Für seine Karriere als Zollbeamter des mittleren Dienstes wäre eine außereheliche Geburt damals unvorteilhaft gewesen. Als dritte Frau heiratete Zollamtsoffizial Alois seine Nichte Klara Pölzl, Enkelin eines Bruders seines mutmaßlichen Vaters. Klara Pölzl wurde die Mutter Adolf Hitlers.

Ganz anders der Vater von Rudolf Heß. Dessen Mutter war die Tochter eines Schweizer Handelsherrn und Konsuls. Zu ihren Vorfahren zählen die Eltern des Schweizer Reformators Ulrich Zwingli, der Pädagoge Heinrich Pestalozzi und so erlauchte Schweizer Familien wie die Stauffacher, Baumgartner und Tschudi.

Rudolf Heß' direkte väterliche Vorfahren sind zwar etwas bescheidener Herkunft, aber der Drang zum sozialen Aufstieg ist bei ihnen unverkennbar.

Urururgroßvater Peter Heß läßt sich in den sechziger Jahren des 18. Jahrhunderts als Schuhmachermeister im Fichtelgebirgsstädtchen Wunsiedel nieder. Sein Vater ist allem Anschein nach aus Böhmen eingewandert. Nach dem Kirchenbuch von Marktredwitz im Fichtelgebirge hat sich ein Schuhmachermeister namens Johann am 9. Juli 1737 mit einer Jungfrau namens Margarethe Müller aus Kleinwendern in Oberfranken vermählt. Johanns Sohn Peter begründet eine Wunsiedler Schuhmacherdynastie von drei Generationen. Jeweils der älteste Sohn lernt das Handwerk und übernimmt die Werkstatt, die anderen Söhne studieren, werden Gymnasiallehrer, Ärzte, Pfarrer, Beamte, Chemiker, Ingenieure. Das Studium ermöglichen nicht zuletzt die stattlichen Mitgiften der Töchter der Wunsiedler Handwerker- und Bürgeraristokratie, in die die biederen Schuhmachermeister hineinheiraten. Den großen Mitbürger seines Urahnen Peter Heß, Jean Paul, hat Rudolf Heß zum ersten Mal in Spandau gelesen. Aus Spandau schreibt er darüber: »Ich hatte allerdings nur einige seiner heiteren und sehr krausen Geschichten in der Hand – immerhin aber muß ich, betrachte ich die Schilderung meiner engeren Fichtelgebirgsheimat, zugeben, daß er mir vielleicht doch innerlich sehr nahesteht.«

Großvater Christian verläßt im Revolutionsjahr 1849 als dreizehnjähriger Junge das Wunsiedler Elternhaus und fährt – gut gekleidet und mit Reisegeld wohlversehen – mit der Postkutsche über die Alpen nach Livorno im damaligen habsburgischen Großherzogtum Toscana, dessen Bewohner sich kurz zuvor vergeblich gegen die Österreicher erhoben hatten. Ein entfernter Verwandter besaß dort ein Geschäft und hatte Christians Eltern vorgeschlagen, den Jungen zum Kaufmann auszubilden.

Christian beendet die Lehrzeit mit Erfolg. Als frischgebackener Kommis setzt er sich wieder in die Postkutsche, steigt in die Eisenbahn um und fährt in die österreichisch-ungarische Hafenstadt Triest. Als »junger Mann« tritt er in die Firma des Schweizer Konsuls Johannes Bühler ein. Bald wird er zur rechten Hand des Chefs, der ihn »ob seiner Tüchtigkeit und seines aufrechten Charakters« lobt. 1861 entspinnt sich zwischen »Herrn Christian« und der dritten Bühler-Tochter, der 21jährigen Margarete, eine Romanze. Konsul Bühler betrachtet sie mit väterlichem Wohlwollen. Und er stimmt zu, als Christian bald darauf in aller Form um die Hand der Tochter anhält. Am 23. Oktober heiraten Christian Heß und Margarete Bühler. Programmgemäß wird ein Jahr nach der Hochzeit eine Tochter geboren, ein Jahr darauf der erste Sohn und Erbe Fritz.

Zunächst bleibt Christian Heß im Handelshaus seines Schwiegervaters. Viele Geschäftsverbindungen gehen nach Alexandria. Die ehemalige Metropole der Antike, die Anfang des 19. Jahrhunderts auf den Status einer Kleinstadt von 4000 Einwohnern herabgesunken war, hat durch die Politik des osmanischen Vizekönigs und ersten Khediven Mehmed Ali einen neuen Aufschwung genommen. Mehmed Ali ließ das Hafenbecken neu ausbauen und holte europäische Kaufleute in die Stadt. In Alexandria sitzen die diplomatischen Vertretungen und Konsulate. Seit 1855 ist die Stadt durch eine Eisenbahnlinie mit Kairo verbunden. Der Suezkanal ist in Bau. Der Handel floriert. 1865 fährt Christian Heß mit Frau und Kindern in die aufstrebende Handelsmetropole im Nildelta und gründet mit eigenen Ersparnissen und der Mitgift seiner Frau Margarete die Import-Firma Heß & Co. Auf den Briefbögen der Firma steht »Hess«, aber offiziell führt die Familie weiterhin das international nicht geläufige »ß« im Namen.

Christian wird ein erfolgreicher Geschäftsmann. Bei seinem Tode kann der 25jährige Fritz eine Firma übernehmen, die zu den führenden Handelshäusern Alexandrias gehört und ihm einen unumstrittenen Platz in der »guten Gesellschaft« sichert. Für den Industriellen und Kommerzienrat Rudolf Münch im fränkischen Hof gilt er deshalb als ebenbürtiger Schwiegersohn, als er im Februar 1892 dessen 25jährige Tochter Klara heiratet, ein gebildetes, weichherziges, frommes und musisch talentiertes Mädchen.

Rudolf Heß wird der »Erstgeborene« dieser Ehe. Schon in der Wiege bestimmt der Vater ihn zum Firmenerben. Sein 1897 geborener Bruder Alfred bleibt sein Leben lang das »Brüderchen«, die 1908 geborene Schwester Margarete das »Nesthäkchen«.

In Fritz Heß, dem Vater und Firmenherrn, verbinden sich Rechtschaffenheit und Geschäftssinn der Heßschen Vorfahren mit der nüchtern-harten Wesensart und dem Puritanismus der reformierten Schweizer Ahnen. Als Patriarch reinsten Wassers herrscht er mit uneingeschränkter Autorität und unnachsichtiger Strenge über Geschäft und Familie.

Rudolf Heß' Sohn Wolf Rüdiger schreibt: »Über die völlig auf den Willen des Hausherrn abgestellte Ordnung in meines Vaters Elternhaus in Alexandrien werden in der Familie manche Anekdoten berichtet. Die Mahlzeiten beispielsweise wurden täglich mit einer Pünktlichkeit angerichtet, nach der die Uhr gestellt werden konnte, die Familienmitglieder waren in Erwartung des gestrengen Hausherrn stets vollzählig am Tisch versammelt, wenn dieser, pünktlich auf die Minute von der Arbeit kommend, zu Hause erschien. Beim Essen wagte niemand – selbst die Mutter nicht – ein Wort zu sprechen, solange der Vater das Gespräch nicht eröffnet hatte. Da er einmal mit den Worten ›Ich bin doch keine Ziege‹ den Genuß von Salat abgelehnt hatte, gab es im Hause Heß niemals mehr Salat auf dem Tisch. Vom Kommen und Gehen des Vaters, von seinen Schlaf- und Eßgewohnheiten, seinen Zu- und Abneigungen war das Leben des Hauses bestimmt.«

Fritz Heß war ein korrekter Mann. Ein harter Mann. Er war gerecht. Aber Gerechtigkeit war für ihn die Schwester der Unnachsichtigkeit. Gerechtigkeit ohne Strenge war für ihn undenkbar. Seine Gefühle hatte er auf Eis gelegt, weil das für ihn männliche

Tugend bedeutete. Disziplin und Selbstdisziplin wurden großgeschrieben. Beim Interpretieren dieser Begriffe war er dem gleichen grandiosen Mißverständnis erlegen wie viele deutsche Väter seiner Zeit. Jene Väter, denen die verballhornte Schulmeisterversion des Kantschen Kategorischen Imperativs zum moralischen Leitstern wurde, die sich aber nie die Mühe gemacht hatten, Kant zu lesen. Jene Väter, die wegen der freiwilligen Selbstkastration ihrer Gefühle niemals die menschliche Dimension der Zärtlichkeit erleben konnten, weil Zärtlichkeit eine weibliche, beim Mann eine »weibische« Eigenschaft war. Deren Herzensgüte unter einem Panzer von »Rechtschaffenheit« verdorrte, deren Verständnis für menschliche Schwächen unter den anerzogenen Korsettstangen friderizianischer »Ethik« erstickte. Jene Väter, die Friedrich Wilhelm I. von Preußen bewunderten, weil er die preußischen Kriegsgerichtsräte schalt, die seinen sensiblen Sohn, als dieser der Kasernenhofatmosphäre des Vaterhauses entfliehen wollte, nicht als Deserteur zum Tode verurteilen mochten. Jene Karikatur, zu der preußische Disziplin in den Jahren Kaiser Wilhelms II. entartet war, hatte aus vielen Vätern der nationalen Oberschicht ebenso furchterregende Erscheinungen wie menschlich dürftige Existenzen gemacht.

Söhne solcher Väter werden entweder Rebellen oder Lakaien.

Der strenge Vater, der nach Heß' eigenen Worten »bleichen Schrecken bei seiner Brut« verbreitete, hat nach Meinung des britischen Psychologen J. R. Rees bei Rudolf Heß in frühen Jahren eine bemerkenswerte Ambivalenz zwischen Liebe und Haß bewirkt. Nach Rees hat Heß auch selber zugegeben, daß er in seiner Jugend dem Vater gegenüber Gefühle der Feindseligkeit empfand, die er jedoch unterdrückte.

Wie sehr der autoritäre Patriarch Fritz Heß seine Kinder zum Gehorsam konditioniert hatte, zeigt eine bemerkenswerte Stelle in einem Brief aus Spandau an den Bruder Alfred: »Als eines Tages der liebe Vater feierlich die ernste Frage an mich stellte, was ich werden wolle – *in dem Ton, bei dem allein uns schon das Blut zu gerinnen drohte –,* da kam es mir gar nicht in den Sinn, etwas anderes zu stottern als ›Kaufmann‹.«

Das Verhalten der Familie gegenüber dem Vater erinnert an die Unaufrichtigkeit, mit der Bedienstete auch über die altbakkensten und abgedroschensten Witze ihres Herrn und Meisters zu lachen pflegen, um den Tyrannen bei Laune zu halten.

»Pfingsten, das liebliche Fest war gekommen – wo kommt das

vor?!« pflegte Fritz Heß Jahr für Jahr jeden Pfingstsonntag die Familie am Frühstückstisch zu begrüßen. »Nun? Nun?« fragte er Frau und Kinder reihum. Jeder kannte die Antwort, aber gab vor, sie nicht zu wissen, um dem Vater Gelegenheit zu einer literarischen Belehrung der Familie zu geben. Rudolf Heß schreibt darüber: »Selbst unsere gute Mutter habe ich im Verdacht, daß sie stets nur so tat, als ob sie es nicht wisse, um dann ihrerseits hocherfreut das Fest mit dem fröhlichen Lachen des Hausdiktators beginnen zu sehen.«

Ist es Gefühllosigkeit, ist es Abgebrühtheit, ist es Mangel an ehelicher Liebe, wenn ein Mann sich zu Bett legt und geruhsam einschläft, während seine Frau in schmerzhaften Wehen liegt? Tatsache ist, daß Fritz Heß die Geburt seines zweiten Sohnes, Alfred, verschlief. Als der dreijährige Rudolf den Vater mit den Worten weckte: »Papa, ich hab' ein Brüderchen bekommen!« brummte der Hausdiktator nur schlaftrunken: »Ach, ist ja nicht wahr!« und ließ sich geraume Zeit zur Visite am Wochenbett und zur Besichtigung des neugeborenen Sohnes.

In einem Brief aus Spandau an den Bruder Alfred fand Rudolf Heß Verständnis für diese zumindest ungewöhnliche Handlungsweise des Vaters: »Mutter hatte sehr vernünftig auf die hierbei völlig unnütze Gegenwart des Papas verzichtet und sich wahrscheinlich bemüht, ihn ja nicht zu wecken. Er würde sich ja doch nur aufgeregt haben.«

Rudolf Heß' Verständnis für den Vater ist nicht denkbar ohne den ausgleichenden Einfluß der weichherzigen, sensiblen, frommen und bibelfesten Mutter, die ihren Kindern klarzumachen suchte, daß die Strenge des Vaters eine Form der Liebe sei, gemäß dem Bibelwort: »Wer seinen Sohn liebt, der züchtigt ihn!«

Rudolfs Kindheit und Jugend war von der Furcht vor der unnachsichtigen Strenge des Vaters überschattet. Fröhlich zu spielen wagten die Geschwister nur, wenn der Vater das Haus auf dem Wege zum Geschäft verlassen hatte. Kam er nach Hause, hatte das Lachen zu verstummen. In tadelloser Haltung, mit makellos gekämmtem Haar, mit geschrubbten Händen setzte man sich zu Tisch. Man redete nur, wenn der Vater geruhte, eine Frage zu stellen. Mit seiner tiefen Baßstimme, seiner imposanten Gestalt, seinen streng blickenden Augen wurde der Vater zum Inbegriff der Autorität, der man sich willig zu fügen hatte. Ein Streicheln über das Haar, eine Umarmung, ein Gutenachtkuß am Kinderbett, kleine Beweise der Liebe und Zärtlichkeit, zu denen auch spröde Väter ihren Söhnen gegenüber fähig sind, all das war bei Fritz Heß undenkbar. Rudolf wollte daran glauben, daß der Vater ihn liebte. Aber er litt unter der Unnahbarkeit des Patriarchen. Noch in einem Brief aus Spandau an die Mutter zeigt sich zwischen den Zeilen ein wenig Bitterkeit: »Du warst eine gute Ergänzung zur starken Männlichkeit des Vaters in der Vollkraft seiner Jahre, einer ›Vollkraft‹, mit der er seine zutiefst rührende Liebe zu uns – *meist erfolgreich!* – verdeckte.«

Um so zärtlicher und vertrauter war das Verhältnis zur Mutter. Sie war eine nicht unbegabte Pianistin, die den Kindern im Musikzimmer der Heßschen Villa in Alexandria gern Volkslieder und Sonaten vorspielte und ihr Verständnis für Musik weckte, zu der der Vater nicht die geringste Neigung hatte. Auch Rudolf Heß' Interesse an Astronomie – und Astrologie – ist zweifellos von der Mutter geweckt und gefördert worden. 1949 erinnert sich Rudolf Heß in einem Brief an die Mutter: »Wie oft saßest Du mit uns Kindern auf einer Bank, der strahlende Sternenhimmel Ägyptens über uns, und Du erklärtest, nanntest diese großen, leuchtenden Sterne mit Namen. Viele von ihnen – Vega, Cassiopeia, Aldebaran – kann ich nicht nennen hören, ohne daß Du sofort vor mir auftauchst und eine friedvolle Nacht von dermaleinst.«

Die Furcht vor dem Vater, die gleichzeitige Bewunderung seiner Autorität, die daraus resultierende Ambivalenz zwischen Rebellion und Unterwürfigkeit auf der einen Seite und das zärtliche Verhältnis zur Mutter auf der anderen Seite haben den Charakter von Rudolf Heß ohne Zweifel schon in früher Jugend geprägt. Diese Ambivalenz in den Beziehungen zu den Eltern erklärt vielleicht die später oft so gegensätzlich anmutenden Verhaltensweisen des späteren Sekretärs und »Stellvertreters« Hitlers: Auf der einen Seite der harte Saalschlachtkämpfer, auf der anderen der gemütvolle Tierfreund, der eine Wespe aus dem Marmeladentopf fischt, um sie zu retten. Auf der einen Seite der wagemutige Bergsteiger und Sportflieger, auf der anderen der hypochondrische Gesundheitsapostel. Auf der einen Seite der tapfere Offizier und Truppenführer, auf der anderen der fast hündisch ergebene Gefolgsmann.

Die geräumige, zweistöckige Villa der Heß mit dem Dachgarten, von dem aus der kleine Rudolf mit seiner geliebten Mutter so gern den Sternenhimmel beobachtete, lag im Osten von Alexandria, im eleganten Vorort Ibrahimieh. Inmitten eines Gartens voller subtropischer Blumenpracht, gepflegt von arabischen Gärtnern, bewacht von arabischen Torwächtern, den sogenannten Ghaffiren. Im Norden, kaum hundert Meter entfernt, war der weiße Sandstrand des Mittelmeeres. Im Süden lag die Wüste.

Eine wohlhabende auslandsdeutsche Familie. Man leistete sich Personal. Einheimisches Personal. Hilfskräfte, die billig waren, aber niemals zum selbständigen Arbeiten erzogen wurden. Der Haushalt, die Küche, die Kinder, das blieb die Domäne von Klara Heß, die sich nach den Worten ihres Sohnes »abrackern mußte«. Sie führte allein den Haushalt, sie kochte, sie betreute und erzog die Kinder selbst. Die Frau eines der angesehensten Handelsherren der Nilmetropole leistete sich bestenfalls ein einheimisches Kindermädchen, obgleich das Geld für eine englische oder französische Gouvernante nicht gefehlt hätte. Es gibt keine bessere Hausfrau und Erzieherin als eine deutsche Mutter, war das Argument von Fritz Heß, und Klara widersprach nicht.

Im Alexandria der Jahrhundertwende herrschte ein angeregtes Gesellschaftsleben. Aber die Familie Heß nahm wenig Anteil daran. Gesellschaften, die man hin und wieder gab, beschränkten sich auf die Mitglieder der deutschen Kolonie; Engländer oder Franzosen waren im Haus Heß seltene Gäste. Gelegentlich war der deutsche Afrikaforscher Georg Schweinfurth zu Besuch, aber er interessierte sich mehr für die seltenen Exemplare nordafrikanischer Flora im Garten der Villa als für die Mitglieder der Familie. Vielleicht empfand der weitgereiste Mann gegenüber dem Hausherrn dasselbe, was Jahrzehnte später Dr. Ernst (»Putzi«) Hanfstaengl, einer der frühesten, später in Ungnade gefallenen Gefolgsleute Hitlers, bei einer Begegnung mit dem Vater des Führer-Stellvertreters in Bayreuth empfand. Seinen Eindruck schilderte er mir mit den Worten: »Mit dem alten Herrn Heß konnte man nur die banalste Unterhaltung führen. Er hatte die Mentalität eines Kegelbruders.«

So erstaunlich es klingen mag: In einer Stadt, die gegen Ende des vorigen Jahrhunderts eine der kosmopolitischsten Städte der Welt war, in der Englisch und Französisch die Umgangssprache der Gebildeten war, wuchs ein junger Mensch heran, dem die englische Sprache und Lebensart so fremd war, daß er als 47jähriger vor seinem spektakulären Englandflug während eines Kuraufenthaltes englische Vokabeln büffeln mußte, und der der festen Meinung war, daß der englische König die Richtlinien der

Politik bestimme und seinen Premierminister nach Lust und Laune, wie weiland Wilhelm II., feuern könne. Ein junger Mensch, dessen Vater die Möglichkeit gehabt hätte, ihn in eine der respektablen französischen Schulen Alexandrias zu schicken, aber der erst als Jüngling auf einem Schweizer Handelsinternat leidliches Französisch lernte. Ein junger Mensch, der in einem arabisch sprechenden Land mit kindlicher Aufgeschlossenheit und zum Entsetzen der Mutter von den Gärtnern eine Palette arabischer Flüche lernte, aber nur ganz oberflächlich in die Anfangsgründe arabischer Schrift und Sprache vordrang. Der Ägypten niemals kennenlernte und deshalb als alternder Mann von Spandau aus in unsäglichem Karl-May-Stil verklärt von der »orientalischen Pracht und Schönheit« seiner »zweiten Heimat Ägypten« so überaus schwärmte.

Wie ist das zu erklären?

Das Alexandria seines Vaters Fritz Heß war nicht das Alexandria von Lawrence Durrell. Fritz Heß hat die kosmopolitische Dimension und Chance dieser Stadt nie erfaßt. Alexandria – das war die Firma. Das Haus in Ibrahimieh – das war Deutschland. Fritz Heß war in Triest geboren und in Alexandria aufgewachsen, aber seine Heimat war das deutsche Kaiserreich. Und der Souverän des auslandsdeutschen Kaufmanns war jener noch junge Kaiser mit dem martialischen Schnurrbart und dem verkrüppelten Arm, der – längst vor den Rassenfanatikern des Nationalsozialismus – die Deutschen als Herrenvolk proklamiert hatte. Nicht eigentlich bösartig und »rassentheoretisch« untermauert wie später Alfred Rosenberg, der intellektuelle Fanatiker aus dem Baltikum, sondern nur mit lautstarkem Bierernst, im verzweifelten Versuch, jene schrecklichen Minderwertigkeitskomplexe zu kompensieren, die seine englische Mutter, die Princess Royal, ihm durch Spott und Prügel buchstäblich eingebleut hatte. Aber die deutsche Elite jener Tage – besonders die auslandsdeutsche – erkannte die pubertär-törichten Sprüche des Kaisers nicht als tragische Folge einer schlimmen Kindheit und Jugend; sie begann vielmehr einer nationalistischen Arroganz zu frönen, die schon Bismarck, den Architekten des Kaiserreiches, angewidert hatte.

Der geschäftlich erforderliche Kosmopolitismus des ehrbaren Kaufmanns Fritz Heß fand sein Ende, wenn er sein Kontor im Geschäftsviertel von Alexandria verlassen hatte und nach einer kurzen Fahrt mit dem »Gharry«, der ägyptischen Pferdedroschke, seine Villa in Ibrahimieh betrat. Umgeben von Lotos, Pfefferbäumen, Passionsblumen und Bougainvilleaen lebte er dann das Leben eines – oberfränkischen Provinzlers.

Mit sechs Jahren kam Rudolf Heß auf die deutsche evangelische Schule in Alexandria. Bei der relativ geringen Zahl der deutschen Alexandriner Familien eine Zwergschule. Sie scheint jedenfalls nicht den pädagogischen Erwartungen von Vater Fritz Heß entsprochen zu haben, denn er nahm den Jungen bald von dieser Schule und ließ ihn in der Villa von Ibrahimieh von Hauslehrern unterrichten, bis die Zeit reif war, den ältesten und zum Firmenerben bestimmten Sohn aufs Internat nach Deutschland zu schicken. Daß Rudolf Kaufmann werden würde, war für den Vater selbstverständlich. Eine Debatte über andere Möglichkeiten lag für das Familienoberhaupt außerhalb des ernsthaft Erwägbaren.

Einigermaßen wohlwollend duldete der Vater die Interessen des Sohnes für Astronomie, für Physik, für Mathematik. Doch als die Mutter eines Tages schüchtern bemerkte, daß Rudolf vielleicht doch Neigung zu einem naturwissenschaftlichen Studium haben könne, starrte Fritz Heß sie fassungslos an: »Du willst doch nicht behaupten, daß mein Vater im Schweiße seines Angesichts diese Firma aufgebaut hat, daß ich mich jeden Tag im Kontor für euch abrackere, um brotlose Spintisiererereien meines Sohnes zu finanzieren?!« Das Thema wurde nicht wieder berührt.

Die Privatlehrer, die Rudolf Heß bis zu seinem 14. Lebensjahr im elterlichen Haus unterrichteten, haben auf ihn keinen Eindruck hinterlassen – mit einer Ausnahme: Abd-el-Aziz Effendi, ein ägyptischer Beamter, der Rudolf und seinem Bruder Alfred arabischen Sprachunterricht gab. Aus Spandau schreibt Heß als 60jähriger: »Nie werde ich diesen Lehrer vergessen. Gepflegt, unauffällig, gediegen europäisch gekleidet, ein feiner, lieber älterer Herr, immer ausgeglichen heiteren Wesens. Daß ich vertraut wurde mit der Art des vornehmen Arabers, ist mir wertvoll für das ganze Leben.«

Für den Knaben Rudolf war es eine Überraschung, daß es Araber gab, die »von vornehmer Lebensart, imponierender Ruhe, bezwingender Höflichkeit« waren. Die Masse der Araber galt ihm als »ungezogen und ewig fluchend«.

Rudolf konnte Ägypten gar nicht kennen. Abgesehen von kurzen Ausflügen in die Umgebung war seine Welt der deutsche Haushalt von Ibrahimieh, mit den Eltern, dem Bruder, den deutschen Hauslehrern, dem »unerzogenen« arabischen Personal und

– als nahezu exotisches Exemplar aus einer fremden Welt hinter den Hecken des deutsch-orientalischen Gartens – einem vornehmen Araber, der ihn so beeindruckt haben muß, daß er seinen Namen nie vergaß.

Selbst wenn er gewollt hätte, Rudolf Heß konnte sich in der internationalen Handelsmetropole Alexandria nicht zum Kosmopoliten entwickeln. Er lebte inmitten der ägyptischen Wüste in einem deutschen Ghetto, seinem Vaterhaus.

Seit 1900 reiste die Familie alle Jahre für mehrere Wochen nach Deutschland. Der wohlhabende Handelsherr Fritz Heß hatte sich im Fichtelgebirge ein Grundstück gekauft und darauf ein Haus gebaut. Der Ort heißt Reicholdsgrün.

Reicholdsgrün, etwa zehn Kilometer Luftlinie nordwestlich von Wunsiedel, dem Wohnsitz der Heßschen Ahnen, gelegen, ist ein Dorf, das auf Landkarten im Maßstab von mehr als 1:100.000 nicht mehr verzeichnet ist. Ein oberfränkisches Reihendorf – bestehend aus zehn bis zwölf Bauernhäusern und einem Dorfkrug. Etwas abseits von den Häusern der Dörfler, am Lestenbach, steht eine zweistöckige Jugendstilvilla, von einer hohen Hecke umgeben. Sie wirkt in dieser auch heute noch einsamen Gegend überraschend, auf eigenartige Weise fehl am Platze. Die nächste Bahnstation ist meilenweit entfernt in einem Ort namens Weißenstadt; die einzige befahrbare Straße führt von einem Dorf namens Groß-Schlappen in die einsame Landschaft aus Wiesen und Wäldern, in denen Reicholdsgrün liegt.

In dieser Jugendstilvilla, ebenso idyllisch wie pathetisch grotesk gelegen, verbrachte die deutsche Familie aus Alexandria jedes Jahr den Sommer, manchmal auch den Herbst.

Mit dem Dampfer fuhr man zunächst nach Marseille oder Triest, von dort mit der Eisenbahn nach Hof in Franken zum Besuch der mütterlichen Verwandten, dann in die Einsamkeit von Reicholdsgrün. Station wurde selten gemacht. Der Vater trieb zur Eile, er haßte überflüssige Pausen. Manchmal machte er Zugeständnisse. So gab es neben ein paar anderen Reiseerlebnissen einmal eine Besteigung des Mailänder Doms, ein andermal einen Zirkusbesuch in Triest.

Aus Spandau erinnert sich Rudolf Heß an diese Reisen: »Eine Reise war herrlicher als die andere – was haben wir alles gesehen! – und sooo selbstverständlich! Was gäbe ich heute darum, um so eine Fahrt!« schreibt er im Juli 1954. Ein zwei Jahre später datierter Brief an seine Frau Ilse ist nicht ohne kritischen Unterton:

»Wie oft sind wir Brüder in unserer Jugend mit den Eltern von Ägypten nach Deutschland und zurück gereist, wie leicht hätte da der Weg über Griechenland genommen werden können statt über Italien oder Frankreich. Aber für den Vater gab es nur die schnellste und bequemste Route, der Gedanke, Athen anzusteuern, um die ›alten Marmortrümmer‹ anzusehen, wäre ihm ganz ausgefallen erschienen. Die Mutter hatte viel mehr Sinn für dergleichen; für die Reise mit dem gestrengen Familienoberhaupt wagte sie kaum, so etwas überhaupt nur vorzuschlagen.«

Eine andere Stelle aus demselben Brief ist noch aufschlußreicher: »Kurz bevor ich die Stadt meiner Jugend verließ, wurden in Alexandrien die Katakomben von Kom-el-Schuf-aker entdeckt. Ich sah sie nicht einmal, da ich ›ja doch bald wiederkäme und dann älter geworden, mehr davon hätte‹. Was der Vater vermutlich auch hinsichtlich Griechenland-Reisewünschen und dergleichen anführte. Aber wenigstens schickte er mich noch schnell nach Kairo und zu den Pyramiden, wofür ich ihm heute noch dankbar bin; sonst hätte ich als geborener Ägypter die Wahrzeichen des Landes nicht gesehen.«

Als 14jähriger Junge, in Ägypten geboren und aufgewachsen, kannte Rudolf Heß die Dunghaufen vor den Häusern der Fichtelgebirgsbauern von Reicholdsgrün besser als die Pyramiden von Gizeh, zu denen er »noch schnell« geschickt wurde.

Im März 1908 brachte der Vater ihn ins Internat »Deutsches Haus« des Evangelischen Pädagogiums in Bad Godesberg am Rhein. »Als wir 1908 abfuhren, der ägyptische Küstenstreifen langsam hinter uns versank, die Pompejus-Säule, der Leuchtturm, ein paar Palmen als letztes sichtbar, sagte der Vater zu mir: ›Sieh dir das Land noch einmal genau an. Du nimmst für einige Jahre Abschied!‹«

Rudolf Heß hat Ägypten nie wiedergesehen.

Im Internat erlebte der Junge eine Enttäuschung, die ihn zutiefst schockierte. Die Kameraden sahen in ihm – dem deutsch erzogenen Alexandriner Kaufmannssohn – einen Ausländer. Er mußte sich gutmütige Hänseleien gefallen lassen, unter denen der sensible Junge litt. Man gab ihm den Spitznamen »der Ägypter«. Mit Vehemenz suchte er den Kameraden klarzumachen, daß seine eigentliche Heimat nicht Ägypten war, sondern im »kerndeutschen« fränkischen Fichtelgebirge, in Reicholdsgrün lag.

Sowohl J. R. Rees als auch Roger Manvell und Heinrich

Fraenkel sind überzeugt, daß die ihm von den Kameraden aufgedrängte Rolle des »Ausländers« ein Schlüsselerlebnis war, das ihn zum besonders hitzigen Patrioten, zum betonten Nationalisten werden ließ.

Gewiß hatten die Godesberger Erlebnisse einen Auslöse-Effekt, der Grundstein zum verengten nationalistischen Denken war aber zweifellos schon im Vaterhaus gelegt worden.

Das Evangelische Pädagogium in Godesberg war eine gute Schule. Für damalige Umstände sogar eine moderne und fortschrittliche Schule. Neben den normalen Schulfächern einer Oberrealschule wurden die Jungen in handwerklichen Fertigkeiten unterwiesen, in Schmiedearbeiten, im Tischlern, in Holzschnitzerei. Ihre physikalischen Geräte bauten die Jungen unter Anleitung lehrbeauftragter Handwerksmeister selber. Im Garten des Internats hatte jeder Schüler ein kleines Stück Land, auf dem er nach Belieben Blumen, Sträucher oder Gemüse pflanzen konnte. Es ist nicht ohne Ironie, daß später in Spandau den Häftlingen ebenfalls ein paar Quadratmeter Gartenland zur Verfügung gestellt wurde, wo sie Sonnenblumen oder Tomaten anbauen konnten. Heß vernachlässigte seine Gartenparzelle in Godesberg ebenso wie später seine Quadratmeter in Spandau. Gartenarbeit lag ihm schon als Junge nicht.

Seine Stärke lag in den Fächern Mathematik, Physik und Chemie, in denen er seinen Mitschülern weit vorauseilte. Seine Neigungen zur Astronomie pflegte er noch intensiver als in Alexandria. »Im Internat in Godesberg kaufte ich mir laufend astronomische Kosmos-Hefte«, schreibt er aus Spandau.

Die Lehrer beschworen den Vater, Rudolf das Abitur machen und studieren zu lassen. Er hätte die Anlage zu einem ausgezeichneten Ingenieur oder Physiker. Aber der Vater lehnte kühl und kurz ab.

Die Weihnachtsferien verbrachte der Junge in der Familie eines Onkels in Mainkur bei Frankfurt. Der musisch gebildete Onkel schickte den Neffen häufig in die Frankfurter Oper, in Beethovens »Fidelio«, in die »Missa Solemnis«, in d'Alberts »Tiefland«. Heß hat Dr. Ernst Hanfstaengl später einmal erzählt, daß er während seiner Schulzeit in Godesberg seine Liebe zu Beethoven entdeckt habe. Hanfstaengl, ein begabter Klavierspieler, war in den dreißiger Jahren einmal zu einem geselligen Abend in die Villa des Führer-Stellvertreters im Münchner Nobelvorort Harlaching eingeladen worden. Heß bat ihn, sich an den Flügel zu setzen und Beethoven zu spielen. Hanfstaengl gesteht, daß Heß, der ihm eigentlich immer »unbegreifbar fremd« geblieben sei, ihm an diesem Abend »für einen Augenblick näherkam«.

Das Ziel der Sommerferien war Reicholdsgrün, wo Rudolf jedes Jahr den Vater, die Mutter und die Geschwister wiedersah.

Es gibt nicht den geringsten Hinweis, daß der gutaussehende Junge mit dem hübschen, ernsten Gesicht und den etwas verträumten Augen in jenen Jahren irgendeine Jugendliebe hatte. Nicht einmal eine »Poussage«, wie man die Pubertäts-Techtelmechtel damals nannte, scheint es gegeben zu haben. Es gab auch keine engere Freundschaftsbeziehung zu einem Mitschüler.

J. R. Rees behauptet, daß Rudolf Heß durch die ungesunde Familienkonstellation, die vom überstrengen Vater auf der einen, von der weichherzigen und duldsamen Mutter auf der anderen Seite geprägt wurde, zum gehemmten Autoerotiker wurde und in jenen Jahren häufig masturbierte – mit allen für Jungen seiner Zeit daraus entstehenden Schuldgefühlen. Er vermutet auch, daß in jener Zeit die Entwicklung einer latenten Homosexualität fällt, die aber damals nie ins Bewußtsein des Jungen drang.

Nach drei Jahren Godesberg erhielt Rudolf das Zeugnis der »Mittleren Reife«, das sogenannte »Einjährige«, und wechselte über in ein angesehenes Schweizer Handelsinternat, die »École Supérieure de Commerce« in Neuchâtel. Zuvor gab es noch einmal eine Auseinandersetzung mit dem Vater. Rudolf war die Aussicht, Kaufmann zu werden, so zuwider, daß er seinen ganzen Mut zusammennahm, um den Vater von dessen Entschluß abzubringen. Der Versuch scheiterte. Der Junge hatte nicht den Mut zur offenen Rebellion. Er gab nach. Als »Trostpflaster« stellte der Vater ihm für den Fall der erfolgreich beendeten Kaufmannslehre ein Studium an der Universität von Oxford in Aussicht.

Über seine Zeit in Neuchâtel schreibt Rudolf Heß: »Es war, als wollte mir die lenkende Macht beibringen, daß ich für den Beruf des Kaufmanns nicht bestimmt sei – die Bilanz der doppelten Buchführung blieb mir immer, wenn auch nicht mit sieben Siegeln, so doch mit einigen behaftet. Es interessierte mich auch gar nicht, war mir *soo* gleichgültig. In kaufmännischer Buchführung erreichte ich die vorgeschriebene Mindestnote nicht, so mußte ich einen Ferienkurs mitmachen, zum großen Ärger des Vaters.«

Sein Sohn Wolf Rüdiger bemerkt dazu: »Sowenig die ›École Supérieure de Commerce‹ es vermochte, meinen Vater in die

Geheimnisse von ›Bilanz‹ und ›doppelter Buchführung‹ einzu-
weihen – er wollte nun einmal nichts von ihnen wissen –, sowenig
haben ihm diese Schweizer Jahre einen ›seelischen Schaden‹ zugefügt. Seine Fähigkeit, eine eigene geistige Welt ›in sich‹ aufzubauen – die ihn nun all die langen Jahre der Gefangenschaft hindurch begleitet –, hat sich damals ausgeprägt.«

Auch in der anschließenden Hamburger Kaufmannslehre hat
Rudolf Heß sich nicht wohlgefühlt. Dem Bruder gestand er später: »In den Hamburger Lehrjahren tat ich, was ich tun mußte,
schlecht und recht, ersteres mehr als letzteres.«

In Hamburg begann ihn etwas ganz anderes zu interessieren:
die Marine. Die deutsche Flotte wurde für den jungen auslandsdeutschen Nationalisten zum Symbol deutscher »Weltgeltung«.
Er lernte »Köhlers Flottenkalender« auswendig, kannte die Ton-
nage, Geschwindigkeiten, Bestückungen fast aller deutschen
Kriegsschiffe. Die Liebe zur Marine blieb ihm in späteren Jahren
erhalten. Noch aus England schrieb er 1942 an seine Frau: »Endlich habe ich mir hier in England das Werk von Jellicoe über die
Skagerrak-Schlacht besorgen können, das mir in meiner Bibliothek zu Hause immer gefehlt hat.«

Im Juli 1914 ist die Familie in Reicholdsgrün versammelt. Das
Attentat von Sarajewo hat Europa in Erregung versetzt. Es wird
im Garten der Villa nur vom möglichen Krieg geredet. Mit Spannung wird täglich der Postbote mit den Zeitungen erwartet.

Am 25. Juli macht Serbien mobil. Drei Tage später erklärt
Österreich-Ungarn dem Balkanstaat den Krieg. Leopold Graf
Berchtold, österreichischer Außenminister, lehnt das russische
Verhandlungsangebot und die Vermittlung des deutschen
Reichskanzlers Bethmann Hollweg ab. Am 30. Juli macht Ruß-
land mobil. Telegramme zwischen »Willy« (Wilhelm II.) und sei-
nem »lieben Vetter Nicky« (Nikolaus II.) können die Katastro-
phe nicht mehr aufhalten. Am 1. August ordnet der Kaiser die
Generalmobilmachung an und erklärt Rußland den Krieg. Zwei
Tage später folgt die Kriegserklärung an Frankreich, das ein deutsches Ultimatum zur Neutralität abgelehnt hat. Am nächsten Tag
erklärt England aufgrund seiner Bündnisverpflichtungen zu
Frankreich Deutschland den Krieg. Bismarcks ausgeklügeltes
Netz von Verträgen, das Europa den Frieden sichern sollte, war
schon Jahre zuvor zerrissen worden, nicht ganz ohne Schuld der
plumpen Diplomatie seiner Nachfolger. In jenen Spätsommerta-
gen geht eine Epoche zu Ende. Der Erste Weltkrieg beginnt.

Und jetzt rebelliert der 20jährige Kaufmannslehrling Rudolf Heß zum ersten Mal gegen den Vater. Nach einer erregten Auseinandersetzung im Garten der Reicholdsgrüner Villa weigert er sich, in die Hamburger Lehrstelle zurückzukehren. Sein Patriotismus, angeheizt durch die nationale Begeisterung jener Tage, ist plötzlich stärker als die Furcht vor dem Vater. »Jetzt geben nicht Kaufleute, jetzt geben Soldaten die Befehle!« ruft er dem fassungslos-verblüfften Patriarchen zu. Am nächsten Tag fährt er nach München und meldet sich beim 7. Bayerischen Feldartillerie-Regiment als Kriegsfreiwilliger. Als der Musterungsarzt ihn »tauglich« schreibt, triumphiert er: Er hat den Vater besiegt.

3. KAPITEL

Der große Krieg

Während der Kriegsfreiwillige Rudolf Heß in einer kleinen Schwabinger Pension ungeduldig auf seinen Stellungsbefehl wartet, hat die deutsche Kriegsmaschinerie sich in Bewegung gesetzt.

Am 7. August fällt Lüttich. Der Weg ins Tal der Maas ist frei. Wie eine Sturzflut brechen die deutschen Armeen nach Nordfrankreich hinein. Das britische Expeditionskorps wird zum Rückzug über die Somme gezwungen. Bei Maubeuge muß die französische 5. Armee den Rückzug antreten.

Endlich, am 20. August, darf der 20jährige Kaufmannslehrling sich als Rekrut in der Kaserne der Ersatzabteilung des 7. Bayerischen Feldartillerie-Regiments einfinden.

Bei der Grundausbildung wird den Rekruten nichts geschenkt. Nicht nur im Gelände werden sie »gescheucht« und »geschliffen«. Mehrere Stunden am Tag gibt es Formalausbildung auf dem Kasernenhof. Rechts-um, links-um, Grundstellung, Grüßen – alles sehr unheroische Betätigungen.

Inzwischen erreichen die deutschen Truppen die Aisne, überschreiten den Fluß und werfen die Franzosen durch die Champagne auf Reims zurück, dringen bis in die Argonnen vor. Am 2. September verläßt die französische Regierung Paris und geht nach Bordeaux. Die vollziehende Gewalt in der Hauptstadt übernimmt der Militärgouverneur General Galliéni. Alle Maßnahmen zur Verteidigung der Seine-Metropole vor den heranrückenden deutschen Truppen werden getroffen.

Und dann – eine Woche später – stockt der deutsche Vormarsch an der Marne. Die 2. Armee unter General von Bülow und die 1. Armee unter dem Generalobersten von Kluck ziehen sich auf die Linie Noyon-Soissons zurück. Der Grund: Bülow fürchtet, daß die französischen Truppen, die aus dem Raum von

Paris heraus zum Angriff angesetzt sind, sich zwischen die Keile der 1. und 2. Armee schieben und eine gefährliche Flankenbedrohung herbeiführen können.

Für die deutschen Soldaten ist der Rückzugsbefehl unbegreiflich. Bei vielen Truppenteilen herrscht tiefe Niedergeschlagenheit. Für die Franzosen ist das »Wunder an der Marne« vom 9. September der Wendepunkt des Krieges. Der Vormarsch, der Bewegungskrieg, ist zu Ende. Die Front erstarrt auf einer 900 Kilometer langen Linie von Ostende bis zur Schweizer Grenze in einer neuen, bisher nicht gekannten Form des Krieges: dem Stellungs- und Grabenkrieg.

Das ist die Lage, als Rudolf Heß am 18. September 1914 zur Infanterie versetzt wird. Manchem Soldaten wäre die Versetzung von einer Feldartillerie-Einheit zur Infanterie, zu den »Fußlappen-Indianern«, wie die Fußsoldaten von Kavalleristen und berittenen Artilleristen gern genannt wurden, einer Strafversetzung gleichgekommen. Heß empfindet das nicht so. An die Eltern in Reicholdsgrün schreibt er am 18. September: »Freut Euch mit mir, ich bin Infanterist.« – »Als Eltern empfanden wir dieses Verlangen doch ein wenig als Zumutung«, sagte die Mutter, Klara Heß, Jahre später.

Immerhin ist es eines der vornehmeren Regimenter Bayerns, das 1. Infanterie-Regiment »König«. Und Heß wird der 1. Kompanie zugeteilt, auch eine gewisse Auszeichnung für den begeisterten Rekruten.

Am 4. November rücken die Reserveeinheiten ins Feld. Sie bestehen zu 75 Prozent aus Kriegsfreiwilligen, meist Schülern, Studenten, jungen Angestellten. Nur 25 Prozent sind altgedientes, erfahrenes Stammpersonal.

In jenen Tagen versucht der deutsche Oberbefehlshaber, General von Falkenhayn, die erstarrte Front wieder in Bewegung zu bringen und bei dem belgischen Städtchen Ypern den Durchbruch zu erzwingen. Aber er macht einen entscheidenden Fehler: Er stärkt seinen rechten Flügel nicht auf Kosten des linken, wie es Schlieffen, der Altmeister der Strategie, vorgesehen hatte. Als Oberst Groener, der Chef der Feldeisenbahnen, einen detaillierten Plan vorlegt, um sechs Armeekorps vom linken auf den rechten Flügel zu verlegen, winkt Falkenhayn ab.

Für seinen Angriff auf die englisch-französischen Stellungen bei Ypern setzt er die neuen Ersatzregimenter mit überwiegend jungen, kaum ausgebildeten Soldaten ohne Fronterfahrung ein, während kampferprobte Truppenteile untätig zwischen Aisne und Vogesen liegen.

Dabei sind die feindlichen Linien bei Ypern relativ dünn. Das alliierte Oberkommando hat sich bereits auf einen Durchbruch der Deutschen nach Calais und Dünkirchen eingestellt. Aber Falkenhayn vertut die Chance. Die jungen Kriegsfreiwilligen bringen zwar viel Begeisterung, aber keinerlei Erfahrung und nur sehr oberflächliche Ausbildung mit. Der Durchbruch mißlingt. Ein besonders grauenvolles Beispiel, wie die notdürftig verwendungsbereiten Reservekorps buchstäblich »verheizt« werden, ist der Sturm auf Langemarck. Die meist aus kriegsfreiwilligen Studenten und Schülern bestehenden Einheiten treten gegen die zwar zahlenmäßig weit unterlegenen, aber kriegserfahrenen Veteranen des britischen Expeditionskorps an. Aufrecht ohne Deckung, laufen sie singend in das britische Maschinengewehrfeuer hinein. Tausende blutjunger Menschen fallen in dem Gemetzel. Später – besonders im Dritten Reich – wird Langemarck als »Symbol des Heldentums der deutschen Jugend« gefeiert. In Wirklichkeit ist Langemarck ein erschütterndes Beispiel für mißbrauchte Opferbereitschaft, mißbraucht von Strategen, die in ihren Soldaten nur »Menschenmaterial« sahen.

Die Kämpfe um den Durchbruch bei Ypern sind die ersten Kriegserlebnisse des jungen Freiwilligen Rudolf Heß. Jetzt erstarrt der Kampf an der Westfront endgültig im Grabenkampf.

Den Winter 1914/15 verbringt der Infanterist Heß in den Stellungen an der Somme und im Artois um Arras herum. Am 21. April 1915 wird er zum Gefreiten befördert und erhält wegen Tapferkeit bei der Verteidigung einer Stellung gegen feindliche Angriffe Mann gegen Mann das Eiserne Kreuz II. Klasse. Einen Monat später wird er Unteroffizier. Ein damaliger Kriegskamerad hat dem Sohn von Rudolf Heß, Wolf Rüdiger, die folgende Schilderung des Vaters gegeben: »Dein Vater gehörte zu denen, die schon nach kurzem Kennenlernen, nach den ersten knappen Aussprachen, als ›Kamerad‹ anerkannt wurden. Er stand von Anfang an seinen Mann und war bald einer der schneidigsten Soldaten. Wenn es galt, Freiwillige für die zahlreichen Erkundungspatrouillen und Stoßtrupps zu finden, so war er stets unter ihnen, setzte sich immer voll und ganz ein, war bei Angriffen durch seine Kaltblütigkeit und Selbstlosigkeit ein Vorbild.«

Rudolf Heß hat Auskünfte über seine Kriegserlebnisse dem Sohn gegenüber in einem Brief aus Spandau mit folgenden Worten abgelehnt: »Es berührt mich so stark, daß das gedankliche Sichwiederhineinversetzen mich wehmütig stimmt in der Lage, in der ich mich befinde. Es ist mir so schmerzlich, daß ich es vermeide, daran zu denken, und es ist mir gelungen, einen Vorhang zuzuziehen, an den ich nicht gern rühre.«

Bis zum Frühsommer 1916 bleibt seine Einheit an der Somme und im Artois. Anfang Juni wird sie zur Verstärkung der dortigen deutschen Kräfte in den Raum von Verdun verlegt.

Rudolf Heß kommt in die fürchterlichste Materialschlacht des ganzen Ersten Weltkriegs. Am 21. Februar hat sie begonnen. Die Gegend um Verdun war mit ihren Forts und Panzerwerken, mit ihren Grabensystemen und vorgeschobenen Sperrstellungen das Rückgrat der französischen Verteidigung. Forts und Dörfer wechselten fast täglich den Besitzer. Aus diesen Tagen berichet Heß später an eine Cousine: »Ich habe das Todesgrauen in allen Spielarten durchgekostet, bin im Trommelfeuer tagelang geschüttelt worden, schlief in einem Unterstand, in dem ein halber Franzose lag, habe gehungert und gelitten ...«

Auch er hat versucht, das Grauen der Schlacht von Verdun in einem Gedicht auszudrücken. Bei allem Realismus gerät es aber nicht zu einer kritischen Abrechnung mit dem Kriege, sondern zu einem »Heldenepos«.

In einem Brief aus Spandau von 1966 allerdings nennt er die Schlacht um Verdun im Rückblick »eine grauenhafte Schlachterei«.

Am 12. Juni wird er bei den Kämpfen um das Fort Douaumont durch Granatsplitter an den Beinen und Rücken schwer verwundet.

Im Lazarett liest der junge Unteroffizier viel. Er liest von den Jagdflieger-Assen Immelmann, Boelcke, von Richthofen; von ihren Erfolgen; er liest von der »Ritterlichkeit« in den Luftkämpfen, die bei den Bodenkämpfern in den Materialschlachten, in den erbitterten Grabenkämpfen, in den Trommelfeuern verlorengegangen ist. Diese Ritterlichkeit begeistert den Patrioten und Liebhaber der deutschen Heldensagen. Er will Flieger werden. Noch vom Lazarett aus richtet er ein Gesuch um Aufnahme in das Kaiserliche Fliegerkorps. Es wird abgelehnt. Während des Genesungsurlaubs in Reicholdsgrün schreibt er ein neues Gesuch. Derselbe Bescheid: Abgelehnt.

Am 4. Dezember 1916 erhält er statt dessen seine Beförderung zum Vizefeldwebel und den Befehl, sich als Zugführer in der 10.

Kompanie zum Bayerischen Reserve-Infanterie-Regiment Nr. 18 nach Rumänien zu begeben.

Am 27. August hatte Rumänien den Mittelmächten den Krieg erklärt. Die 600 000 Mann starke rumänische Armee war in das zu Ungarn gehörige Siebenbürgen eingefallen. Die geschickten und energischen Gegenangriffe der deutschen, bulgarischen und türkischen Truppen unter Feldmarschall von Mackensen und General von Falkenhayn konnten die gefährliche Lage bannen. Am 6. Dezember wurde Bukarest genommen.

Als Heß bei seiner Einheit in Rumänien eintrifft, haben sich die Reste der rumänischen Armee bei Ramnicu-Sarat zu einer Entscheidungsschlacht gestellt, die bis zum 8. Januar 1917 dauert. Die Rumänen, die von ihren 600 000 Soldaten mehr als die Hälfte als Tote, Verwundete oder Gefangene verloren haben, ziehen sich hinter den Fluß Seretz zurück, um sich unter dem Schutz der russischen Truppen und mit Hilfe französischer Instruktionsoffiziere neu zu formieren.

Im März 1917 bricht in Rußland die Revolution aus. Die russische Karpatenfront, schon demoralisiert durch die revolutionäre Propaganda, bricht zusammen. Feldmarschall Mackensen kann sich jetzt völlig auf die Zerschlagung der rumänischen Armee konzentrieren.

Rudolf Heß' Einheit kämpft in den siebenbürgischen Grenzkarpaten. Am 25. Juli 1917 wird der Vizefeldwebel durch einen Granatsplitter leicht am linken Oberarm verwundet. Es ist kein »Heimatschuß«. Nach wenigen Tagen ist Heß wieder an der Front.

Bei der letzten, entscheidenden Schlacht gegen die Rumänen, bei Focsani, einem Ort, der den Zutritt in die westliche Moldau und die Gebirgsausgänge der Grenzkarpaten beherrscht, wird Rudolf Heß durch einen Lungensteckschuß lebensgefährlich verwundet. Er bricht bewußtlos zusammen, verliert viel Blut. Nur das rechtzeitige Erreichen des Hauptverbandsplatzes in der kleinen siebenbürgischen Ortschaft Bezdivásárhely rettet ihm das Leben. Nach dem Herausoperieren des Geschosses erhält er mehrere Bluttransfusionen. Diesmal ist es ein »Heimatschuß«.

Nach monatelangem Lazarettaufenthalt folgt ein längerer Genesungsurlaub in Reicholdsgrün. Am 8. Oktober 1917 erhält Heß in einem eingeschriebenen Brief sein Leutnantspatent.

Während des Reicholdsgrüner Genesungsurlaubs spielt der frischgebackene Leutnant, der »schöne Rudi«, von dem auch während des ganzen Krieges keine Liebschaft, keine Romanze mit einem Mädchen bekannt wurde, bei einer Theateraufführung zu Wohltätigkeitszwecken im Gasthof »Grüner Baum« in Wunsiedel mit. Der Name des Stückes: »Als ich noch im Flügelkleide ...« Heß' Rolle: Ein Student namens Paul Gutbier, der als Herzensbrecher ein ganzes Mädchenpensionat durcheinanderbringt.

Und wieder beantragt er seine Versetzung zum Fliegerkorps. Diesmal glückt es. Eine Nachuntersuchung ergibt: »Untauglich zur weiteren Verwendung bei der Fußtruppe.« Er darf Flieger werden. Die Ausbildung soll im Frühjahr 1918 beginnen.

Aber vorher muß der Leutnant Heß noch einen Befehl seines heimatlichen Infanterie-Ersatzbataillons ausführen. Er muß eine Ersatzkompanie zum Bayerischen Regiment List an die Westfront begleiten. Als er sich beim Regimentskommandeur Oberstleutnant Freiherr von Tuboeuf meldet, steht neben dem Kommandeur ein unscheinbarer Gefreiter mit einem englischen Schnurrbart über der Oberlippe. Er ist Gefechtsordonnanz beim Regimentsstab. Wenn das Feldtelefon versagt, hat er den Einheiten des Regiments Meldung zu überbringen. Er heißt Adolf Hitler. Ein Dispens des Königs von Bayern hatte dem Österreicher im August 1914 gestattet, in ein bayerisches Regiment einzutreten. Ein Jahr zuvor war er einer Aufforderung zur Ableistung seiner Dienstpflicht bei der österreichischen Armee nicht nachgekommen.

Mit Verwunderung bemerkt Leutnant Heß am Uniformrock des Gefreiten das Eiserne Kreuz I. Klasse. Ungewöhnlich für einen Gefreiten, denkt er. Normalerweise ist die Verleihung dieser hohen Auszeichnung bei Mannschaftsdienstgraden mit einer Beförderung zumindest zum Unteroffizier verbunden. Die stahlblauen Augen des Gefreiten blicken merkwürdig starr, als er vor dem Leutnant seine stramme Ehrenbezeigung macht.

Von verschiedenen Seiten ist diese erste zufällige Begegnung zwischen Heß und Hitler verneint worden. Frau Ilse Heß hat mir vor Jahren aber ausdrücklich bestätigt, daß Hitler mit ihrem damaligen Verlobten in ihrer Gegenwart in der Münchner »Osteria Bavaria« darüber sprach und beide sich jenes Augenblicks genau entsannen. Ein Wort wurde damals allerdings nicht gewechselt.

Kurz darauf meldet sich Leutnant Heß als Flugschüler bei der Fliegerschule 4 im Lager Lechfeld bei Augsburg. Und hier freundet er sich mit einem anderen Leutnant an, der wie er zur Fliegerei übergewechselt ist: Max E. Hofweber, später Direktor der

Maschinenfabrik Lanz in Mannheim, Sohn einer kinderreichen Familie, im Zivilberuf kaufmännischer Angestellter, Kriegsfreiwilliger. Obgleich er nicht das »Einjährige« besaß, war er wegen Tapferkeit zum Leutnant befördert worden. Bis vor kurzem hatte er dem Stab des Obersten Karl Haushofer angehört. Und Hofweber wird nach dem Kriege Rudolf Heß die so bedeutsame Bekanntschaft mit Karl Haushofer vermitteln. Hofweber wird sein Freund. Frau Ilse Heß: »Rudolf Heß hatte gegenüber anderen eine schwer sich aufschließende Art. Doch die Freundschaft mit Hofweber hielt allen Belastungen stand.«

Im Frühjahr und Sommer des letzten Kriegsjahres lernt Rudolf Heß fliegen. Auf einer Fokker D VII.

Seinen ersten Allein-Flug macht er nach Ried am Ammersee. Der junge Fliegerleutnant will zwei Cousinen, die dort wohnen, durch einen Besuch aus der Luft imponieren. Auf einer Wiese in der Nähe von Ried macht er eine Bruchlandung. Eine Bäuerin läuft schreiend ins Dorf. »Hin ist er, der Flieger!« ruft sie. Aber Heß steigt ohne Schramme aus den Trümmern.

Die Bruchlandung trägt dazu bei, daß seine Ausbildung bis Ende Oktober 1918 verlängert wird. Am 1. November kommt er zur Jagdstaffel 35 an die Westfront. Sein Fronteinsatz als Flieger dauert nur eine Woche. Er nimmt an den letzten Luftkämpfen über der Gegend von Valenciennes teil. Der Wunsch, seinen Vorbildern Richthofen, Boelcke oder dem Pour-le-mérite-Träger Hauptmann Göring nachzueifern, erfüllt sich nicht. Er schießt kein feindliches Flugzeug ab.

Am 11. November, vier Jahre nach dem Sturm auf Langemarck, ist Waffenstillstand. Die Jagdstaffel 35 wird aufgelöst, Heß wird nach Reicholdsgrün beurlaubt. Am 13. Dezember 1918 wird er offiziell aus dem aktiven Militärdienst entlassen.

Aber er will es nicht wahrhaben, daß der Krieg für ihn schon zu Ende sein soll. Er findet heraus, daß es in Potsdam eine Dienststelle »Fliegeranmeldung« gibt. Werden in den Freikorps, die allenthalben zur Bekämpfung der Spartakus-Aufstände, gegen die Rote Armee im Baltikum, gegen Insurgenten in den Grenzgebieten aufgestellt werden, nicht auch Flieger gebraucht?

Im Januar 1919 telegraphiert er: »Erbitte Nachricht, ob Flugzeugführerleutnant Fronterfahrung benötigt?« Wenige Tage später kommt die kurze Antwort: »Sämtliche Flugzeugführerstellen bereits besetzt.« Die Soldatenlaufbahn des Leutnants Rudolf Heß scheint beendet.

In Alexandria ist die Firma Heß & Co. als Besitz feindlicher Ausländer von den Engländern enteignet worden. Vater Fritz Heß fährt nach Ägypten, um zu verhandeln, den Neuaufbau in die Wege zu leiten. Nur noch sehr dürftig kann er den Sohn finanziell unterstützen. Soll er studieren? Er hat kein Abitur. Aber es gibt einen Regierungserlaß des Freistaates Bayern: Kriegsteilnehmer, mit Mittlerer Reife dürfen auch ohne Abitur an Bayerns Universitäten studieren. Rudolf Heß fährt nach München und schreibt sich an der Universität als Student der Volkswirtschaft ein.

Was Rudolf Heß als 25jähriger demobilisierter Soldat damals empfand, hat er rückblickend im Jahre 1927 an eine Cousine geschrieben: »Du weißt, wie ich unter dem Zustand leide, in den man unsere einst so stolze Nation gebracht hat. Ich habe für die Ehre unserer Flagge gekämpft, dort, wo ein Mann in meinem Alter selbstverständlich zu kämpfen hatte, dort, wo es am härtesten zuging, in Dreck und Schlamm, in der Hölle von Verdun, vom Artois und wo es sonst war ... Und das soll alles umsonst gewesen sein? Und das Leiden der Anständigen in der Heimat soll umsonst gewesen sein? Nein, wäre es umsonst gewesen, dann würde ich heute noch bereuen, daß ich am Tag, da die ungeheuerlichen Waffenstillstandsbedingungen und ihre Annahme bekannt wurden, mir nicht eine Kugel durchs Hirn jagte. Ich tat es damals nicht, in der einzigen Hoffnung: Du kannst noch irgendwie dein Teilchen beitragen zur Wendung des Schicksals.«

In dieser geistigen und emotionellen Verfassung trifft Rudolf Heß im Februar 1919 in München ein.

4. KAPITEL

Im Strudel der Revolution

Es ist ein kühler, schmuddeliger Spätwintertag, als Rudolf Heß Mitte Februar 1919 in München eintrifft. Mit der Trambahn fährt er vom Hauptbahnhof nach Schwabing in jene kleine Pension, die einer alten Dame von bayerischem Adel gehört und die schon in den begeisterten Tagen des August 1914 sein Domizil gewesen war. In den Straßen herrscht eine hysterische, überhitzte Stimmung. Allenthalben sieht Heß Soldaten mit roten Armbinden, die Gewehre mit den Läufen nach unten lässig umgehängt. Sie sehen schmutzig, ungepflegt, unrasiert aus. Rudolf Heß ist angewidert von seinem Wiedersehen mit München.

In etwa zehn Tagen, am 21. Februar, soll der bayerische Landtag eröffnet werden. Die Wahlen am 12. Januar haben den Unabhängigen Sozialdemokraten, der Partei des amtierenden Ministerpräsidenten Eisner, eine vernichtende Niederlage gebracht. Anarchisten und radikale Sozialisten rufen nach einer neuen Revolution. Und die Münchner Bürger haben Angst. Angst vor dem Bolschewismus.

Seit Rudolf Heß seine letzten Jagdfliegereinsätze über Valenciennes flog, während er nach dem Waffenstillstand verbittert in Reicholdsgrün saß, hatten sich in München die Ereignisse überstürzt.

Donnerstag, 7. November 1918: Auf der Theresienwiese, dem alljährlichen Schauplatz des Oktoberfestes, findet eine Massenkundgebung für den Frieden statt. Der 53jährige Kurt Eisner, Führer der links von der SPD stehenden Unabhängigen Sozialisten, brillanter Theaterkritiker, glühender Pazifist und Republikaner, ist einer der Redner. Mit seiner fast zwergenhaften Gestalt, dem eisgrauen Vollbart, dem riesigen schwarzen Schlapphut und dem unvermeidlichen Zwicker auf der Nase ist er eine stadtbekannte Erscheinung. Trotz des strengen Ausgehverbots der Münchner Garnison sind zahlreiche Soldaten auf die »Wies'n« gekommen. Die Stimmung ist elektrisch geladen. Und plötzlich ruft Eisner den Soldaten zu: »Soldaten! Auf in die Kasernen! Befreien wir unsere Kameraden! Es lebe die Revolution!«

Während ein riesiger Demonstrationszug sich durch München wälzt, stürmen die aufständischen Soldaten und Matrosen die Kasernen. Aber es fällt kein Schuß. Die Münchner Garnison stellt sich auf die Seite der Revolution. König Ludwig III. flieht mit seiner Familie im Nebel des Novemberabends nach Schloß Wildenwart bei Prien. Er nimmt kein Gepäck mit; nur eine Kiste Zigarren.

Um 10 Uhr abends sind alle Kasernen, alle Ministerien, das Generalkommando, der Bahnhof, das Post- und Telegraphenamt und das Polizeipräsidium in der Hand der Revolutionäre.

Im Saal des Mathäserbräus in der Bayerstraße proklamiert Eisner nach der raschen Wahl eines Arbeiter-, Bauern- und Soldatenrates den »Freien Volksstaat Bayern«. Der Landtag wird besetzt, eine provisorische Koalitionsregierung aus USPD und SPD gebildet. Die Dynastie Wittelsbach ist abgesetzt. Übernächtigt und ohne Kragen hält Regierungschef und Außenminister Kurt Eisner morgens Einzug in sein Ministerium am Promenadeplatz.

Aber bald sinkt Eisners Stern. Seine separatistischen Neigungen werden von seinem Koalitionspartner wie von der Berliner Reichsregierung mit gleichem Mißtrauen betrachtet. Die Liberalen, die Konservativen, die katholisch-monarchistische Landbevölkerung – sie lehnen ihn ab. Er ist kein Bayer. Er ist geborener Berliner. Und – er ist Jude. Die Rechten halten ihn für linksradikal, die radikalen Linken für einen kleinbürgerlichen Sozialrevolutionär.

6. Dezember 1918: Der Student Max Levien gründet die Münchner Ortsgruppe der KPD und den Münchner Spartakusbund. Mit seiner straff geführten Kadertruppe von Berufsrevolutionären verdrängt er den schwärmerischen anarchistischen Schriftsteller Erich Mühsam aus seiner bisherigen Rolle des Wortführers der Linksradikalen.

12. Januar 1919: Das Wahlergebnis ist für die Linke katastrophal. Der neugewählte Landtag wird eine bürgerliche Mehrheit haben. Die Bevölkerung hat gezeigt: Sie will keine zweite Revolution. Aber die Linken in den Arbeiter- und Soldatenräten radi-

kalisieren sich. Sie fordern die Diktatur des Proletariats. Und die Angst der Bürger wächst.

Am 16. Februar ist Rudolf Heß bereits in München. Er hat an der Universität inskribiert. Im Café am Hofgarten überschlägt er seine Barschaft. Es wird nicht reichen. Er braucht einen Job. Der Monatswechsel des in Alexandria enteigneten Vaters ist mager. Studium und Lebensunterhalt kann er davon nicht finanzieren. Die Preise sind zu hoch.

Rudolf Heß greift zum Zeitungshalter mit den »Münchner Neuesten Nachrichten«. »Der Revolutionäre Arbeiterrat fordert den Rücktritt der SPD-Minister«, liest er. Eine Demonstration ist angesetzt. Rudolf Heß zahlt, schlendert durch die Straßen; über den Stachus und die Sonnenstraße kommt er zum Deutschen Theater. Die Schwanthalerstraße ist schwarz von Menschen. In einem offenen Kraftwagen steht Eisner und hält eine Ansprache: Er beschimpft die gerade gewählte Volksvertretung, den Landtag: »Auch Kretinenanstalten haben an seiner Wahl mitgewirkt!« ruft er. »Die Mehrheit der Bürgerlichen soll nun bürgerliche Politik treiben! Wir werden sehen, ob sie regierungsfähig sein werden! Inzwischen sollen die Räte ihr Werk tun, die neue Demokratie aufzubauen!« Eisner stellt sich mit diesen Worten gegen seine eigene Regierung. Es ist der letzte, verzweifelte Versuch, das Feld nicht den Spartakisten zu überlassen.

Tags darauf trifft er Max Hofweber, den Freund aus der Flugschülerzeit bei Augsburg vor knapp einem Jahr. Und eine Stunde später hat er Arbeit. Er wird Korrespondent und Vertreter bei einer kleinen Möbelfirma, der »Münchner Raumkunst GmbH«. Sie vertreibt neuartige, rustikale Möbel, in Preis und Geschmack abgestimmt auf die schmalen Geldbeutel junger Ehepaare nach dem verlorenen Krieg. Max Hofweber kennt den Chef und Gründer der Firma von der gemeinsamen Zeit beim Stab von Oberst Haushofer.

Heß' neuer Chef ist auch Ex-Offizier, Diplomingenieur, Sohn einer alteingesessenen Münchner Ofenkachelfabrik. Die beiden freunden sich rasch an.

Zwei Tage später nimmt der Chef der Münchner Raumkunst seinen neuen Mitarbeiter ins elegante Hotel »Vier Jahreszeiten« an der Maximilianstraße mit. Die beiden gehen aber nicht duch den Haupteingang, sondern durch den Personaleingang in der Marstallstraße. In einem Saal im ersten Stock tagt ein Verein, dem Heß' Chef seit mehreren Wochen als Mitglied angehört. Der

Klub nennt sich »Thule-Gesellschaft«. Im Münchner Vereinsregister ist er unter dem harmlosen Namen »Studiengruppe für germanisches Altertum« eingetragen.

Dieser angebliche Diskussions- und Studienklub ist in Wirklichkeit eine konspirative Tarnorganisation rechtsradikaler Kreise mit schärfster antimarxistischer, antiliberaler, antidemokratischer und antisemitischer Zielsetzung. Seine Klubräume sind das Zentrum des zivilen Widerstandes gegen die Revolution.

Die Thule-Gesellschaft geht zurück auf den 1912 gegründeten »Germanenorden«, eine nach freimaurerischem Vorbild gegründete, aber gegen Freimaurer, Liberale und Juden gerichtete Geheimverbindung. In Bayern leitet den Orden seit 1917 ein Mann, der sich Rudolf Freiherr von Sebottendorff nennt. In Wirklichkeit heißt er Rudolf Glauer und ist der Sohn eines Eisenbahningenieurs aus Schlesien. Vor Jahren war er wegen Betrugs und Hochstapelei verurteilt worden. Seinen Adelsnamen verdankt er der Adoption durch einen Österreicher. Außerdem hat er einen türkischen Paß. Dieser ebenso wohlhabende wie abenteuerlich schillernde Mann steht völlig unter dem Einfluß völkischer Sektierer wie Theodor Fritsch, Guido von List und Lanz von Liebenfels, deren krause germanomane Schriften auch den jungen Hitler während seiner Wiener Stadtstreicherzeit beeinflußt haben.

Eine Kostprobe des pathologischen, auf eigenartige Weise sexuell fixierten Denkens von Sebottendorff alias Glauer: »In der Tat übt der Jude auf Menschen mit geschwächten Sinnen und Willenskräften oft einen hypnotischen Einfluß aus, einen Bann. Es ist, als ob er dämonische Kräfte besäße. In welcher Weise das sexuelle Motiv hier eine Rolle spielt, dazu genügt es, darauf hinzuweisen, daß ein Geschöpf, welchem jeder Begriff von Scham und Sittlichkeit fehlt, auch seine sinnlichen Begierden auf eine Weise äußert, daß sie auf ein schwaches Gemüt bestrickend und verwirrend wirken müssen. Es ließen sich hier durch Schilderung von Erlebnissen Abgründe aufdecken, vor denen manch ahnungsloses Gemüt zurückschauern würde.«

Es ist verblüffend, wie ähnlich hier die Projektionen schwüler Sexualvorstellungen und -ängste auf Juden mit den entsprechenden Stellen in Hitlers »Mein Kampf« sind. Und es ist genauso verblüffend, wie Sebottendorffsche Vorstellungen noch viel später in Heß' Niederschrift in England über »dämonische Mächte« des internationalen Judentums und in seinem Nürnberger Schlußwort herumgeistern.

Sebottendorff alias Glauer hatte die Thule-Gesellschaft im Sommer 1918 als »äußeren Ring« des Germanenordens gegründet. Die Brüder Walterspiel, Inhaber des Hotels »Vier Jahreszeiten« und Sympathisanten des Ordens, hatten ihm die Räume eines früheren Sportklubs im Hotel vermietet.

Rudolf Heß ist voll Bewunderung, als Sebottendorff ihm erklärt, was man bereits getan hat:

Ein militärisch organisierter Kampfbund ist gegründet worden. Der Klubraum in den »Vier Jahreszeiten« ist zum Treffpunkt aller radikal-nationalistischen Vereine und Splittergruppen geworden. Die »Bürgerwehren«, die Antwort der gemäßigten Sozialdemokraten auf die Gründung von Spartakus, sind von Mitgliedern der Thule organisiert worden. Man hat »Ringe« gegründet, um die Arbeiter zu gewinnen. Sie arbeiten eng mit der Thule zusammen: Der »Nationalsozialistische Arbeiterverein« unter dem Redakteur Karl Harrer; die »Deutsch-sozialistische Arbeitsgemeinschaft« unter dem Ingenieur Hans-Georg Grassinger.

Man hat auch eine eigene Zeitung, den »Münchner Beobachter«. Sebottendorff hat das frühere Organ der Münchner Fleischerinnung und spätere Sportblatt 1918 zusammen mit dem pleitegegangenen Franz-Eher-Verlag in der Thierschstraße 15 gekauft und zu einem völkischen, antisemitischen »Kampfblatt« umfunktioniert. Ein Thule-Mitglied, der Schwabinger Literat Dietrich Eckart, gibt eine antisemitische Zeitschrift »Auf gut deutsch!« heraus.

Der junge Ex-Offizier ist fasziniert. Hier gibt es tatsächlich eine Organisation, die die »Novemberverbrecher« bekämpft. Rudolf Heß hatte bisher nichts gegen Juden. Er stand ihnen indifferent gegenüber. Er kannte kaum welche. Er wußte nur, daß sogar der Kaiser jüdische Freunde hatte. Den Reeder Ballin; den Bankier Warburg. Honette, nationale Leute. Aber jetzt leuchteten ihm Sebottendorffs Thesen ein. Sind nicht die meisten der »Novemberverbrecher« Juden? Karl Liebknecht und Rosa Luxemburg, die Anführer des kürzlich in Berlin niedergeschlagenen Spartakistenaufstands? Ist Kurt Eisner nicht Jude? Sind nicht die Schwabinger Anarchisten Landauer, Toller und Mühsam, die immer wieder die Räterepublik propagieren, Juden? Sind nicht die Führer der Münchner Kommunisten, Levien und Leviné, Juden? Jetzt weiß er: die Drahtzieher der schmählichen Niederlage des Deutschen Reiches sind Juden. Man muß sie bekämpfen!

Und er nimmt die krausen Thesen Sebottendorffs in sich auf:

»Das internationale Freimaurertum wird zum Beispiel von Juden gesteuert. Juden sitzen an den Schalthebeln der Weltpolitik. Es ist eine internationale Verschwörung. In die Regierungen der liberalen Demokratien haben die Juden Freimaurer eingeschleust, die ihnen hörig sind.«

»Aber es gibt doch auch Juden, die gute Deutsche sind?« fragt Heß.

»Die Assimilierten sind die Gefährlichsten!« ruft Sebottendorff. »Rom und Griechenland sind durch die Rassenvermanschung zugrunde gegangen. Das gleiche Schicksal droht der germanischen Rasse!«

»Aber die marxistischen Arbeiter?« fragt Heß weiter. »Sie sehen doch in den Freimaurerlogen Einrichtungen des Kapitals, des herrschenden Großbürgertums? Sie müßten doch gegen die Juden sein?«

Auch darauf hat Sebottendorff eine Antwort: »Für die Arbeiter hat das Judentum statt der Freimaurerlogen die internationale Sozialdemokratie geschaffen. Die internationale jüdische Verschwörung ist so raffiniert, daß sie sich scheinbar untereinander bekämpft. Man will die Gutgläubigen verwirren, um sie um so leichter verderben zu können.«

»Es gibt höhere und niedere Rassen«, fährt Sebottendorff fort. »Unter den Rassen der Erde ist die germanische Rasse kraft ihrer Anlage zur Führerstelle berufen.«

Und ein Satz bleibt dem jungen Mann besonders im Gedächtnis haften. An diesen Satz glaubt er: »Der Deutsche braucht einen Führer, der ihn zwingt! Der Führer muß die Macht haben, um zwingen zu können!«

Rudolf Heß weiß: Diesen Führer wird er finden! Eines Tages wird er ihm begegnen!

Aber zunächst ist er auch so zufrieden. Er hat eine politische Heimat gefunden, eine Organisation, in der er für den Wiederaufstieg Deutschlands tätig sein kann. Am gleichen Abend tritt er der Thule-Gesellschaft bei. Das Studium ist zunächst vergessen. Leutnant a.D. Rudolf Heß ist Verschwörer geworden.

21. Februar 1919: Ein strahlender Vorfrühlingstag. Kurz vor 10 Uhr verläßt Kurt Eisner mit seinen Sekretären Felix Fechenbach und Bruno Merkle sein Ministerium am Promenadeplatz, um sich zur Eröffnung des Landtags zu begeben. In der Tasche trägt er seine Rücktrittserklärung. Er lehnt den Rat der Sekretäre ab, aus Sicherheitsgründen den gegenüber der Rückseite des »Bayeri-

schen Hofes« gelegenen Landtag in der Prannerstraße durch einen Gang durch die Hotelhalle zu erreichen. Er biegt mit seinen Begleitern in die Promenadestraße (die heutige Kardinal-Faulhaber-Straße) ein. Nach wenigen Schritten fallen von hinten mehrere Schüsse. Eisner bricht in einer Blutlache zusammen. Seine Begleiter werfen sich über ihn. Aber Eisner ist tot. Eine Kugel ist ihm durch den Hinterkopf ins Gehirn gedrungen. Der Mörder hatte sich in einem Hauseingang versteckt. Er entgeht nur knapp der Lynchjustiz. Sein Name: Anton Graf Arco auf Valley, 22 Jahre alt, Ex-Leutnant, Student, Mitglied der katholischen Studentenverbindung »Rhaetia«. In seiner Tasche findet man einen Zettel, auf dem er sein Motiv niedergeschrieben hat, weil er glaubte, selbst getötet zu werden: »Mein Grund: Ich hasse den Bolschewismus, ich liebe mein Bayernvolk, ich bin ein treuer Monarchist, ein guter Katholik. Über alles achte ich die Ehre Bayerns. Eisner ist Bolschewist. Er ist Jude. Er ist kein Deutscher. Er verrät das Vaterland – also ...« Eine Pointe am Rande: Graf Arcos Mutter ist Jüdin.

Der Landtag wird unter brüllenden Tumulten eröffnet. Während Minister Erhard Auer versucht, einen Nachruf auf Eisner zu halten, dringt plötzlich ein Mitglied des linksradikalen »Revolutionären Arbeiterrates«, der Schankkellner und Metzger Alois Lindner, auf ihn ein, zieht einen Browning, ruft »Rache für Eisner!« und feuert. Auer bricht schwerverletzt zusammen. Lindner schießt wie wild weiter. Die Abgeordneten nehmen volle Deckung. Der Referent im Bayerischen Militärministerium Major Paul Ritter von Jahreiß und der Abgeordnete der Bayerischen Volkspartei Heinrich Osel werden tödlich getroffen.

Die Schüsse eines adeligen Leutnants und eines proletarischen Metzgers haben die erste Revolution beendet. Die zweite beginnt. In München konstituiert sich ein »Zentralrat der Bayerischen Republik«. Die Landtagsabgeordneten verlassen die Stadt und gehen nach Nürnberg.

Um 15 Uhr ruft der Zentralrat den Belagerungszustand aus. Ab 19 Uhr ist strenges Ausgehverbot.

Rudolf Heß kehrt an diesem Abend nicht in seine Pension zurück. Er verbringt die Nacht in den Klubräumen der Thule. Jetzt ist die Zeit des Redens und Diskutierens für ihn vorbei. Jetzt nützen auch keine Flugblätter mehr, findet er. Jetzt müssen Waffen gesammelt werden.

Der Leutnant a.D. wird zu den erfolgreichsten Waffenbeschaffern der Thule. Gewehre, Munition und Handgranaten werden im Klubraum des eleganten Hotels und in den Räumen der Münchner Wohnkunst gesammelt. Mit seinen Gesinnungsgenossen klingelt Heß an den Türen der wohlhabenden und als national gesinnt bekannten Bürger. Für Waffen braucht man Geld. Waffen zu kaufen, ist weniger schwierig. Die revolutionären Soldaten sind laufend in Geldnöten. Sie verkaufen gern. Die Preisliste: Ein Gewehr mit Munition: 60–80 Mark; eine Mauserpistole: 10 Mark; eine Stielhandgranate: 3 Mark; eine Eierhandgranate: 1 Mark.

Gegen Ende März werden die Verhältnisse in München immer brodelnder. Die Abgeordneten des nach Nürnberg verlegten legalen Landtags bestätigen die Bildung einer Minderheitsregierung unter dem gemäßigten Sozialdemokraten Hoffmann. Sie erhält diktatorische Vollmachten. Aber in München hat sie nichts zu sagen. Sie zieht sich nach Bamberg zurück.

In einer kleinen Weinstube in der Barer Straße sitzt Rudolf Heß oft mit jungen Leuten zusammen. Studenten, Ex-Offiziere. Die Thule sucht Freiwillige für Bürgerwehren und Freikorps. Heß wirbt einige Hundert an.

Am 6. April ist in München der Teufel los. Im ehemaligen Schlafzimmer der Königin von Bayern im Wittelsbacher-Palais rufen Anarchisten die Räterepublik aus. Der Zentralrat stimmt zu; die Kommunisten verweigern ihre Mitarbeit.

Die führenden Köpfe sind Schwabinger Schriftsteller: Gustav Landauer, Erich Mühsam, Ernst Toller. In der internationalen Literatur genießen sie einen guten Ruf. Von Politik haben sie nur verschwommene Vorstellungen. Durch Handaufheben wird der Kellner Wilhelm Reichert zum Volksbeauftragten für das Militärwesen bestimmt.

Die anarchistischen Komitees werden Magneten für merkwürdige Gestalten, die sich »Lebensreformer« nennen. Den ganzen Tag wird in den Ausschüssen debattiert, beraten, entworfen, aber nichts entschieden. Die Kommunisten warten ab und spotten über die »spinnerten« Anarchisten. »Die dichten Dekrete«, sagt der Berufsrevolutionär Leviné spöttisch über die revolutionären Literaten. »Lebensreformer« bringen Gesetzesvorschläge ein, die den Verzehr gekochter Speisen oder das Tragen nichtporöser Unterwäsche aus gesundheitlichen Gründen verbieten wollen. Andere möchten durch sofortigen Beschluß das Geld abschaffen. Auch Rudolf Heß amüsiert sich über das »Faschingstreiben«. Er selbst allerdings wird viele Jahre später einmal den Vorschlag machen, Ehebruch mit dem Tode zu bestrafen.

Das Leben in München wird chaotisch, die Bürger sind ratlos und unsicher. Der Eisenbahnverkehr stockt. Vor den Brotläden stauen sich die Menschen. Die Bauern liefern nichts mehr in die »narrisch gewordene« Stadt. Fleisch wird Mangelware. Die Pensionswirtin von Rudolf Heß kann ihren Gästen zum Frühstück nur noch selten Eier oder Milch servieren.

Im Thule-Kampfbund ist Rudolf Heß in seinem Element. Man nimmt Verbindung mit den Bauern um Eching auf. Sie bringen die angeworbenen Freiwilligen unter, die im bald geplanten Rechtsputsch verwendet werden sollen.

Thule wird sogar für die legale Bamberger Regierung unter dem Sozialdemokraten Hoffmann hoffähig. Sein Militärminister Schneppenhorst lädt Sebottendorff nach Bamberg ein. Sein Plan: Die »Republikanische Schutztruppe« unter Alfred Seyfferitz soll einen Putsch gegen die Anarcho-Räterepublik machen. Der Minister weiß genau, daß Sebottendorff die Republikanische Schutztruppe mit V-Leuten durchsetzt hat. Sobald der Putsch angelaufen ist, will Schneppenhorst bayerische Regierungstruppen zu Hilfe schicken. In der Nacht zum 13. April, dem Palmsonntag, scheint der Putsch zu gelingen, aber Schneppenhorsts Vorhuten werden bei Dachau von den Rotgardisten zurückgeworfen. Die Reste der Republikanischen Schutztruppe verlassen München in vorsorglich bereitgestellten Zügen.

Der Putsch ist das Ende der anarchistischen Räterepublik. Die Kommunisten unter Leviné verkünden die kommunistische Räterepublik. Als Politkommissar im Polizeipräsidium hat sich der von Lenin abgesandte russische Kommunist Axelrod etabliert. Die bewaffneten kommunistischen Arbeiterwehren übernehmen die Gewalt. Stadtkommandant von München, später Chef der »Roten Armee« wird der 23jährige ehemalige Matrose Rudolf Egelhofer.

Ministerpräsident Hoffmann bittet die Reichsregierung in Berlin um Militärhilfe. Die württembergische Regierung bietet ebenfalls Truppen an. Unter Generalleutnant von Oven setzen sich 20 000 Mann Reichswehr und Freikorps nach Bayern in Marsch.

Und in München agiert die Thule als fünfte Kolonne. Überall in die roten Einheiten und Sektionen sind Leute des »Kampfbundes« eingeschleust worden. Der Nachrichtendienst funktioniert hervorragend.

Ein Augenzeuge berichtet, wie er sich im Auftrag von Leutnant Heß in die Kommunistische Partei aufnehmen ließ: »Als armer Handelsgehilfe stand meiner Aufnahme nichts im Wege. Nachmittags mußte ich in der Wohnung des Herrn Kommandanten Seidel Ausweiskarten ausstellen. Für uns hatte ich natürlich gut gesorgt in bezug auf Kommunistenausweise.«

Jedes Mitglied des Kampfbundes besaß eine auf einen anderen Namen lautende Mitgliedskarte des Spartakusbundes. Auch Urlaubsscheine, Stempel, Formulare, alles war käuflich. Kuriere, die von der Thule zu den Stäben der sich München nähernden Freikorps und regulären Truppen geschickt wurden, reisten unangefochten mit falschen Papieren als Eisenbahnbeamte. Tausende von Freiwilligen wurden mit gefälschten Freifahrscheinen aus München hinausgeschleust. Sie reisten mit den Armbinden der Roten Garden und ihrem Spartakus-Ausweis in der Tasche mit ihren Waffen zu den Freikorps, von denen eines, das Freikorps Oberland, eine eigene Gründung der Thule war.

Die Ausgabe der Freifahrscheine und der gefälschten Dokumente im Thule-Hauptquartier überwacht Leutnant a. D. Rudolf Heß. Er führt Sabotagetrupps an. Zum Beispiel wird der Autopark der Räteregierung durch Vertauschen der Magnete lahmgelegt. Die Flugzeuge auf dem Schleißheimer Flugfeld werden durch Anschlagen der Tanks unbrauchbar gemacht.

Erst am 26. April schöpfen die Kommunisten Verdacht. Die Räume der Thule im Hotel »Vier Jahreszeiten« werden durchsucht. Man findet keine Waffen, aber Stempel und Dokumente. Die Sekretärin, Gräfin Heila Westarp, ist allein im Büro. Sie wird festgenommen. Und die Kommunisten finden auch zwei Koffer. Sie enthalten Akten der Thule, Propagandamaterial und – Mitgliederlisten. Axelrod und Leviné lesen sie mit Interesse. Aber noch einmal funktioniert der Nachrichtendienst der Thule: Außer Gräfin Westarp werden nur sechs Mitglieder verhaftet. Am 30. April werden sie ohne Gerichtsverhandlung im Hof des Luitpold-Gymnasiums erschossen.

In den meisten überlieferten Versionen heißt es, Rudolf Heß sei der Verhaftung durch einen Zufall entgangen, als er sich zu einer Verabredung in den Räumen der Thule verspätete. Wahrscheinlicher ist die Version von Sebottendorff, daß Rudolf Heß am 25. April noch gefälschte Freifahrscheine an Freiwillige ausgab und sich dann selbst mit präparierten Dokumenten auf den Weg zum Freikorps Regensburg machte.

Bei der Einnahme Münchens durch Regierungstruppen und Freikorps am 1. und 2. Mai ist er jedenfalls wieder da und wird bei der Eroberung einer kommunistischen Kanone am Altheimer Eck durch einen Beinschuß leicht verwundet. Anschließend tritt er für fünf Monate als Zeitfreiwilliger in die 5. Alarmkompanie des Freikorps Epp ein. Das Hauptquartier des Freikorps: das Büro der Thule-Gesellschaft im Hotel »Vier Jahreszeiten«.

Rudolf Heß trägt wieder Uniform. Er bezieht Wehrsold. Und jetzt kommt der Nachrichtendienst der Thule den »weißen« Truppen zugute. Man kennt die roten Führer und ihre Helfer. Die große Verhaftungswelle rollt an. Und die Rache für die Morde im Luitpold-Gymnasium ist fürchterlich. Diese Schüsse waren ungesetzlich. Das Schicksal der Opfer war zweifelsohne traurig. Aber es waren die einzigen Hinrichtungen während der ganzen Dauer der Räterepublik. Im »Weißen Terror«, der jetzt folgt, werden Hunderte von Soldaten und Zivilisten erschossen, erschlagen, totgeprügelt.

Einer der Informanten, die während der turbulenten Münchner Monate mit der roten Armbinde der Revolution in der Kaserne herumsaßen, wenig redeten und viel hörten und die jetzt ihre Kameraden vor die Gewehrläufe der Exekutionspelotons bringen, ist ein Gefreiter namens Adolf Hitler.

Rudolf Heß wird ihn erst in einem Jahr kennenlernen.

Er weiß noch nicht, daß die Thule-Gesellschaft für Hitler – ohne ihn zu kennen – einen politischen »Apparat« vorbereitet hat, den dieser bald in die Hand nehmen und nach seinen Vorstellungen formen wird: die Deutsche Arbeiter-Partei, die Deutsch-Sozialistische Partei, den »Münchner Beobachter«, den Franz-Eher-Verlag, das Freikorps Oberland.

Der Zeitfreiwillige Heß findet zunächst einmal Zeit zum Universitätsstudium. Und er lernt seinen »zweiten Vater« kennen: den General und Gelehrten Karl Haushofer.

Karl Haushofer, geboren am 27. August 1869 als Sohn eines Münchner Universitätsprofessors, war in einem Elternhaus aufgewachsen, das in den achtziger und neunziger Jahren des vorigen Jahrhunderts zu den geistigen und kulturellen Mittelpunkten der bayerischen Hauptstadt zählte. Im Hause seines Vaters verkehrten berühmte Schriftsteller wie Felix Dahn, Paul Heyse und Conrad Ferdinand Meyer. Die Atmosphäre war kultiviert, konservativ-liberal.

Karl Haushofer schlug die Offizierslaufbahn ein und wurde in der Tradition der königlich-bayerischen und kaiserlich-deutschen Armee erzogen. Von 1908 bis 1911 war er Militärattaché in Tokio. Er lernte Japanisch, wurde Experte für Südostasien. Mit einer Arbeit über die politische Geographie des pazifischen Raumes promovierte er 1913 an der Münchner Universität summa cum laude zum Doktor der Philosophie. Anschließend wurde er in den bayerischen Generalstab berufen und zum Oberst befördert.

Gegen Ende des Krieges zum Generalmajor befördert, führte er die 13. Bayerische Reserve-Division aus dem elsässischen Raum nach Bayern zurück.

1919 noch mit militärischen Aufgaben beschäftigt, bereitete er sich auf die Übernahme einer Professur an der Münchner Universität vor. Haushofer war damals gerade 50 Jahre alt. Obgleich er sich als hervorragender Offizier erwiesen hatte, war er doch mehr der Typ eines Gelehrten. Seine Frau Martha, geborene Mayer, war die Tochter eines jüdischen Kaufmanns aus Frankfurt, der allerdings eine Christin geheiratet hatte. Das Ehepaar hatte zwei Söhne, Albrecht und Heinz.

Ernst »Putzi« Hanfstaengl, dessen Familie ebenso wie die Haushofers zur Crème der Münchner Gesellschaft gehörte, schreibt über den General: »Haushofer war von Ritterlichkeit und Herzensgüte geprägt. Er war ein von echtem Erkenntnisdrang beseelter Gelehrter.«

Sein Spezialfach war eine »Geopolitik« genannte Form der politischen Geographie. Sie war keine Erfindung Haushofers, sondern basierte auf den Erkenntnissen des deutschen Geographen und Völkerkundlers Friedrich Ratzel, auf den Werken des schwedischen Gelehrten Kjellén, der den Staat als lebendigen Organismus betrachtete, und auf Ideen der angelsächsischen Wissenschaftler Admiral Mahan und Mackinder.

Geopolitik ist die Betrachtung politischer Zustände, Kräfte und Vorgänge unter geographischen Gesichtspunkten. Ein zentrales Thema ist der »Lebensraum« eines Volkes. Es ist klar, daß Geopolitik von expansiven, imperialistischen Staaten als wissenschaftliches Feigenblatt benutzt wurde. Haushofer war ein Anhänger der Politik Bismarcks, die ein deutsches Großreich mit überseeischen Kolonien anstrebte.

Der Versailler Vertrag mit den Annexionen deutscher Gebiete und dem Verlust der deutschen Kolonien hatte das wissenschaftliche Denken des Patrioten und Monarchisten Haushofer logischerweise politisch gefärbt.

An einem Sommerabend des Jahres 1919 bringt Max Hofweber seinen Freund Rudolf Heß zu einem Abendessen im Hause des gelehrten Generals mit. Haushofer findet sofort Gefallen an dem ernsten jungen Mann mit den guten Manieren in der Uniform des Korps seines Freundes, des Generals Ritter von Epp. Voller Interesse horcht er auf, als Heß ihm von seiner Jugend als Auslandsdeutscher in Ägypten erzählt. Der General hat selber Jahre seines Lebens im Ausland verbracht.

Und Rudolf Heß wird von schwärmerischer Zuneigung zu dem freundlichen, gebildeten General, der ihn als ebenbürtigen Gesprächspartner behandelt, und zu dessen charmanter, schöner, warmherziger und kultivierter Frau Martha erfüllt. Martha Haushofer ähnelt seiner Mutter, ist aber viel selbstsicherer als diese. In Diskussionen widerspricht die gescheite Frau hin und wieder sogar dem General, und dieser scheint keineswegs empört oder verletzt. Er empfindet ihren Widerspruch als Anregung und setzt sich ernsthaft mit ihren Argumenten auseinander. Auch der Sohn Albrecht, der gerade das Abitur mit Auszeichnung bestanden hat, wird vom Vater mit Respekt als gleichwertiger Partner behandelt.

Haushofer ist ganz anders als sein eigener Vater, denkt Heß. Und im Innern spürt er: So hätte er sich seinen Vater gewünscht.

Als Heß erfährt, daß der General in Kürze einen Lehrstuhl für Geopolitik an der Münchner Universität beziehen und ein Institut für Geopolitik gründen wird, beschließt er, neben der Volkswirtschaft das Fach Geographie zu belegen. Für ihn steht fest: Haushofer wird sein künftiger Universitätslehrer sein.

Man trifft sich häufiger. Der General gibt Heß die Bücher von Ratzel und Kjellén zu lesen. Er selbst bereitet gerade eine deutsche Gesamtausgabe der Werke des schwedischen Gelehrten vor. Er empfiehlt dem Ex-Offizier und frischgebackenen Studenten auch andere Bücher aus dem Bereich der Geschichte, der Wirtschaft und der Literatur zur Lektüre. Mit Takt und Geschick hilft er ihm, vorhandene Bildungslücken zu schließen. Er wird zum väterlichen Freund, zum Erzieher des jungen Mannes.

Die geopolitischen Vorstellungen des Generals, seine Gegnerschaft zum Versailler Vertrag, seine abwägenden Vorbehalte gegen die Demokratie, seine Propagierung der Herrschaft durch eine geistige Elite begeistern den Studenten. Ilse Heß schreibt:

»Wäre Haushofer fähig gewesen, eine Volksversammlung zu leiten – es unterliegt kaum einem Zweifel, daß er das alleinige Gestirn gewesen wäre, um das nicht nur die wissenschaftliche, nein, auch die politische Entwicklung meines Mannes gekreist hätte.«

Aber: Haushofer ist kein Rassist. Über die Thule-Thesen der »Völkischen« und den vulgären Antisemitismus des »Münchner Beobachters« lächelt er – ein wenig angewidert. Und Rudolf Heß besitzt Takt genug, das Thema Antisemitismus im Hause der Halbjüdin Martha Haushofer nicht anzuschneiden.

In jenen Sommer- und Herbsttagen des Jahres 1919 lernt Heß noch zwei andere Männer kennen, geistige Antipoden von Haushofer zwar, aber für Heß' Entwicklung von nicht zu unterschätzendem Einfluß.

Die Weinstube »Brennessel« in der Schwabinger Occamstraße ist ein kleines Lokal, in dem zumeist Künstler, Literaten und Studenten verkehren. Einen Stammtisch hat dort der Schriftsteller Dietrich Eckart, ein mittelgroßer, dicker, kahlköpfiger Mann Ende Fünfzig, Herausgeber und Chefredakteur der antisemitischen Zeitschrift »Auf gut deutsch!«. Eckart ist kein ungebildeter Mann. Vor Jahren hat er eine passable Peer-Gynt-Übersetzung geliefert. In der Literatur kennt er sich aus. Seine Gedichte sind vom Expressionismus beeinflußt, aber radikal-nationalistisch gefärbt. Ihr literarischer Wert ist umstritten. Eckart ist ein typischer Bajuware, der seine Rede gern mit Kraftausdrücken würzt, besonders wenn er ein paar Flaschen Wein getrunken hat, was nahezu täglich der Fall ist.

Heß kennt Eckart aus der Zeit in der Thule-Gesellschaft. Manchmal schaut er abends in die »Brennessel« hinein und setzt sich an Eckarts Tisch. Dem Wein spricht er allerdings weniger zu, verdünnt ihn meist mit Mineralwasser, was Eckart ekelhaft findet. Trotzdem mag er den jungen Mann, der so gut zuhören kann, wenn der Dichter seine etwas alkoholisierten Monologe führt.

Von diesen Monologen bleibt Heß einer stark im Gedächtnis haften. »Wir brauchen eine neue deutsche Partei!« ruft Eckart. »Ein Kerl muß sie führen, der ein Maschinengewehr hören kann. Das Pack muß Angst in die Hosen kriegen! Kein Offizier! Vor dem hat das Volk keinen Respekt mehr! Am besten ein Arbeiter, mit dem Maul auf dem rechten Fleck! Bloß kein gelehrter Professor, der zitternd mit vollgeschissenen Hosen dasitzt, wenn die Roten die Stuhlbeine schwingen! Der Kerl muß ein richtiger Führer sein!«

Heß erinnert sich: Etwas Ähnliches hat doch Sebottendorff ihm gesagt, zwar in gepflegterer Sprache: Ein Führer muß kommen! Und wieder weiß Heß: Er wird den Führer finden!

Manchmal geht Rudolf Heß in jenen Tagen auch ins Musik-Café Fahring am Karlstor. Es ist der Treffpunkt einer Vereinigung junger Offiziere, die sich die »Eiserne Faust« nennt. Ihr Ziel: die Verbreitung von Patriotismus in den Münchner Wirtshäusern. An der Spitze der »Eisernen Faust« steht ein Mann namens Ernst Röhm, Hauptmann im Stabe von General Epp. Röhms Glaubensbekenntnis: »Der Primat im Staat gehört dem Soldaten!« Rudolf Heß findet diese Ansicht einleuchtend und richtig.

Und bald kommt Heß zu seinem letzten aktiven Einsatz als Soldat: Im Ruhrgebiet sind Spartakistenaufstände ausgebrochen. Am 29. März 1920 zieht Heß die Uniform des Freikorps Epp, die er im Oktober 1919 ausgezogen hatte, wieder an. Er wird »zur vorübergehenden Verwendung« beim Reichswehr-Fliegerhorst Schleißheim eingestellt. Seine Aufgabe: Flugzeuge ins Ruhrgebiet zur wirksameren Bekämpfung der Spartakisten zu fliegen. Ende April sind die Aufstände niedergeschlagen. Die letzte Eintragung in Heß' Kriegsrangliste lautet: »Am 30. April ausgeschieden.«

An einem sonnigen Vormittag Anfang Mai 1920 sitzt die 19jährige Gymnasiastin Ilse Pröhl, Tochter eines preußischen Sanitätsoffiziers aus Berlin, auf der Veranda jener kleinen Schwabinger Pension, in der auch Rudolf Heß wohnt. Sie ist gerade mit dem Zug aus Berlin gekommen. Ihr Abitur will sie in München machen. Der Vater ist gestorben, die Mutter hat wieder geheiratet und lebt in der Nähe, am Ammersee.

Ilse Pröhl, die sieben Jahre später Ilse Heß wird, erinnert sich: »Plötzlich sprang, durch einen äußeren Zugang in den Garten gelangt, ein junger Mann in feldgrauer Uniform, am Arm den bronzenen Löwen des Freikorps Epp, drei Stufen auf einmal nehmend, die kleine Treppe hinauf. Ein Ruck bei meinem unerwarteten Anblick, ein höchst finsterer und abweisender Blick unter buschigen Brauen, ein knappstes, aber höfliches, hackenklappendes Verbeugen – weg war er! Das war Rudolf Heß – und mit einer bis heute unvergessenen Hellsichtigkeit wußte ich, daß der große unbekannte Gott den Pfeil meines Lebens auf die Sehne gelegt hatte ... An jenem Frühlingsmorgen im kleinen Schwabinger Gärtchen gewann in der fast düsteren Erscheinung des jungen Offiziers mit dem Löwen des Freikorps Epp am Arm Gestalt, was ein zu einem Frauenwesen herangewachsenes Kind gesucht hatte.«

Karl Haushofer bestimmt seit einem halben Jahr Heß' Denken, als Randfiguren auch Dietrich Eckart und Ernst Röhm. Jetzt tritt erstmals eine Frau in sein Leben, ein hübsches Mädchen, gescheit, schlagfertig, manchmal etwas schnippisch, mit der Arroganz der preußischen Offizierstochter. Von Frauen versteht der Leutnant nichts. Aber das Mädchen wird er sich in den Kopf setzen.

Eine Woche später begegnet Rudolf Heß seinem Führer.

5. KAPITEL

Der Tribun aus dem Bierkeller

Mit General a.D. Dr. Karl Haushofer spaziert Heß am Ufer der Isar entlang. Bei der Ludwigsbrücke biegen sie nach rechts ein. Durchs Isartor gehen sie ins Tal, eine Straße der Münchner Altstadt. Vor dem Hause Nummer 54 bleiben sie stehen.

»Sterneckerbräu« steht über dem kleinbürgerlichen Bierlokal. Im »Leiberzimmer« ist heute ein Sprechabend der »Deutschen Arbeiterpartei«, der DAP. Der 26jährige Rudolf Heß, Student, Teilzeitkaufmann, Ex-Freikorpskämpfer, hat seinen Freund, den General Haushofer, überredet mitzukommen. Dietrich Eckart, der Dichter aus der »Brennessel«, ist schon seit ein paar Wochen Mitglied des kleinen nationalen Vereins, der Anfang 1919 unter der Schirmherrschaft der Thule-Gesellschaft gegründet worden war.

Haushofer hatte zunächst die Stirn gerunzelt. »Das ist doch wieder eine von diesen typischen Splittergrüppchen!« hatte er gesagt. »Jetzt, wo der Bürgerkrieg vorbei ist, sollten wir Politik im Landtag machen. Konstruktive Politik. Von der Biertisch- und Kaffeehaus-Krakeelerei haben wir doch aus der Rätezeit die Nase voll!« Er sympathisiert mit der DNVP, der Deutschnationalen Volkspartei, die sich erst kürzlich von der Bayerischen Volkspartei abgespalten hat und den protestantisch-konservativen, national-liberalen Flügel des Bürgertums vertritt.

Aber der junge Heß hatte weiter gedrängt. »General von Epp spricht sehr lobend über die DAP«, hatte er gesagt. »Sein Stabschef, der Hauptmann Röhm, ist sogar Mitglied!« Und der gelehrte General hatte nachgegeben. »Also gut, mein lieber Heß, schauen wir uns die Leute einmal an.«

Durch einen Seiteneingang gelangen die beiden in ein kleines, von Zigarren- und Zigarettendunst verräuchertes Zimmer. Um einen rohen Holztisch sitzen etwa 20 bis 25 Leute, Männer und Frauen. Man macht den beiden Neuankömmlingen Platz.

Ein Mann in mittleren Jahren erhebt sich. Der typische biedere, ehrbare Handwerksmeister. Er räuspert sich verlegen. »Mein Name ist Anton Drexler«, sagt er. »Als Vorsitzender der Deutschen Arbeiterpartei heiße ich Sie recht herzlich willkommen. Und jetzt erteile ich dem Referenten des heutigen Abends, unserem Mitglied und Werbeobmann, Herrn Kunstmaler Hitler, das Wort.«

Ein Mann in dunkelblauem Anzug steht auf. Sein Haar ist nach hinten gekämmt, fast in der Mitte gescheitelt. Unter der Nase trägt er einen rechteckigen gestutzten Schnurrbart. Er stützt die Hände auf den Tisch. Dann beginnt er mit dunkler Baritonstimme: »Meine lieben Volksgenossen! Eine große Trostlosigkeit und Erbitterung hat unser deutsches Volk erfaßt ...«

Mit ruhiger, zurückhaltender Stimme gibt er eine Übersicht über die Ereignisse der letzten anderthalb Jahre. Er schildert den Zusammenbruch der Monarchie, die Ausrufung der Republik, die Folgen des Versailler Vertrags, die Trugschlüsse in den Parolen der Pazifisten und in den Maximen der Marxisten. Dann wird sein Ton aggressiver. Er kommt auf die separatistischen weißblauen Neigungen der bayerischen katholischen Bürgerparteien zu sprechen. Seine Stimme wird lauter. Seine Hände heben sich in beschwörender Geste: »Wir Frontsoldaten in den Gräben vor Verdun haben einen verwundeten Kameraden nicht gefragt: ›Bist du Bayer oder Preuße, Katholik oder Protestant?‹ Wir haben die Volksgemeinschaft, wir haben den wahren Sozialismus im Schützengraben erlebt!« Seine Hände ballen sich zu Fäusten, als er mit skandierender Stimme ruft: »Glauben Sie mir, meine Volksgenossen, der Geist der Frontsoldaten, das ist der Geist, dessen wir in der Notzeit unseres Volkes bedürfen! Dieser Geist vollbringt die entscheidenden Wunder und führt die Besiegten und die von einer Verschwörung internationaler jüdischer Hintermänner Betrogenen in eine neue, glückliche Zukunft ...!«

Rudolf Heß lauscht gebannt und atemlos. Wie in Trance blicken seine Augen auf den Redner, so stellt General Haushofer mit einem verwunderten Seitenblick fest.

Fast zwei Stunden lang spricht der Kunstmaler Adolf Hitler. Alles, was er sagt, ist für Heß eine Eröffnung. Alles scheint ihm logisch, klar, frei von jedem Ansatzpunkt möglichen Zweifels. Hier, durch diesen Mann, spricht ein Höherer. Heß ist fasziniert.

Der Abschied von Haushofer später ist flüchtig, kurz. Wie im Traum läuft Rudolf Heß durch den Münchner Frühlingsabend nach Hause, in seine Schwabinger Pension.

Zwei Tage später nimmt Rudolf Heß seine Freundin mit ins Sterneckerbräu. Für das verwöhnte junge Mädchen aus preußischer Offiziersfamilie, deren Vater Oberstabsarzt bei einem der feudalsten Potsdamer Regimenter, dem Ersten Garderegiment zu Fuß, gewesen war, eine ungewohnte Umgebung. »Es war alles sehr seltsam, sehr einfach und *sehr* ungewohnt«, sagt sie im Rückblick.

Sie bleibt ein wenig skeptisch, ob aus dieser kleinen Gruppe mit dem zwar begabten, aber etwas theatralisch wirkenden Propagandaredner der Wiederaufstieg Deutschlands zu Glanz und Ruhm seinen Anfang nehmen könnte. Auch der General Haushofer rät zu Abstand und kühlem Kopf. Etwas abschätzig nennt er Hitler den »Tribunen«. Für Heß aber ist das ein Ehrentitel. »Tribun«, das heißt für ihn: Anwalt eines Volkes, das er durch die Machenschaften der Marxisten mit ihren jüdischen Hintermännern zum Status des Plebejers herabgewürdigt meint.

Heß tritt sofort in die Partei ein, wird durch Dietrich Eckart mit Hitler bekanntgemacht. Und Hitler findet sofort Gefallen an dem ebenso ernsthaften wie begeisterten fünf Jahre jüngeren Studenten, der sich voller Eifer danach drängt, für die kleine Partei und für deren Werbeobmann tätig zu sein.

Ein ungleiches Gespann: der Student und Ex-Offizier mit den sicheren Umgangsformen, wohlerzogener Sproß eines wilhelminischen Kaufmannshauses, Bewohner einer gutbürgerlichen Schwabinger Pension; und der »Kunstmaler« und Ex-Gefreite mit den etwas linkischen, oft servilen Manieren, abgebrochener Realschüler und gescheiterter Architekturstudent, Bewohner des Männerheims der Barmherzigen Brüder in der Münchner Lothstraße.

Hitler war erst vor wenigen Monaten aus der Reichswehr entlassen worden. Als Verbindungsmann und später als »Bildungsoffizier« im Unteroffiziersrang war er in der Abteilung Ib/P(ropaganda) des Reichswehrgruppenkommandos 4 unter Hauptmann Mayr tätig gewesen.

Mit Genehmigung seiner Vorgesetzten war Hitler in die DAP eingetreten. Am 24. Februar 1920 war es ihm gelungen, die erste größere Versammlung im Hofbräuhaus zusammenzubringen und ein »Programm« zu verkünden. Es war ihm gelungen, den ursprünglichen Vorsitzenden Karl Harrer, einen Reporter der »Münchner-Augsburger Abendzeitung«, zu vertreiben und den ihm ergebenen Anton Drexler, einen biederen Schlosser, auf den Stuhl des Vorsitzenden zu bringen. Es war ihm auch gelungen, mit Hilfe des Hauptmanns Röhm Soldaten und Offiziere in die Partei zu bringen. Er hatte den Stammtisch von Zivilisten, Handwerkern und kleinen Kaufleuten in eine Partei umgewandelt, in der Soldaten das Übergewicht hatten. Und – er hatte den Rat seines Mentors Dietrich Eckart befolgt: »Lassen Sie sich das Ressort Propaganda übertragen und lassen Sie sich um Gottes willen von niemandem dort hineinreden.« Hitler hatte begriffen: Wer die Propaganda in der Hand hat, der hat das öffentliche Auftreten der Partei in der Hand. Und eines Tages hat er die Partei selbst in der Hand.

Während der Vorsitzende Anton Drexler tagsüber seiner Schlosserarbeit in einer Eisenbahnwerkstätte nachgeht, hält Hitler sich frei von beruflichen Pflichten. Er kann es sich leisten; sein Freund Eckart unterstützt ihn. Er hat ihm einen gutbürgerlichen blauen Anzug geschenkt, sogar einen Cutaway. Und der neue Freund, Rudolf Heß, bringt ihn dazu, den steifen Vatermörderkragen, der an den Ecken immer leicht schmuddelig wird, mit einem der modernen weichen Kragen zu vertauschen. Dietrich Eckart ist finanziell gutgestellt. Er greift häufig in die Tasche, um dem Propagandachef der DAP eine Rechnung zu bezahlen. Er lädt ihn zum Essen ein. Er und Rudolf Heß kennen einflußreiche Leute des Münchner Bürgertums, die hin und wieder auch ihre Taschen öffnen, um der Partei für Propagandazwecke – über die der Propagandachef allerdings nicht genau Buch führt – etwas zukommen zu lassen. Schließlich kann Hitler sogar seine Schlafstelle im Männerheim der Barmherzigen Brüder mit einem Zimmer als Untermieter bei einer Frau Reichert in der Thierschstraße 41 vertauschen. Auch Gäste darf er im Salon der Frau Reichert empfangen.

Zwar sind Kragen und Schultern von Hitlers blauem Anzug ständig mit häßlichen Schuppen bedeckt, aber ansonsten ist sein äußerlicher Eindruck respektabel geworden; weit entfernt von jenem Bild, das der Freund aus den Wiener Elendsjahren, Reinhold Hanisch, damals von ihm zeichnete: »In dem von dem ungarischen Juden Neumann geschenkten ›Kaiserrock‹, einen steifen, speckigen Melonenhut auf dem Kopf, das Haar in Zotteln über den Kragen hängend und den Bartflaum in dicker Krause rund ums Kinn – so bot Hitler einen Anblick, wie er eigentlich bei uns Christen selten vorkommt.«

Fast täglich ist Rudolf Heß jetzt mit seinem »Tribunen« zusammen. Haushofer, der väterliche Freund, wird ein wenig in den Hintergrund gedrängt. »Der General leistete der ihn irgendwie bedrückenden, begeisterten Hingabe des jungen Freundes an Hitler weit mehr Widerstand als Beihilfe«, sagt Frau Ilse Heß. In der Tat: Haushofer steht Hitler ablehnend gegenüber. Er hält ihn bei aller Begabung für einen Emporkömmling. Verständlich, wenn man Konrad Heidens Beschreibung Hitlers aus jenen Tagen berücksichtigt: »Ein linkischer Mensch, auffallend durch seine hastige Gier beim Essen und seine übertriebenen Verbeugungen.« Haushofer sorgt sich um die geistige Entwicklung seines Schülers, der jetzt seinen Tag zwischen Universität, »Münchner Raumkunst« und Hitler aufteilt. Mit Recht fürchtet der Gelehrte, daß das Studium bei dieser Zeiteinteilung den kürzeren zieht.

Heß begleitet Hitler nicht nur bei seinen Kino- und Kaffeehausbesuchen, er ist bei jedem Sprechabend dabei, sei es im Sterneckerbräu, im »Schlössel« in der Belgradstraße oder im »Eisernen Kreuz« in der Reichenbachstraße. Er besucht Hitler auch in dessen Domizil bei Frau Reichert in der Thierschstraße, wo der Tribun ihn in Filzpantoffeln und ohne Kragen empfängt; er sitzt mit ihm und dem spendablen Dietrich Eckart in der »Fledermaus-Bar« oder hilft Hitler mit Ratschlägen: Wie man zum Beispiel bei Diners im Haus des piekfeinen Verlegers Bruckmann, dessen Frau eine rumänische Prinzessin ist, Artischocken ißt; oder welche Blumen man Frau Bechstein, der Gattin des Berliner Klavierfabrikanten, zum Abendessen in der Hotelsuite des »Bayerischen Hofes« mitbringt.

Heß klebt Versammlungsplakate, verteilt Propagandazettel und spannt auch seine Freundin Ilse Pröhl dazu ein.

Adolf Hitler schmeichelt diese Verehrung, die der Student aus gutem Hause ihm entgegenbringt. Er findet es angenehm, daß der Freund immer zur Stelle ist, wenn er ihn ruft; daß er sich seine Monologe anhört, voll Zustimmung, selten unterbrechend.

Heß ist auch Hitlers ständiger Begleiter bei den Montags-Stammtischen im Café Neumaier am Viktualienmarkt, Ecke Petersplatz, wo Hitler sich mit jenen braven Kleinbürgern trifft, die eigentlich die Gründer der Partei sind: Drexler, Körner oder der alte Parteikassier Singer, dessen Beitragskasse eine Zigarrenkiste ist. »Eigentlich sind das alles fürchterliche, spießbürgerliche

Angstmeier«, sagt Hitler zum Freund Heß, »aber ich brauche sie noch eine Weile.« Heß versteht. Noch ist Hitler nur Werbeobmann und Ausschußmitglied. Er ist noch nicht der Chef, nur der Trommler.

Inzwischen sind noch andere Thule-Freunde von früher zur Partei gestoßen. Da ist der Deutschbalte Alfred Rosenberg, antisemitisch und antiklerikal. Eckart mag ihn nicht, aber Hitler hält ihn für ein Genie, für den ideologischen Theoretiker der Partei. Da ist der junge Rechtsanwalt Hans Frank, der damals noch nicht daran dachte, daß er einmal Gouverneur von Polen sein und später – zusammen mit Rosenberg – in einer Nürnberger Turnhalle am Galgen sterben würde.

Seit dem Sommer hat die Partei auch ein Symbol: das Hakenkreuz, seinerzeit das Zeichen der Thule-Gesellschaft, des Germanenordens. Es gilt der Bewegung als antisemitisches Symbol des »Ariers«, des Indogermanen, obgleich es sich hauptsächlich bei mongolischen Völkern findet. Die Soldaten der Brigade Ehrhardt, die während des Kapp-Putsches Berlin besetzten, trugen es am Stahlhelm. Ein während des Krieges in Finnland eingesetztes Detachement der deutschen Armee hatte das Hakenkreuz von dort mitgebracht. In Finnland war es inzwischen Hoheitszeichen des neuen, von Rußland getrennten Staates geworden.

Die Hakenkreuzflagge der Nazis hatte ein Zahnarzt namens Doktor Friedrich Krohn, ein ehemaliger Thule-Mann, Leiter der DAP-Ortsgruppe Rosenheim, entworfen. Die Haken des Kreuzes waren nach links gerichtet. Hitler, dem das nicht gefiel, nahm eine Änderung vor, bei der es dann blieb: Die Haken des Kreuzes waren nach *rechts* gerichtet.

Eine ganz neue Fahne! Aufsehenerregend! Provozierend! Das rote Tuch der Revolution, das Tuch des Sozialismus. In der Mitte das Kreuz der »Arier«, Kampfzeichen gegen das Judentum. Und – es sind auch die Farben des alten Kaiserreiches: Schwarz, Weiß und Rot. Hitler hat den Rosenheimer Zahnarzt vergessen. Er läßt sich als der große Schöpfer der Fahne feiern. Auch Heß widerspricht nicht.

Nach dem Willen des Tribuns soll jetzt auch ein neuer Name die Partei vom kleinbürgerlichen Stammtischgeruch des Sterneckerbräus befreien. Hitlers Vorschlag: Sozialrevolutionäre Partei. Er denkt an die russischen Sozialrevolutionäre, die zwar Sozialisten, aber Antimarxisten waren. Jetzt widerspricht Heß: »Hier fehlt doch völlig der Begriff des Nationalen!« Und Dietrich

Eckart mißfällt das Wort »revolutionär«. Es klingt gar zu sehr nach der Novemberrevolution.

So entsteht im August 1920 aus einer Zusammenarbeit mit der jahrzehntealten österreichischen und sudetendeutschen »Deutschen Nationalsozialistischen Partei« der Name »Nationalsozialistische Deutsche Arbeiter-Partei« (NSDAP).

Schließlich erwirbt die NSDAP eine eigene Zeitung. Mit den Geldern der Reichswehr. Durch die Vermittlung des Hauptmanns Röhm stellt General von Epp aus einem Geheimfonds 60 000 Goldmark zur Verfügung. Dafür kauft die NSDAP den abgewirtschafteten und kurz vor der Pleite stehenden Franz-Eher-Verlag und den »Völkischen Beobachter«. Herausgeber wird Dietrich Eckart, Chefredakteur der 21jährige Hermann Esser, ein Mann mit dubiosem Privatleben, aber mit glänzender Rednergabe und sicherem Blick für Skandalgeschichten. Esser haßt den tugendhaften und puritanischen Heß. Und dieser verachtet den Chefredakteur, der sich öffentlich damit rühmt, daß er sich von seinen zahlreichen Geliebten stets habe aushalten lassen. Heß interveniert bei Hitler. »Dieser Esser ist unmöglich! Er schadet der Partei mit seinen Skandalgeschichten.« Aber Hitler sagt: »Ich weiß, daß Esser ein Lump ist, aber ich brauche ihn, solange ich ihn für meine Zwecke nötig habe.« Heß leuchtet das ein. Hitler kann das bestimmt am besten beurteilen.

Im Februar 1921 gewinnt der Universitätsstudent Heß ein Preisausschreiben. Ein in Spanien lebender nationalgesinnter Auslandsdeutscher hat die Preisfrage gestellt: »Wie wird der Mann beschaffen sein, der Deutschland wieder zur Höhe führt?«

Ohne Hitlers Namen zu nennen, beschreibt Rudolf Heß seinen »Tribunen« – oder das, was er von ihm erwartet. Zum ersten Mal nennt er ihn den »Führer«. Und so sieht Heß seinen »Führer«: »Kraft seiner Rede führt er die Arbeiter zum rücksichtslosen Nationalismus, zertrümmert die international-soziale marxistische Weltanschauung. An ihre Stelle setzt er den nationalsozialen Gedanken. Hierzu erzieht er Handarbeiter wie sogenannte Intelligenz: Gesamtinteresse geht vor Eigeninteresse, erst die Nation, dann das persönliche Ich. Diese Vereinigung des Nationalen mit dem Sozialen ist der Drehpunkt unserer Zeit gleich den Reformen des Freiherrn vom Stein vor den Befreiungskriegen. Der Führer muß gesunde Geistesrichtungen seiner Zeit aufnehmen und sie zur zündenden Idee zusammengeballt wieder hinausschleudern unter die Masse.«

Rudolf Heß sieht seinen Führer aber auch als rücksichtslosen, harten, brutalen Diktator: »Je tiefer der Diktator ursprünglich in der breiten Masse wurzelt, desto besser versteht er, sie psychologisch zu behandeln, desto weniger Mißtrauen werden ihm die Arbeiter entgegenbringen, desto mehr Anhänger gewinnt er sich aus diesen energischen Reihen des Volkes. Er selbst hat mit der Masse nichts gemein, ist ganz Persönlichkeit wie jeder Große ... Wenn die Not es gebietet, scheut er auch nicht davor zurück, Blut zu vergießen. Große Fragen werden immer durch Blut und Eisen entschieden ... Sein Ziel zu erreichen, stampft er dabei über seine nächsten Freunde hinweg ... Der mit abschreckender Härte vorgehende Gesetzgeber scheut nicht davor zurück, mit dem Tode zu bestrafen. Je nach Bedarf vermag er mit Kürassierstiefeln niederzutreten oder mit vorsichtig empfindsamen Fingern Fäden bis in den Stillen Ozean zu knüpfen.«

Hitler gefällt der Aufsatz seines treuen Gefolgsmannes. Er ist geschmeichelt, er ist gerührt, als Heß ihm gesteht, daß er ihn, Hitler, porträtiert habe. Immer wieder liest er das preisgekrönte Werk. Immer wieder faszinieren ihn die Worte »rücksichtslos«, »abschreckende Härte«. Viele dieser Formulierungen nimmt er auf in seine Reden, in seine Drohungen gegen die »Berliner Asiaten« und »Judenknechte«, gegen die »parlamentarischen Spulwürmer und Schleimsieder«. Immer wieder verwendet er sie in seiner propagandistischen Gleichsetzung von Republik und Versailles, von Inflation und Judentum.

Aber mit diesem Aufsatz hat Heß nur das erste Beispiel eines »Führermythos« gesetzt, an dem er in der Folgezeit unablässig arbeiten wird.

Am 20. Februar gibt Hitler seinem Jünger den Auftrag, an der Münchner Universität eine NS-Studentengruppe zu gründen. Mit großem Ernst und Eifer macht sich Heß an die ihm gestellte neue Aufgabe.

Trotz des unermüdlichen Engagements für seinen »Tribunen« reißen die Beziehungen zur Freundin Ilse nicht ab. Man macht Bergwanderungen, fährt für ein paar Tage an den Bodensee, geht hin und wieder zum Weiß Ferdl ins »Platzl«. Inzwischen ist Ilse Pröhl auch Mitglied der NSDAP geworden. Die gescheite Studentin der Philosophie stößt sich nicht daran, daß die erste Generalmitgliederversammlung der Partei im Januar 1921 den folgenden Beschluß gefaßt hat: »Eine Frau kann in die Führung der Partei und in den leitenden Ausschuß nicht aufgenommen werden.«

Frauen sind nur als »Helferinnen« des Mannes willkommen, nicht als selbständige politische Wesen.

Die »Münchner Raumkunst« hat sich inzwischen aufgelöst. Doch Rudolf Heß hat keine unmittelbaren Geldsorgen mehr. Eine in Zürich lebende Tante hat sich entschlossen, dem Neffen monatlich zwanzig Goldfranken zu schicken. Da die Inflation sich abzuzeichnen beginnt (der Dollar kostet inzwischen statt 4 bereits 75 Mark), reichen solche harten Devisen in Form von 20 Schweizer Goldfranken im München von 1921 zu einer bescheidenen Lebensführung. Und Heß ist ein anspruchsloser Mann. Das Rauchen hat er aufgegeben. Nur wenn er Gast ist, trinkt er hin und wieder ein Glas Wein. Geld für Alkohol würde er mit Sicherheit nicht ausgeben.

Die Beziehung zu Hitler wird enger, vertrauter. Der Freund ist jetzt auch politischer Berater. Am 15. Mai 1921 begleitet er Hitler sogar zu einer Audienz beim bayerischen Ministerpräsidenten Dr. Gustav Ritter von Kahr. Zwei Tage darauf schreibt Heß an Kahr einen Brief. Er will des Regierungschefs Vertrauen zu seinem Tribunen festigen. »Herrn H. kenne ich persönlich sehr gut«, schreibt er, »da ich täglich mit ihm spreche und ihm auch menschlich sehr nahestehe. Er ist ein selten anständiger und lauterer Charakter, voll tiefer Herzensgüte, religiös, ein guter Katholik. Er hat nur ein Ziel: das Wohl seines Landes. Für dieses opfert er viel in selbstloser Weise, ohne daß er von der Bewegung dafür einen Pfennig erhält. Er lebt vom Honorar, welches er für Vorträge bekommt, die er gelegentlich aus freien Stücken anderwärts hält. Im Feld war H. den ganzen Krieg über an der Front, wobei er sich als einfacher Mann das E. K. I erwarb. Euer Exzellenz können H. unbedingt vertrauen. Auch kann H. völlig schweigen, was ich selbst ausprobierte.«

Im Sommer 1921 ist der Graben zwischen den alten, biederen Gründungsmitgliedern um Anton Drexler und dem »Hitler-Klüngel«, wie man ihn bissig nennt, immer tiefer geworden. Der »Hitler-Klüngel«, das sind Dietrich Eckart, der Ingenieur und Wirtschaftstheoretiker Gottfried Feder, das ist Alfred Rosenberg und das ist Rudolf Heß – die »feinen Leute«, wie man sie neidisch nennt.

Die »Alten« machen Hitler seine aufwendige Lebensführung zum Vorwurf, seine Freunde aus dem Großbürgertum, aus dem Offizierskorps. Schon vor Wochen hatte ihm der Parteigenosse Heinrich Dolle, ein Mann mit einem Hang zur Turnvater-Jahn-Deutschtümelei, einen Brief geschrieben: »Ihr sitzt zu viel mit

Dietrich Eckart und dem jungen Heß in der Fledermaus-Bar, das ist nicht gut für Euch!« Im Juli ist Hitler in Berlin, wohnt in der Villa der Bechsteins, nimmt Sprechunterricht, ist Gast im piekfeinen Nationalen Klub der konservativen Aristokratie. Hermann Esser, Chefredakteur des »Völkischen Beobachters«, der sich, schon lange eifersüchtig, durch Heß aus seiner Favoritenrolle bei Hitler verdrängt sieht, fädelt eine Intrige ein. Er ist mit Julius Streicher befreundet, dem Führer der Deutsch-Sozialisten, der Konkurrenzpartei in Nürnberg. Streicher und sein Augsburger Unterführer Dr. Dickel nehmen Kontakt mit Drexler auf. Ihr Plan: Zusammenschluß der NSDAP mit den Streicherschen Deutsch-Sozialisten. Die Zentrale der Gesamtpartei soll unter Drexler nach Berlin verlegt werden. Streicher soll im süddeutschen Raum führen, Hitler als Propagandaredner auf München beschränkt bleiben.

Eckart und Heß erfahren von dem Komplott. Das ist Verrat am Tribunen. Ausgerechnet Streicher, dessen private Skandalgeschichten sich in Nürnberg vor aller Öffentlichkeit abspielen, will durch eine finstere Intrige die Macht usurpieren. »Ich weiß nicht, ob Streicher wirklich Arier ist«, sagt Heß zu Eckart. »Was er tut, ist jedenfalls typisch jüdisch.« Die beiden rufen Hitler telegraphisch aus Berlin zurück. Am 11. Juli ist der Tribun da. »Dreckiger Hund! Gemeiner Lump!« brüllt er den fassungslosen Drexler in der Geschäftsstelle im Sterneckerbräu an. Dann tritt er mit einer pathetischen Geste aus der NSDAP aus. Er weiß: die anderen können ihn nicht gehen lassen. Er ist der Magnet! Er bringt der Partei Geld und volle Säle. Und – Drexler bittet ihn, zu bleiben. Nach einer langen Aussprache mit Heß diktiert Hitler seine Bedingungen: alleinige Führung der Partei durch ihn, Abschaffung des Ausschusses.

Wohl muckt die Drexler-Fronde auf, doch Hitler setzt sich durch. Nach Beratungen mit Heß und Eckart diktiert er am 26. und 29. Juli seine »Friedensbedingungen«. Sie werden angenommen. Hitler ist Erster Vorsitzender mit diktatorischen Vollmachten. Der Ausschuß wird abgeschafft. Drexler wird mit dem völlig einflußlosen Posten eines »Ehrenvorsitzenden« abgefunden.

Das Führerprinzip in der NSDAP ist verwirklicht. Aus der NSDAP ist die »Hitler-Bewegung« geworden.

Die ersten Folgen: Dietrich Eckart übernimmt die Chefredaktion des »Völkischen Beobachters«. Esser darf Lokalredakteur bleiben, weil man seine Nase für Skandale nicht entbehren kann.

Julius Streicher hat sich still nach Nürnberg zurückgezogen. Ein Jahr später schließt er sich Hitler an. Aber Heß wird ihm seine »finsteren Machenschaften« nie vergessen. Neuer Parteigeschäftsführer wird der bullige Max Amann, Hitlers Kompanie-Feldwebel aus dem Krieg. Die Geschäftsstelle wird vom Sterneckerbräu in die Corneliusstraße verlegt. 13 Angestellte werden engagiert.

Auch Rudolf Heß wird belohnt. Am 31. Juli darf er im »Völkischen Beobachter« in einem Grundsatzartikel das Programm der NSDAP erläutern. Die Redaktion hebt die Wichtigkeit des Artikels durch einen Einschub hervor: »In dem Aufsatz wird auf die immer wiederkehrenden Einwände gegen das Programm der NSDAP eingegangen. Wir empfehlen unseren Lesern, denselben herauszuschneiden, um ihn bei ihrer Werbetätigkeit zu verwenden.« Als Hauptpunkte stellt Heß heraus: Die Partei ist antijüdisch; gegen das Leihkapital; für Gewinnbeteiligung der Arbeiter; antiparlamentarisch und für die Herrschaft einer hochstehenden Minderheit; für die Überwindung des Klassenkampfes und die Schaffung einer nationalen Volksgemeinschaft.

Für die Entstehung und Verankerung des »Führermythos«, dieser seltsamen Mischung von Traum und Doktrin, hat Heß mehr beigetragen als etwa Dr. Goebbels. Heß *wollte* den mit der Glorie der Unfehlbarkeit umgebenen »Führer« und tat darum alles, um Hitler in dieser Gestalt erscheinen zu lassen.

Der Besitz des »Völkischen Beobachters« geht stillschweigend auf Hitler über. Eine Eintragung des Münchner Amtsgerichts vom 16. November 1921 lautet: »Herr Adolf Hitler erscheint im Registergericht und erklärt, alle Anteile zu besitzen.«

Und dann kann Rudolf Heß auch zum ersten Mal mit seinem Körper für sein Idol in die Bresche springen. Am 4. November wollen mehrere hundert Nazigegner eine Versammlung der NSDAP im Münchner Hofbräuhauskeller sprengen. Die zum Saalschutz abgestellten 50 Mann der NSDAP-»Turn- und Sportabteilung« unter dem Uhrmacher Emil Maurice und Rudolf Heß stellen sich zur Saalschlacht. Es gibt eine blutige Prügelei. Dutzende von Nazigegnern werden buchstäblich durch die Fenster geworfen. Steinkrüge zerkrachen auf Köpfen. Heß erhält eine klaffende Kopfwunde. Blutüberströmt wird er in die Münchner Poliklinik gebracht. Die Wunde muß mit sechs Stichen genäht werden. Die Stelle am Hinterkopf ist immer kahl geblieben.

Und Heß hilft mit, aus der harmlos klingenden »Turn- und

Sportabteilung« die SA zu machen, die »Sturm-Abteilung«. Militärisch organisiert nach Hundertschaften, bewaffnet mit Gummiknüppeln und Pistolen. Die Uniform: Windjacke mit Hakenkreuzarmbinde, Wickelgamaschen. Das Braunhemd wird erst später eingeführt, dank der Geschäftstüchtigkeit zweier Männer namens Roßbach und Heines. Noch grüßt die SA militärisch, mit der Hand an der Kopfbedeckung. Die 11. Münchner Hundertschaft der SA besteht nur aus Studenten. Ihr Führer: Rudolf Heß.

Über den Beitritt zur SA sagt Adolf Hitler: »Nur solche sollen sich melden, die gehorsam sein wollen den Führern und bereit, wenn es sein muß, in den Tod zu gehen!« Auch eine »Nachrichten-Abteilung« baut Rudolf Heß für seinen Führer auf. Ihr Zweck: Material zu sammeln über gegnerische Gruppen und Politiker. Material, das sich propagandistisch verwenden läßt. Aber auch über die Genossen der eigenen Partei werden Dossiers angelegt. Eine ungewohnte Tätigkeit für den »Offizier und Gentleman« Rudolf Heß. Aber wenn sie für den »Führer« ist, kann auch eine solche Arbeit nicht schmutzig sein.

Natürlich ist Heß mit vielem nicht einverstanden. Es gibt eine Menge Leute in der Partei, die seinem Standard von »Anstand« nicht entsprechen. Eines Tages erfährt er, daß Christian Weber, ein Anderthalb-Mann, Ex-Pferdehändler und Rausschmeißer beim »Donis'l«, mit dem prügelfreudigen Uhrmacher Emil Maurice systematische »Judenhetzen« in der Münchner Innenstadt veranstaltet. Der Konsul eines südamerikanischen Staates entgeht einer Tracht Prügel nur dadurch, daß er in einem dunklen Hausflur seinen »Ariernachweis« an der Vorhaut erbringt. Heß ist angewidert. Er bittet Hitler, solche Dinge unterbinden zu lassen. Aber Hitler meint nur: »Nehmen Sie's doch nicht so tragisch, Heß. Immerhin gehören Weber und Maurice zu unseren treuesten Parteigenossen!« Und Heß versucht, es nicht tragisch zu nehmen.

Frau Ilse Heß rückblickend: »Manchmal hat er sich schrecklich geärgert über das, was Hitler sagte oder tat. Aber dann hat er sein Fahrrad genommen, ist an eine einsame Stelle im Englischen Garten gefahren und hat sich seinen Zorn von der Seele geschimpft.«

Hat er Hitler nicht ins Gesicht geschimpft? Ihm seine Meinung gesagt? Laut und deutlich? Nein! War er zu feige? Mit dem Begriff »Feigheit« kann man es nicht fassen. Hitler hatte Heß' Vater verdrängt. Er hatte völlig seine Stelle eingenommen. Hitler *war* jetzt der Vater. Der Vater, den Heß sich selber erwählt hatte. Und Heß gehorchte seinem Vater!

Spandau, kurz nach Weihnachten. Der Gefangene in Zelle sieben schreibt einen Brief. An seine Frau, an seinen Sohn. »Ich danke Euch vor allem auch für die Bücher, die gerade rechtzeitig zum Fest in Hülle und Fülle eingingen, acht an der Zahl. Ich bekam sie alle gleich, bis auf den Röpke ›Gegen die Brandung‹, mit dem sich die Zensur etwas länger befassen will.«

Die Schriften von Wilhelm Röpke, dem 1966 verstorbenen Wirtschaftswissenschaftler, Soziologen und Kulturkritiker, interessierten Rudolf Heß. Aber der Zensor gab das Buch nicht frei. Es hat zuviel Bezug auf die jüngste Vergangenheit. Auch die Bitte des Sohnes, dem Vater wenigstens den vor allem gewünschten Röpke-Aufsatz über die Inflation zu überlassen, wurde abgelehnt.

Der Mann in Spandau interessierte sich für den Mechanismus einer Inflation. Er dachte so oft zurück an das Jahr 1923. Ein entscheidendes Jahr für Deutschland. Ein entscheidendes Jahr für den damals 29jährigen Rudolf Heß. Ein entscheidendes Jahr für Adolf Hitler, seinen »Führer«.

Im April 1921 hatten die Sieger des Ersten Weltkriegs ihre Reparationsforderungen formuliert: 132 Milliarden Goldmark. In wertbeständigen Devisen. Die Regierung mußte Devisen kaufen. Für den Inlandsbedarf wurde Geld gedruckt. Immer mehr. Das Inflationskarussell begann. Im Sommer 1922 kostete der Dollar 400 Mark, das Hundertfache des Kurses von 1918. Anfang 1923 stand der Dollar bereits auf 7000 Mark. Immer schneller drehte sich das Karussell. Gehälter mußten innerhalb von Stunden ausgegeben werden, am nächsten Tag waren sie nichts mehr wert. Die Konten kleiner Sparer – Sicherheit fürs Alter – zerflossen ins Nichts. Wer in der Vorkriegszeit 50 000 Mark gespart und »mündelsicher« angelegt hatte, verfügte Ende 1923 über einen Kaufwert von ganzen 0,0005 Pfennigen. Nur Devisen waren noch etwas wert. Wohnungsvermieter inserierten: »Mietenzahlung nur in wertbeständiger Währung«. Für Heß bedeuteten die monatlichen 20 Goldfranken der Tante in Zürich ein Vermögen.

Der rapide Geldverfall wird zu Hitlers bester Propagandawaffe. »Wer verdient denn an der Inflation, meine Volksgenossen?!« ruft er den Menschen im brechend vollen Zirkus Krone in München zu. »Die ausländischen Juden, die Schieber, die wie ein

Heuschreckenschwarm über unser bitter verarmtes Volk herfallen, ihm die allerletzten Spargroschen nehmen. Und die Erfüllungsgehilfen dieses internationalen Komplotts zur völligen Vernichtung unseres deutschen Volkes sitzen in Berlin! Die Erfüllungsgehilfen des Versailler Schanddiktats! Dieser Staat von Berlin ist ein Räuberstaat und selber der größte Hochstapler!«

Benito Mussolini ist im Oktober 1922 mit seinen Schwarzhemden auf Rom marschiert. Hitler bewundert ihn. Hermann Esser, inzwischen wieder Persona grata bei Hitler, erklärt offen: »Der deutsche Mussolini heißt Adolf Hitler.« Hitler interessieren auch die leeren Parteikassen nicht. Was ihn jetzt fasziniert, ist ein Marsch auf Berlin! Von München aus! Heß ist begeistert. »Ein Marsch aller nationalen Kräfte unter Ihrer Führung!« ruft er. Doch Hitler hat schon wieder resigniert. »Wir sind noch nicht stark genug«, sagt er. »Bayern ist zwar zur Zeit das Mekka der Opposition gegen Berlin, aber diese konservativen Herren wie Kahr oder Dr. Heim sind weißblau, nicht schwarzweißrot. Die wollen nicht nach Berlin marschieren, die wollen ganz etwas anderes. Denken Sie an diesen französischen Colonel von der Entente-Kommission. Richert heißt er. Dauernd sitzt er mit Dr. Heim und dem Forstrat Escherich zusammen. Frankreich fördert die weißblaue Lösung.« Hitlers Stimme wird laut. Er hämmert mit den Fäusten auf den Tisch im Salon der Wirtin Reichert. »Ich lasse mich doch nicht vor den schmutzigen Karren dieser Separatisten spannen!« brüllt er. »Ein selbständiges Bayern unter französischem Protektorat! Unglaublich! Haben wir dafür gekämpft?«

Aber wenig später tut Hitler etwas völlig Unverständliches: Als am 11. Januar 1923 fünf französische und eine belgische Division mit Panzern, Artillerie und Luftwaffe das Ruhrgebiet als Pfand wegen anstehender Reparationsleistungen besetzen; als ein Aufschrei des Protestes durch ganz Deutschland geht; als die Berliner Regierung den passiven Widerstand proklamiert, da gibt Hitler im Bürgerbräukeller die Losung aus: »Nicht nieder mit Frankreich, sondern nieder mit den Vaterlandsverrätern, nieder mit den Novemberverbrechern muß es heißen!«

»Meine SA ist keine Reichswehrreserve!« gibt Hitler Emissären der Heeresleitung zu verstehen, die sich auf eine bewaffnete Auseinandersetzung vorbereiten, sollten die Franzosen noch weiter vorrücken.

Er hat Angst. Er hat Angst, daß die Reichswehr ihm in diesen

Tagen des nationalen Notstandes, der Kriegsgefahr, das Instrument entwinden könnte, das ihm den Weg zur Macht ebnen soll. Aber das sagt er nicht einmal Heß. Der treue Freund ist verwirrt. Was plant der Führer? Sogar in der Partei munkelt man, Hitler empfinge Gelder vom Deuxième Bureau. Das glaubt Heß nicht. Aber er bittet Hitler, ihm sein Verhalten zu erklären. »Fragen Sie nicht, Heß«, ist die Antwort. »Sie dürfen nicht zweifeln. Ich weiß genau, was ich will!« Und Heß begräbt den Zweifel. Er ist froh, ihn begraben zu können. Hat er nicht selber geschrieben, daß der Führer auch manchmal Dinge tun muß, die seinen besten Freunden nicht verständlich erscheinen?

Statt sich um das Ruhrgebiet zu kümmern, beginnt Hitler mit Röhms Hilfe seine Kohorten zu organisieren. Er weiß: Mit der SA allein schafft er keinen Putsch. Röhm gelingt es, vier rechtsradikale bewaffnete Verbände, darunter das Freikorps Oberland und die »Reichskriegsflagge«, mit der SA zum »Kampfbund der Vaterländischen Verbände« zusammenzuschließen. Hitler tut noch mehr: Er pflegt beste Beziehungen zu General Ludendorff. Er braucht einen »Nationalhelden« als Galionsfigur für seinen Marsch auf Berlin.

Und dann, im Herbst 1923, überstürzen sich die Ereignisse.

Vom September bis zum November steigt der Preis eines Kilos Butter von 100 Millionen auf 6 Billionen Mark; der eines Hemdes von 400 Millionen auf 8,5 Billionen. Am 26. September verkündet der neue Reichskanzler Stresemann die Wiederaufnahme der deutschen Reparationszahlungen. Unruhen werden befürchtet. Deshalb verkündet Reichspräsident Ebert den Ausnahmezustand und erteilt Reichswehrminister Geßler und dem Chef der Heeresleitung, General von Seeckt, die Exekutivgewalt für das ganze Reich.

Aber Bayern meutert gegen die Reichsgewalt. Ministerpräsident von Knilling proklamiert den Staatsnotstand und ernennt Gustav Ritter von Kahr, den früheren monarchistisch gesinnten Regierungschef, zum Staatskommissar mit diktatorischen Machtbefugnissen. Kahr bildet eine Junta mit General Otto von Lossow, dem bayerischen Reichswehrkommandeur, und Oberst Hans Ritter von Seißer, dem Chef der bayerischen Landespolizei.

Kahrs erste Amtshandlung: Er erklärt, der von Ebert proklamierte Ausnahmezustand habe für Bayern keine Gültigkeit. Er weigert sich, irgendwelche Befehle von Berlin entgegenzunehmen. Seeckt versucht, sich über seinen Untergebenen Lossow in

Bayern durchzusetzen. Er befiehlt ihm, den »Völkischen Beobachter« zu verbieten und drei unter Haftbefehl stehende Freikorpskämpfer, die in Röhms Kampfbund eine führende Rolle spielen, festzunehmen. Als Lossow zögert, wird er seines Kommandos enthoben. Kahr erklärt, Lossow bleibe Kommandeur in Bayern. Offiziere und Mannschaften müssen einen besonderen Eid auf die bayerische Verfassung ablegen. Die Grenzen werden geschlossen. Truppen gehen an der Grenze nach Thüringen in Stellung.

Der Bruch mit Berlin scheint perfekt. Hitler glaubt seine Stunde gekommen. Er beschwört Kahr und Lossow, nach Berlin zu marschieren, ehe Berlin nach München marschiert. Aber die Herren lehnen kühl ab. Und sie warnen Hitler: Einen Putsch von seiner Seite würden sie niederschlagen.

Hitler kann nicht mehr zurück, wenn er glaubhaft bleiben will. Die Order geht hinaus: In der Nacht vom 10. zum 11. November sollen Kampfbund-Truppen und SA in München einmarschieren, die Regierungsgebäude besetzen und die »nationale Revolution« ausrufen.

Am 7. November ist Hitler mit Heß und einigen anderen in der Redaktion des »Völkischen Beobachters« in der Schellingstraße. Seit Februar kommt die Zeitung täglich heraus, seit August im amerikanischen Großformat. Chefredakteur Alfred Rosenberg, Nachfolger des erkrankten Dietrich Eckart, reicht Hitler eine Nachricht: Morgen abend spricht Kahr im Bürgerbräukeller in der Rosenheimer Straße, um das Programm der bayerischen Regierung zu erläutern. Seißer, Lossow und führende Mitglieder der Regierung werden anwesend sein.

»Kahr wird die Unabhängigkeit Bayerns proklamieren und die Wittelsbacher-Monarchie ausrufen«, sagt Heß erregt.

»Sie sind alle da«, sagt Hitler. »Das ist unsere Chance!«

»Was werden wir tun?« fragt Heß. Hitler sieht ihn kurz an. »Gehen Sie zu Ihrer Studenten-Hundertschaft und warten Sie ab morgen mittag auf Befehle!« Heß ist entlassen. Der Ex-Gefreite hat dem Ex-Leutnant einen knappen Befehl erteilt. Heß gehorcht.

Mit Rosenberg setzt Hitler sich zusammen und entwirft den Text für die Plakate, die die nationale Revolution proklamieren sollen. Sie planen das Layout für die erste Seite des »Völkischen Beobachters« Nummer 230. Erscheinungsdatum: 9. November 1923. Einzelpreis: 8 Milliarden Mark.

Der 9. November, der Tag, an dem Hitlers dilettantischer Putsch am Odeonsplatz endete, wurde zum höchsten Feiertag des Dritten Reiches. An der Ostseite der Feldherrnhalle, kurz bevor die schluchtartige Residenzstraße in den Odeonsplatz mündet, wurde eine Gedenktafel angebracht, bewacht von zwei SS-Offizieren in Galauniform mit weißen Handschuhen. Jeder Bürger, der diese Stelle passierte, mußte die Tafel mit erhobenem Arm grüßen. Die Toten des 9. November wurden in Ehrentempeln aufgebahrt, bewacht von einer »Ewigen Flamme«. Und die »Alten Kämpfer« machten jedes Jahr den Erinnerungsmarsch vom Bürgerbräukeller in der Rosenheimer Straße über die Ludwigsbrücke und den Marienplatz durch die Residenzstraße bis zur Feldherrnhalle, um der »Toten der Bewegung« zu gedenken.

Bei den Erinnerungsmärschen ging der »Stellvertreter des Führers« stets mit. Beim Originalmarsch, bei der Schießerei am Odeonsplatz, war er nicht dabei. Er hatte andere Aufgaben.

8. November 1923, 20.30 Uhr: Mit Hitlers Leibwächter Ulrich Graf stürmt Heß an Hitlers Seite pistolenschwingend in den Bürgerbräukeller, wo das Haupt der bayerischen Junta, Gustav Ritter von Kahr, gerade seine Ansprache hält. Neben ihm sitzen General Lossow und Oberst Seißer. Während Hitler – im Cutaway – den berühmten Pistolenschuß an die Decke abgibt, treibt Heß das Triumvirat in einen Nebenraum, wo Hitler kurz darauf mit den Herren »verhandelt« – mit entsicherter Pistole. Der tragikomische Abend, der nach Augenzeugenberichten an eine »mexikanische Operettenrevolution« erinnert, nimmt seinen Lauf.

Heß geht an seine eigentliche Aufgabe: Geiseln müssen verhaftet werden. Im Bürgerbräukeller nimmt Heß den Innenminister Schweyer und den Landwirtschaftsminister Wutzelhofer fest. Er begleitet sie im Wagen zur Villa des radikal-nationalen Verlegers Lehmann in Großhesselohe im Süden von München. Die Herren werden mit ausgesuchter Höflichkeit behandelt. Aber eine angebotene Erfrischung lehnt Schweyer ab. »Sie wissen wohl«, sagt er mit kalter Stimme zu Heß, »daß Herr Hitler mir noch vor wenigen Wochen in meinem Büro sein Ehrenwort gegeben hat, nie, ich wiederhole, nie einen Putsch zu machen.« Heß ist peinlich berührt. Als ehemaligem Offizier ist ihm ein Ehrenwort heilig. »Es wird Herrn Hitler bestimmt sehr schwergefallen sein, im Interesse der Nation das gegebene Wort brechen zu müssen«, entgegnete er verlegen.

Weniger prominente Geiseln haben weniger Glück. Sie werden

in einem engen Nebenzimmer des »Bürgerbräu« zusammengepfercht. Angepöbelt von ihren Bewachern, müssen sie die Nacht auf Stühlen verbringen.

Am nächsten Morgen um 11 Uhr stürmt Heß mit einem Stoßtrupp seiner Studentenkompanie das Münchner Rathaus, holt diejenigen Stadträte heraus, die Juden sind oder Sozialdemokraten. Auf dem Marienplatz hält Julius Streicher eine Rede. Als Heß mit den Stadträten am Rathaustor erscheint, wird die Lage für die Geiseln bedrohlich. Heß muß sie vor Prügeln schützen. Auch sie werden in den »Bürgerbräu« gebracht. Auf dem Dach des Rathauses hißt Rudolf Heß die Hakenkreuzfahne. Dann fährt er nach Großhesselohe zurück. Als der Zug zur Feldherrnhalle sich formiert, hat er die Bewachung seiner prominenten Geiseln wieder übernommen.

In seinem Buch »Der Hitlerputsch« schreibt Hanns Hubert Hofmann: »Die Kampfbundführung wußte genau, warum sie dem aus großbürgerlichem Hause stammenden ehemaligen Fliegerleutnant Heß, der auch seinen Häftlingen fast schüchtern vorkam, dieses Kommando anvertraute. Keinem der Geiseln ist etwas Ernstliches zugestoßen.«

Das stimmt zweifellos. Tatsache ist aber auch, daß Heß sich mit seinen Gefangenen makabre Scherze geleistet hat. Er hat sie seelisch gequält. Und deshalb versagte ihm später das Gericht die Bewährungsfrist. Er mußte die vollen acht Monate des Urteils absitzen.

Am 9. November um 16.10 Uhr erfährt Heß in der Lehmannschen Villa, daß der Putsch gescheitert ist. Er bittet Schweyer und Wutzelhofer in den großen Tourenwagen des Verlegers. Mit Chauffeur und zwei Bewachern geht die Fahrt in Richtung Bad Tölz. Hin und wieder läßt Heß an einem Waldstück halten. Er steigt aus, befiehlt, die Scheinwerfer auf den Wald zu richten, und gibt vor, sich nach geeigneten Bäumen zum Aufhängen der prominenten Herren umzusehen. Für Heß und seine Begleiter ist das eine »Hetz«, ein typisch bayerisches »Derblecken«. Sie reagieren damit ihren Zorn über das Scheitern des Aufstandes ab. Sie weiden sich an der Todesangst der beiden Minister.

Bei Bad Tölz läßt Heß sich absetzen. Auf einem Bergpfad, den er von Wanderungen mit der Freundin gut kennt, entkommt er nach Österreich. Der Wagen fährt zurück nach München. Noch einmal treiben die Bewacher das Spiel mit den Bäumen. Erst kurz vor München sagt der Fahrer: »Herr Leutnant Heß hat Befehl gegeben, die Herren dorthin zu fahren, wo die Herren hingefahren zu werden wünschen.«

Rudolf Heß will nach Salzburg. Dort sollen sich die führenden Hitler-Leute sammeln, falls etwas schiefgeht. Am 11. November kauft er eine Zeitung. Vom »Tribun« keine Nachricht. Ist er tot? Verwundet? Entkommen? Gefangen? Erst am 12. November liest Heß: »Hitler in einer Villa am Staffelsee verhaftet!«

6. KAPITEL

Des Führers Intimus

Aus seiner Nürnberger Zelle schrieb Rudolf Heß am 2. September 1946 – 14 Tage vor seiner Verurteilung – an seine Frau: »Es ist nunmehr entschieden worden, daß die Gefangenen gnädigst *ein* Mal ihre Angehörigen empfangen, d. h. durch ein engmaschiges Drahtgitter sehen und sprechen dürfen. Ich habe es strikt abgelehnt, unter Umständen, die ich für würdelos erachte, mit Dir oder sonst jemandem ›zusammenzukommen‹. Wir könnten vielleicht unter uns sagen: ›Na ja, wir haben uns einst in Landsberg auch unter nicht sehr erfreulichen Umständen gesehen!‹ Aber es ist doch ein sehr großer Unterschied, ob man in einem Zimmer beieinandersitzt, lediglich in der Ecke ein braver deutscher Wachtmeister, der dazwischen sogar schläft – oder netterweise tut, als ob er schläft! –, oder ob man sich nur durch einen Raster sieht, auf beiden Seiten Posten, die durchaus nicht schlafen und vor allem: keine braven deutschen Wachtmeister sind!«

Einen Monat später lehnte er noch einmal kurz und knapp jeden Besuch ab. 22 Jahre lang änderte sich an dieser Haltung nichts. 1966 schrieb er:»Nach wie vor wünsche ich kein Wiedersehen hinter Gefängnismauern ... Von der Gemütsbewegung abgesehen: es wird hier *Würde* berührt ... Ich wäre dankbar, Ihr erspartet es mir künftig, mich in die schmerzliche Lage zu versetzen, Euch derartige Bitten abschlagen zu müssen – abschlagen um einer höheren ethischen Einstellung willen; es fällt mir schwerer, als Ihr vielleicht glaubt.« Erst zum Weihnachtsfest 1969, als er Patient im Britischen Militärhospital in Berlin war, gestattete er Frau und Sohn zum ersten Mal einen Besuch. Die Ärzte hatten einen Trick gebraucht: Sie hatten dem Gefangenen gesagt, es wäre vielleicht eine Operation nötig, die in seinem Alter nicht ohne Risiko sei. Es wäre unmenschlich von ihm, seinen Angehörigen in dieser Lage ein Wiedersehen zu verweigern. Außerdem: Zur Zeit sei er ja kein Häftling in einem Gefängnis, sondern Patient in einem Spital. Rudolf Heß wurde geheilt. Ohne Operation. Er kam nach Spandau zurück und empfing seitdem jeden Monat einen Besuch.

In dem anderen Gefängnis, in jener Festung der kleinen romantischen Stadt Landsberg am Lech, eine gute Autostunde südwestlich von München, verbrachte er vom April bis zum Jahresende 1924 die Monate seines Lebens, die ihn seinem Idol Adolf Hitler ganz nahebrachten. Es waren Monate des täglichen, vertrauten Umgangs, langer Gespräche, gemeinsamer Arbeit und großer Pläne. In jenen Monaten wurde er Hitlers bester, intimster Freund.

1. April 1924: Vom Gericht, das seit 24. Februar im Gebäude der bisherigen Kriegsschule in der Münchner Blutenburgstraße tagt, wird Adolf Hitler zu fünf Jahren Festungshaft verurteilt. Gleichzeitig wird ihm eine vorzeitige Entlassung in Aussicht gestellt, sobald er sechs Monate, ein Zehntel der Strafe, verbüßt hat. Das gleiche Urteil erhalten Oberstleutnant a. D. Kriebel, der Chef des »Kampfbundes«, Dr. Weber, Chef des Freikorps Oberland, und der Münchner Polizeipräsident Poehner, der mit den Putschisten zusammengearbeitet hatte. Dr. Frick, Leiter der Politischen Abteilung des Polizeipräsidiums, Hauptmann Röhm und ein paar andere erhalten geringfügigere Strafen, die auf Bewährung ausgesetzt werden. General Ludendorff wird freigesprochen.

Milde Strafen, wenn man bedenkt, daß die Anklage auf Hochverrat und bewaffneten Putsch lautet. Zwanzig Jahre später wird Hitler durch seinen Richter Freisler in einem anderen Hochverratsprozeß andere Urteile fällen und die Verurteilten an Fleischerhaken aufhängen lassen.

Und Gustav Ritter von Kahr, den Mann, der Hitlers Putsch scheitern ließ, wird am 30. Juni 1934 eine grausige Rache treffen: Ein SS-Kommando wird ihn im Dachauer Moor totschlagen. Mit Hacken und Spaten. So, wie man eine Ratte totschlägt. Ein Ungeziefer.

Am 2. April 1924 liest Rudolf Heß in seinem österreichischen Exil in der Zeitung, daß Hitler verurteilt worden ist. Er weiß: Seine Bestrafung würde nicht härter ausfallen als die des Führers. Und: Sie würde ihm Gelegenheit geben, dessen Haft zu teilen, bei ihm zu sein. Er kehrt nach München zurück und stellt sich freiwillig den Behörden. Mitte April verurteilt man ihn zu 18 Monaten Festungshaft. Er kommt nach Landsberg.

Hitler will ihn in seiner Nähe haben. Auf seinen Wunsch bekommt Heß ein geräumiges Zimmer im ersten Stock. Außer Hitler wohnen dort nur Oberstleutnant Kriebel, Dr. Weber und Emil Maurice, der Uhrmacher und erste SA-Führer, der Hitler in Landsberg als Schreiber und Putzer dient. Die Bewohner des ersten Stocks gelten als privilegierte »Oberschicht«. Die etwa 40 anderen Gefangenen, die in den kleinen Zellen im Parterre hausen, nennen den ersten Stock den »Feldherrnhügel«.

Konrad Heiden beschreibt Hitlers »Kerker« mit den folgenden Sätzen: »In einem wundervollen, hoch überm Lechfluß aufgebauten altbayerischen Barockstädtchen liegt ein großer Baumgarten; in dem Garten steht ein modernes, blitzblankes, mit allem Komfort der Neuzeit ausgestattetes – Sanatorium würde man sagen, wenn es nicht offiziell Festungshaftanstalt hieße. Im ersten Stock dieses Gebäudes ist ein großes zweifenstriges Zimmer mit weitem Blick übers Land, mit Bett, Stuhl, Schrank und breitem Arbeitstisch – in diese Klause hat sich Adolf Hitler zurückgezogen … Mit Geschenken wird er so überhäuft, daß er sie an die Wachsoldaten verteilt. In kurzer Lederhose, mit gestickten grünen Hosenträgern, jedoch sorgfältig in Kragen und Krawatte auf städtische Art, so liegt er, Zeitung lesend, im Rohrsessel, vor sich Kaffeetasse und Zuckerdose, hinter sich an der Wand einen von Verehrern gestifteten Lorbeerkranz.«

Während es für die »Unterschicht« im Parterre um 6 Uhr morgens »Wecken« und um 10 Uhr abends »Licht aus« heißt, dürfen die Bewohner des »Feldherrnhügels« morgens schlafen, so lange sie wollen, und abends Licht brennen lassen, lesen und arbeiten, so lange sie wollen. Die Türen sind stets geöffnet, man kann einander besuchen. Hitler erhält auf seinen Wunsch hin schließlich noch einen zweiten Raum als »Arbeits- und Besprechungszimmer«. Sein ursprünglicher Haftraum wird zum reinen Privat- und Schlafgemach.

Rudolf Heß nutzt die Zeit, um versäumte Studien für seine Vorlesungsfächer nachzuholen. Im Festungsgarten baut er sich eine Hochsprunganlage, um sich fit zu halten. Bei einem Sportfest, das die Festungsinsassen gemeinsam mit ihren freundlichen Wärtern veranstalten, gewinnt er den Ersten Preis. Die Studentin der Philosophie Ilse Pröhl, seit vier Jahren vertraute Freundin und Wanderkameradin, besucht ihn jede Woche.

Das Wichtigste aber ist das Zusammensein mit Hitler. Heß genießt die Stellung des bevorzugten Freundes. Jederzeit hat er Zutritt zum »Chef«, wie er Hitler den anderen gegenüber jetzt nennt.

Hitler schreibt ein Buch, und Heß hilft ihm dabei. Hitler hat sich den Titel ausgedacht: »Viereinhalb Jahre Kampf gegen Lüge, Dummheit und Feigheit«. Ein umständlicher, schwerfälliger Titel. Max Amann, der Geschäftsführer des Parteiverlags (trotz des Verbots der NSDAP konnte er ihn als einen privaten Verlag weiterführen), sagt bei einem Besuch in Landsberg trocken: »Ein Buch mit einem solchen Titel kann ich nicht verkaufen.« Im Gespräch mit Hitler und Heß wird ein neuer Titel gefunden: »Mein Kampf«.

Schon vor Heß' Ankunft in Landsberg hatte Hitler mit der Niederschrift begonnen. Mit zwei Fingern auf einer Schreibmaschine, die ihm der Festungsdirektor geborgt hatte. Dann hatte er seinem Diener Maurice diktiert, der ein ganz passabler Stenograph und Maschineschreiber war.

Jetzt ist Heß da. Er wird der tägliche Gesprächspartner. Für das Buch. Für die anderen Pläne.

Die vielbehauptete Version, Hitler habe dem Freund das Manuskript »diktiert«, stimmt nicht. Gewiß hat Heß eine Reihe von Kapiteln getippt. Aber er hat viel mehr getan. Er hat den Gedankenfluß Hitlers einigermaßen geordnet, er hat beraten, redigiert, umgestellt, eigene Gedanken eingebracht. Es ist nicht übertrieben, Heß den Co-Autor zu nennen. Vielleicht wären die unendlich mühsam zu lesenden Gedankengänge sonst noch weniger lesbar gewesen.

Wolf Rüdiger Heß sagt: »Mein Vater hat von jedem seiner Gespräche mit Hitler eine Niederschrift angefertigt.« Zweifellos haben diese Niederschriften als Material für die endgültige Fassung des Buches gedient.

Häufiger Besucher seines Studenten Heß in Landsberg ist Karl Haushofer, General a. D., Universitätsprofessor, Leiter des Münchner Instituts für Geopolitik.

Haushofer, Hitler und Heß führen lange Unterhaltungen. Auch über diese Gespräche fertigt Heß Protokolle an. Die maßlosen Großmachtforderungen Hitlers in »Mein Kampf« nach deutschem »Lebensraum« im Osten auf Kosten der slawischen Völker erhielten durch die geopolitischen Theorien des gelehrten Professors ein wissenschaftliches Feigenblatt.

Haushofers These: Ein Volk, das »Lebensraum« in überseeischen Kolonien sucht, muß die Seewege dorthin beherrschen. Die Beherrschung der Seewege aber ist durch moderne Waffen wie U-Boote und Flugzeuge problematisch geworden. Also ist in der modernen Weltpolitik nicht mehr die Kontrolle der Seewege, sondern die Beherrschung der großen Landmassen von entscheidender Bedeutung.

Die Thesen des Theoretikers Haushofer haben Hitler auf seine Lieblingsidee gebracht: Verständigung mit der Seemacht England, um freie Hand gegen die Landmacht Rußland zu haben. Und diese Lieblingsidee wollte Rudolf Heß seinem Idol verwirklichen helfen, als er am 10. Mai 1941 in einer Me 110 nach England flog.

Die Freundschaft der beiden wird immer enger. Eifersüchtig wacht Heß darüber, daß kein Außenstehender sich zwischen ihn und Hitler drängt. Putzi Hanfstaengl (er war aus Österreich zurückgekehrt) berichtet von einem Besuch in Landsberg: »Als ich mit Hitler sprach, verließ Heß nur mürrisch den Platz an dessen Seite. Er konnte es einfach nicht ertragen, daß Hitler anderen Blicken als den seinen ausgesetzt war. Mit seinem Stuhl machte er akrobatische Kunststückchen, um meine Aufmerksamkeit von Hitler abzulenken. ›Wir müssen brutaler in unseren Methoden werden!‹ rief er. ›Nur so werden wir mit unseren Gegnern fertig! Ein bißchen mehr Brutalität, und die Sache im Bürgerbräu wäre anders ausgegangen!‹ Das Wort ›brutal‹ sprach er mit betont rollendem ›R‹ aus. Hitler machte es Vergnügen, die Schlagworte seines Freundes nachzusprechen. Es war jedem offensichtlich, daß zwischen beiden eine sehr enge persönliche Beziehung bestand. Zum ersten Mal konnte ich hören, daß sie einander duzten.«

In der Öffentlichkeit hat Heß das vertrauliche »Du« später vermieden, genauso wie ein anderer Duzfreund, der Leibphotograph Heinrich Hoffmann. Manche der alten Gefährten aus der Frühzeit der Partei, wie Hermann Esser, der Parteigründer Anton Drexler oder der Pferdehändler Christian Weber, die ihn einmal »Ade« genannt hatten, versuchten später manchmal, das »Du« wieder aufzufrischen. Sie ließen es aber, als Hitler die Vertraulichkeit ignorierte und seinerseits die alten Kameraden kühl siezte. Der einzige Freund, den Hitler sogar noch als Reichskanzler auch in der Öffentlichkeit duzte, war Ernst Röhm – denselben Ernst Röhm, den er am 1. Juli 1934, kurz nach 13 Uhr, durch eine

Zellentür des Gefängnisses Stadelheim von zwei Offizieren der Leibstandarte »Adolf Hitler« erschießen ließ.

Während die beiden Freunde in Landsberg über Großraumpolitik philosophieren, zerbricht draußen die Hitler-Bewegung. Doch Hitler gerät nicht in Panik. Im Juli 1924 legt er offiziell die Führung der Partei nieder. Seine Anhänger sind ratlos. Besucher erleben einen Hitler, der für Fragen der »Tagespolitik« nicht das geringste Interesse zeigt.

»Solange ich hier bin, ist mir ein Vakuum lieber als eine starke Bewegung, die ein anderer führt«, sagt er zu Heß.

Mit Mißtrauen beobachtet er, daß eine Nachfolgeorganisation, die sich »NS-Deutsche Freiheitsbewegung« nennt und sich mit völkischen Gruppen in Norddeutschland zusammengeschlossen hat, unter Führung von Ludendorff und Strasser mit großem Wahlerfolg in den Reichstag gelangt ist und im bayerischen Landtag die stärkste Fraktion bildet. Mit Mißtrauen beobachtet er, daß Ernst Röhm unter der Bezeichnung »Frontbann« die SA neu organisiert. Doch mit Befriedigung hört er von den Streitereien unter seinen früheren Kampfgenossen.

Er hat noch einen anderen Grund, sich aus der Tagespolitik herauszuhalten: Die Lage in Deutschland hat sich beruhigt. Das neue Geld, die Rentenmark, ist eine gute, harte Währung. Ausländische Investitionen kurbeln die Wirtschaft an. Die Reparationsgläubiger wissen: Sie müssen die Kuh füttern, die sie melken wollen. Die Menschen schöpfen Hoffnung. Die Republik beginnt respektabel zu werden.

Bayern hat wieder eine legale Regierung unter dem Ministerpräsidenten Held von der Volkspartei, einem guten Katholiken. Ein Hitler, der sich mit dem radikalen Antikatholizismus der Völkischen unter Ludendorff identifiziert, würde politischen Selbstmord begehen. Hitler ist Österreicher. Man kann ihn jederzeit abschieben. Als Ludendorff und Strasser nach Landsberg zu Besuch kommen, weigert Hitler sich, sie zu empfangen, und sorgt dafür, daß diese Nachricht in die Presse kommt.

Hitler weiß: Die Zeit der Putsche ist vorbei. Jetzt heißt es Geduld haben; die Macht auf dem langen Marsch durch die Institutionen der verhaßten Republik zu erringen. Niemand, kein Minister, in Berlin oder in Bayern, soll ihm nachsagen können, er habe vom Gefängnis aus konspiriert.

»Wir werden unsere Nasen in den Reichstag stecken«, sagt er

zu Heß. »Es wird zwar länger dauern, die Marxisten zu überstimmen, als sie zu erschießen, aber schließlich wird uns ihre eigene Verfassung den Erfolg garantieren. Früher oder später bekommen wir die Mehrheit – und damit Deutschland. Inzwischen müssen wir die Partei aufbauen, wie einen Staat im Staate. Die Hierarchie der katholischen Kirche mit ihren Kardinälen, Bischöfen und Prälaten bis hinunter zum kleinen Gemeindpfarrer ist ein hervorragendes Beispiel. Der neue Staatsapparat muß vorhanden sein, wenn wir den alten zerschlagen.«

Als Heß ihn fragt, mit wieviel Jahren er bis zur Übernahme der Macht rechne, antwortet Hitler: »Mindestens fünf, höchstens sieben Jahre«. Es dauerte nur ein Jahr länger, als er prophezeit hatte.

Am 20. Dezember kommt aus München die Entlassungsorder für Hitler. Ilse Pröhl holt ihn in einem Mietwagen ab. Rudolf Heß muß in Landsberg bleiben. Er weiß noch nicht, daß er schon zehn Tage später entlassen wird.

Am 31. Dezember wird Rudolf Heß von Ilse Pröhl aus der Festung geholt. Hitler erwartet die beiden in seinem Stammlokal, der »Osteria Bavaria« in der Schellingstraße, schräg gegenüber der Redaktion des »Völkischen Beobachters«, der zur Zeit verboten ist, und gleich neben dem Atelier des Photographen Heinrich Hoffmann. Sie essen Ravioli, eine Spezialität des Hauses.

Das Buch »Mein Kampf« ist noch nicht fertig. Hitler kann auf Heß' Mitarbeit nicht verzichten. Nicht nur das. Er hat sich an seine Gegenwart gewöhnt, er möchte ihn um sich haben.

Als Hitler dem Freund das Angebot macht, sein Privatsekretär zu werden, zögert Heß zunächst. Professor Haushofer hat ihm bei seinem letzten Besuch in Landsberg angetragen, sein Assistent am Institut für Geopolitik zu werden. Er hat dem 31jährigen die Aussicht auf eine wissenschaftliche Karriere, später vielleicht sogar auf eine Professur eröffnet. Heß hat Haushofer schon eine Zusage gegeben.

Doch er zögert nicht lange. Auch er möchte Hitler nahe sein. So nahe wie in Landsberg. Ilse Pröhl verbirgt ihre Enttäuschung nur mühsam. Die Stellung in Haushofers Institut hätte den Beginn einer angesehenen Laufbahn bedeutet. Ein geregeltes Leben. Eine Zukunft, ihre Zukunft, mit Rudolf Heß, den sie liebt.

Aber die Würfel sind gefallen. Rudolf Heß ist Privatsekretär eines Politikers ohne Partei. Sie vereinbaren ein Monatsgehalt von 300 Mark.

Haushofer ist bitter gekränkt. Es kommt fast zu einem Bruch. Erst nach einiger Zeit werden die Beziehungen wieder so herzlich wie früher.

Auch die Firma Heß & Co. in Alexandria, die der Vater nach dem Ersten Weltkrieg wieder völlig neu aufgebaut hatte, ist jetzt endgültig aus dem Blickfeld verschwunden. Das Studium der Volkswirtschaft, dem Vater zuliebe aufgenommen, wird aufgegeben. Rudolf Heß hat endgültig seinen neuen »Vater« gefunden: Adolf Hitler, den »Führer«.

Neben dem »Platterhof« auf dem Obersalzberg bei Berchtesgaden, wo Hitler 1923 oft mit Dietrich Eckart, Putzi Hanfstaengl, Hermann Esser und Emil Maurice fröhliche Wochenenden verbrachte, wo Hitler zu Eckarts Amüsement die »Wirtin mit dem Goldzahn« hofierte, liegt »Haus Wachenfeld«, das Landhaus eines Hamburger Großkaufmanns. Es ist zu vermieten. Für 1000 Mark im Jahr. Hitler greift zu. Später wird es gekauft; nach 1933 zum »Berghof«, einer privaten Festung, ausgebaut.

Aber in jenem Frühjahr 1925 ist »Haus Wachenfeld« noch ein gemütliches Holzhaus mit bescheidenen Räumen. Albert Speer beschreibt das Interieur: »Die Möbel entstammten der Vertiko-Periode und gaben der Wohnung das Gepräge behaglicher Kleinbürgerlichkeit. Ein vergoldeter Käfig mit einem Kanarienvogel, ein Kaktus und ein Gummibaum verstärkten diesen Eindruck noch.«

Hierhin ziehen Hitler und Heß sich zurück, um ihr Buch fertig zu schreiben.

Vorher hat Hitler in München seinen Frieden mit der Regierung gemacht und die Partei neu gegründet.

Er hat den Ministerpräsidenten Held besucht, er hat ihm versprochen, in Zukunft keinen Putsch mehr zu machen, seine Ziele nur auf legale Weise zu verfolgen. Held hat das Verbot der NSDAP und des »Völkischen Beobachters« aufgehoben. Das von Berlin aus verhängte Redeverbot in öffentlichen Veranstaltungen allerdings bleibt bestehen.

Am 27. Februar, zwei Tage nach Aschermittwoch, hat Hitler im Bürgerbräukeller, der Stätte seines gescheiterten Putsches, die Partei neu gegründet. 4000 Anhänger sind erschienen. Er hat mit den Leuten abgerechnet, die sich während seiner Haft in Landsberg, »in jener kleinen Kammer«, wie er voller Selbstmitleid sagt, selbständig gemacht haben.

Frick, Streicher, Esser, Rosenberg, alle sind zu Kreuze gekrochen. Wenige Tage später hat auch Gregor Strasser bekanntgegeben: »Ich habe mich Herrn Hitler zur Mitarbeit zur Verfügung gestellt.« Hitler ist wieder Alleinherrscher geworden.

Ludendorff hat die Beziehungen zu Hitler verächtlich abgebrochen. Und Röhm hat sich Hitlers Bedingungen nicht fügen wollen, also hat Hitler vorerst mit Röhm gebrochen. Erst Jahre später wird er ihn wieder brauchen.

Der Druckereibesitzer Adolf Müller, dem die Rotationsmaschinen des »Völkischen Beobachters« gehören, hat Kredit gegeben. Die Zeitung kann wieder täglich erscheinen.

Den ganzen Sommer über werden auf dem Obersalzberg Korrekturen gelesen, und im Herbst erscheint der erste Band von »Mein Kampf«, 400 Seiten stark, Ladenpreis 12 Mark. Das Buch wird auf Jahre hinaus ein Mißerfolg. Die Leser, die Enthüllungen erwartet haben, sind von dem unendlich langweiligen Buch enttäuscht. Aber Hitler und sein Sekretär lassen sich nicht abschrecken. Auf dem Obersalzberg nehmen sie den zweiten Band in Angriff. Ab und zu fährt Hitler nach München, kümmert sich um die Zeitung und um den Aufbau des Parteiapparates.

Rudolf Heß gehört nicht zur offiziellen Parteiorganisation. Er ist *Privat*-Sekretär, er gehört nur zu Hitler. In der Partei beginnt man, über ihn zu witzeln. Man nennt ihn spöttisch »Fräulein Heß«. Heß selbst gab sich stets betont männlich. Von Natur aus eigentlich ein sehr weicher und sensibler Mensch, zwang er sich zu Härte und Askese, weil er das Ideal im *Helden* sah, der sich selbst überwindet.

Frauen, die Heß in den zwanziger und dreißiger Jahren begegneten, fanden ihn faszinierend. Es gibt aber nicht den geringsten Hinweis auf irgendeine Liebesbeziehung zu einer Frau, mit Ausnahme seiner langjährigen Verlobten und späteren Ehefrau Ilse. Selbst diese beklagte sich nach der Heirat einmal bei einer Freundin: »Was die ehelichen Freuden angeht, so komme ich mir manchmal vor wie eine Klosterschülerin.«

»Heß liebte Hitler!« sagte mir Dr. Otto Strasser. Nach Strassers Meinung war Heß der »einzige wirkliche Gentleman in Hitlers näherer Umgebung. Aber seine Liebe zu Hitler war eine Art von Hörigkeit. Für Hitler tat er alles, sogar Dinge, gegen die sich sein natürliches Gefühl für Anstand und Ehre aufbäumen mußte«.

Und Hitler? Liebte Hitler Heß? War Hitler überhaupt fähig zu lieben? Hanfstaengl zitiert den englischen Novellisten Richard

Hughes, der von der »perversen Keuschheit« Hitlers gesprochen hat und diese so definierte: »Wie hätte jenes monistische Ich Hitlers sich auch ohne Verlust seines Ego ganz und gar der Geschlechtlichkeit hingeben können, deren tiefster Sinn doch die Anerkennung eines Du ist …!«

Im Sommer 1927 wird es Hitler lästig, daß sein Sekretär ständig in seiner Nähe ist. Zu Heinrich Hoffmann sagt er: »Heß' feierlicher Ernst geht mir manchmal an die Nerven!«

Sieben Jahre hat Ilse Pröhl gewartet, daß Heß sie endlich heirate. Aber es ist nicht Heß, der den Vorschlag macht. Es ist der Führer. Die spätere Ilse Heß: »Wir saßen eines Abends mit Hitler in der ›Osteria‹. Ich war damals in einem Münchner Antiquariat beschäftigt und hätte Lust gehabt, eine Zeitlang nach Italien zu gehen, um dort zu leben und zu arbeiten. Als ich über meine Pläne sprach, legte Hitler plötzlich meine Hand mit der von Rudolf Heß zusammen und sagte: ›Ist es Ihnen denn nie in den Sinn gekommen, diesen Mann zu heiraten?‹«

Am 20. Dezember 1927 heiraten Rudolf Heß und Ilse Pröhl. Kirchlich lassen sie sich nicht trauen. In einem Brief an die Eltern begründet Heß diesen Entschluß so: »Mit dem Himmel im landläufigen Sinne haben wir beide nicht viel zu tun, ebenso wie wir zu den heutigen Konfessionen kein rechtes Verhältnis haben – wohl gerade, weil wir zutiefst religiös sind. Einen Pfarrer, der unserer Auffassung entspräche, kennen wir hier nicht. Daher machen wir unseren Entschluß für uns mit dem Herrgott ab und verzichten auf die äußere Formalität.«

Trauzeugen bei der standesamtlichen Trauung sind Adolf Hitler und Professor Haushofer. Der Verleger Hugo Bruckmann arrangiert in seiner Villa eine Hochzeitsfeier im kleinen Kreis. Zu den Gästen gehört auch Otto Strasser. Heß hat ihn eingeladen. »Ich kann sagen, daß wir befreundet waren«, sagt Strasser, »soweit man mit Heß, der mir immer ein wenig rätselhaft vereinsamt schien, überhaupt befreundet sein konnte.« Das junge Paar bezieht eine kleine, bescheidene Wohnung in der »Borstei«, einem Neubauviertel an der nördlichen Dachauer Straße, in der Nähe des Gaskessels. Heß' Büro ist in der Schellingstraße 50, im selben Haus, in dem der Leibphotograph Hoffmann sein Atelier hat.

Auch nach der Heirat bleibt Heß der engste Vertraute seines Führers. Wenn Hitler seine Reden vor dem großen Spiegel in Hoffmanns Atelier probt, ist Heß der Regisseur. Eine Augenzeugin berichtet die folgende Szene:

Hitler: »Soll ich mit der festen, ruhigen Stimme sprechen oder mit der lauten, schreienden?« Heß: »Natürlich mit der ruhigen Stimme.« Hitler spricht ein paar Sätze. Heß unterbricht: »Nein, nein, nicht so! Ruhiger, viel ruhiger! Keine Leidenschaft zeigen! Überlegen sein! Du gibst dem Zeitalter die Gesetze! Sprich mit der festen Stimme des Schicksals!«

Nach Konrad Heiden führt Heß in jenen Jahren auch wieder geheime Dossiers, in denen er nicht nur Material über politische Gegner, sondern auch über Mitglieder der Partei zusammenträgt. Andere bestreiten das. Tatsache ist aber, daß der Privatsekretär in vielen delikaten Affären zwischen Parteimitgliedern vermittelt, Streitigkeiten schlichtet und Hitler von allen Dingen, die ihm lästig sein könnten, abschirmt. Mit Argwohn betrachtet er jeden, der ihm zu nahe kommt. »Man kommt einfach nicht an Hitler heran, dauernd ist dieser Heß um ihn herum!« beklagt sich Alfred Rosenberg Parteigenossen gegenüber.

In der Öffentlichkeit ist er im Gegensatz zu Goebbels, Göring, Röhm oder Gregor Strasser kaum bekannt. Niemand wußte, daß Rudolf Heß, der Zweite beim Sportflugzeugwettbewerb »Rund um die Zugspitze« 1932, der Privatsekretär Adolf Hitlers ist. In der Partei aber weiß man inzwischen, daß man ihn nicht übergehen kann. Der Weg zu Hitler führt über Heß. Und jene Spötter, die noch vor ein paar Jahren verächtlich von »Fräulein Heß« sprachen, merken plötzlich, daß gerade seine Anonymität ihn zu einem Mann gemacht hat, der eine Schlüsselposition hält.

Zu allen wichtigen Gesprächen zieht Hitler ihn bei. Er stellt Heß als seinen »engsten Mitarbeiter und Vertrauten« vor. Heß nimmt auch bei der entscheidenden Auseinandersetzung mit Otto Strasser 1930 teil. Obgleich er unter dem Bruch der guten Freundschaft mit Strasser leidet, drängt er selber den Führer, den unbotmäßigen Rebellen auszuschließen. Strasser hat sich gegen Hitler aufgelehnt, das allein macht ihn für Heß unmöglich.

Als die Partei mitten in der Wirtschaftskrise das Barlow-Palais in der Brienner Straße kauft und zur Parteizentrale, zum »Braunen Haus« umbaut, gelingt es Rudolf Heß, bei dem Industriellen Fritz Thyssen fast eine Million lockerzumachen. Thyssen muß unter »freiwilligem Zwang« das als Darlehen gemeinte Geld später in eine »Spende« verwandeln. Auch Otto Kirdorf, Chef des Rheinisch-Westfälischen Kohlesyndikats, wird von Heß erfolgreich angezapft. Es gelingt ihm auch, Otto Dietrich, der hervorragende Verbindungen zur Ruhrindustrie hat, in die Partei zu bringen, er sorgt allerdings auch dafür, daß der Wirtschaftsjournalist Dietrich später mit dem Posten des »Reichspressechefs« belohnt wird. Heß nimmt dafür Querelen mit Putzi Hanfstaengl in Kauf, der seine Domäne als Auslandspressechef gefährdet sieht, und schützt Hanfstaengl wiederum vor den Intrigen Kurt Lüdeckes, der mit Hilfe von Rosenberg versucht, an Putzis Stuhl zu sägen.

Im Braunen Haus bekommt der Privatsekretär Heß 1931 ein komfortables Büro mit einem eigenen großen Sekretariat. Er ist mit Hitlers Privatleben genauso vertraut wie mit den oft verwikkelten Fäden, die die Parteihierarchie zusammenhalten. Der Mann, der kein Parteiamt hat, sondern nur den Titel »Privatsekretär« führt, ist kurz vor Hitlers Machtübernahme selbst in aller Stille zu einem der mächtigsten und einflußreichsten Männer der Hitler-Bewegung geworden.

7. KAPITEL

Eine graue Eminenz?

»Heß: der Anständigste, ruhig, freundlich, klug, reserviert: der Privatsekretär«, notiert Josef Goebbels am 13. April 1926, nachdem er in München den engeren Kreis um Hitler kennengelernt hatte, in seinem Tagebuch.

In seiner Eigenschaft als Privatsekretär war es Heß gelungen, jahrelang so unauffällig im Hintergrund zu bleiben, daß ihn manche alten Parteimitglieder nicht einmal kannten. Kurt G. W. Lüdecke, der als Hitlers Sonderbeauftragter im Ausland herumreiste, um Kontakte und Geldquellen zu erschließen, lernte Heß erst 1932 persönlich kennen, als dieser an einer Unterredung zwischen ihm selbst und seinem Konkurrenten Hanfstaengl im Braunen Haus teilnahm. Später, beim Essen, wies Rosenberg Lüdecke darauf hin, daß Heß' Einfluß auf Hitler ständig im Wachsen sei. Lüdecke gestand, daß er erstaunt war: »Für mich war es der erste Hinweis darauf, daß man mit Heß als Machtfaktor rechnen müsse. Ich war so mit Putzi (Hanfstaengl) beschäftigt gewesen, daß ich den Mann ... überhaupt nicht beachtet hatte.«

Während die einen den »Leiter der Privatkanzlei« als »kommenden Mann« zu sehen beginnen, die anderen den stillen, ernsten Sekretär, der kein Parteiamt hat, ignorieren, steht Hitlers Partei 1932 in der größten Krise ihrer Geschichte.

Zwei Jahre zuvor ist der unbotmäßige Dr. Otto Strasser, der »Linksaußen« der NSDAP, aus der Partei ausgeschlossen worden. Er hat seine eigene Bewegung gegründet, die »Kampfgemeinschaft Revolutionärer Nationalsozialisten«, später auch »Schwarze Front« genannt. Doch sein Bruder Gregor hat Hitler die Treue gehalten und sich von Otto öffentlich distanziert.

Dieser Gregor Strasser ist nach Hitler der stärkste Mann in der Partei. Seit 1927 ist er »Reichsorganisationsleiter«. Er hat ganz

Deutschland mit einem Netz von Gauleitungen und Ortsgruppen überzogen. Er hat die Mitgliedschaft vervielfacht. In Norddeutschland, wo man den »Münchner Klüngel« ablehnt, ist er populärer als Hitler. Oswald Spengler sagt über ihn: »Der einzige, der mir bei den Nazis wirklich gefällt, ist Strasser. Der hat wenigstens einen soliden gewerkschaftlichen Hintergrund und Sinn für die Wirklichkeit.«

Heß weiß, daß der Führer vor Strasser zittert. Er weiß, daß Hitler in dem zwei Zentner schweren Riesen, der die Fäden der Parteiorganisation in den Händen hält, der im Reichstag sitzt, der kein Fanatiker ist, sondern sogar mit politischen Gegnern ein Bier trinkt, seinen gefährlichsten Rivalen sieht.

Hanfstaengl sieht in Heß den Schöpfer des Personenkults um Hitler. Er habe als erster die Anrede »Mein Führer!« gebraucht. Er habe aus dem alten österreichischen Bergsteigergruß »Heil« das »Heil Hitler!« gemacht. Einige alte Parteigenossen bestätigen die These, andere verneinen sie. Tatsache ist, daß Heß den Personenkult gefördert und Hitler ihm nicht widersprochen hat.

Tatsache ist aber auch, daß Gregor Strasser diesen Personenkult niemals mitgemacht hat. Er hat öffentlich erklärt, daß er sich als »Mitarbeiter von Herrn Hitler« verstehe, nicht als »Gefolgsmann des Führers«. Er lehnt es auch 1932 ab, Hitler mit »Mein Führer!« anzureden; er witzelt über den Gruß »Heil Hitler!«, den er für den Ausdruck schlimmsten Byzantinismus' hält. Der Niederbayer bleibt beim gemütlichen »Grüß Gott!«.

Strasser hat auch nie den radikalen Antisemitismus Rosenbergscher oder gar Streicherscher Prägung mitgemacht. Er ist kein Rassist. »Ein Mensch, der zu seinem Gott in der Synagoge betet und sich als Deutscher fühlt und für das Wohl unseres Vaterlandes arbeitet, ist für mich ein ebenso guter Volksgenosse wie ein Katholik oder ein Protestant«, sagt er. Das ist Ketzerei.

Das Gefährlichste aber: Strasser nimmt das »S« im Namen NSDAP sehr ernst. Er versteht sich als »nationaler Sozialist« mit der Betonung auf dem zweiten Wort. Zu seinen Vorbildern gehört der tschechische nationale Sozialist Thomas Masaryk. Strasser pflegt gute Verbindungen zu Gewerkschaftsführern wie Theodor Leipart. Er wirbt um den Arbeiter. Zwar ist auch Strasser Anti-Parlamentarier; sein Ziel ist ein korporativer Ständestaat, aber – mit demokratisch gewählten Vertretern aller Berufsgruppen.

»Das ist doch reiner Bolschewismus!« tobt Hitler in München. »Das ist eine Neuauflage des Rätegedankens! Herr Strasser hat keinen Funken von Elitebewußtsein! Er teilt nicht unsere Verachtung für demokratische Prozesse!«

Heß kennt die wahre Ursache für Hitlers Zorn: Strassers Rede im Reichstag über die »antikapitalistische Sehnsucht im deutschen Volk«, gehalten im Namen der nationalsozialistischen Fraktion, hat im Sommer die Geldgeber an Rhein und Ruhr verstört und verschnupft. Sogar Thyssen und Kirdorf haben ihre Geldhähne zugedreht.

Heß weiß, daß Hitler auf Strasser nicht verzichten kann. Noch nicht. Er hat zuviel Anhang. Eine Trennung würde die Katastrophe bedeuten.

Heß sieht auch etwas Schreckliches: Sein Führer ist auf dem besten Wege, die Nerven zu verlieren.

Nach dem erdrutschartigen Wahlsieg vom 31. Juli 1932, der die NSDAP mit 230 Abgeordneten zur stärksten Reichstagsfraktion gemacht hat, rechnet Hitler fest damit, als Kanzler berufen zu werden. Aber Hindenburg denkt nicht daran. Er läßt ihn wissen, daß für ihn »höchstens« eine Vizekanzlerschaft in einem Kabinett Papen in Frage käme. Hitler empfindet das als Beleidigung. Er zieht die SA um Berlin zusammen, versetzt sie in Alarmbereitschaft. Er droht, »alle Marxisten in Berlin niedermetzeln zu lassen«. Papen ruft den Ausnahmezustand aus, Kriegsminister Schleicher gibt Hitler kühl zu verstehen, daß die Reichswehr jedem Aufruhr mit der Waffe begegnen wird. Der 85jährige Reichspräsident bietet ihm nicht einmal einen Stuhl an, sondern kanzelt ihn stehend acht Minuten lang wie einen Schuljungen ab, mit dem Krückstock den Takt zur Standpauke schlagend. Der alte Herr nennt ihn einen »wortbrüchigen Gesellen«, weil er vor der Wahl versprochen habe, ein Kabinett Papen zu unterstützen. Die Presse beschreibt die Szene genüßlich.

Hitlers Nimbus als Führer hat häßliche Flecken bekommen. In der NSDAP zeigen sich Auflösungserscheinungen. Alte Parteigenossen wenden sich ab. Man versteht eine »Alles-oder-nichts«-Politik nicht mehr. Warum lehnt er eine Koalition ab? Warum lehnt er es ab, die Partei regierungsfähig zu machen? Und die SA-Leute, die er wieder in die Quartiere schicken mußte, weil Papen die SA verboten hat, fangen an, ihm davonzulaufen. Zu den Kommunisten. Oder zu Otto Strassers »Schwarzer Front«.

Im Mai noch hat er in München den Wunsch des Deutschlandreisenden Winston Churchill, Oppositionsabgeordneter im britischen Parlament, nach einem Treffen schroff abgelehnt. »Dieser

Churchill hat doch gar keinen Einfluß«, hat er zu Heß gesagt. »Der sitzt doch in der Opposition.« Jetzt nennen ihn seine eigenen Parteigenossen den »ewigen Oppositionellen«, der gar nicht in die Regierung will.

In den Kassen der Partei herrscht fürchterliche Ebbe. Die Partei hat 12 Millionen Mark Schulden. Allein die SA mit ihren 400 000 Mitgliedern kostet in der Woche rund 1,2 Millionen Mark. Die Industrie hält die Taschen zugeknöpft. Wechsel platzen. Gläubiger schicken den Gerichtsvollzieher ins Braune Haus. Druckereibesitzer Müller stellt ein Ultimatum: Entweder die rückständigen Druckerlöhne werden gezahlt, oder der »Völkische Beobachter« erscheint nicht mehr. Hitler schickt die SA mit Sammelbüchsen zum Betteln auf die Straßen.

Und wieder wird am 6. November erbarmungslos gewählt, denn Hitler hat das Kabinett Papen stürzen lassen. Deutschland hat 7 Millionen Arbeitslose.

Am Wahlsonntag verhungern in Berlin 123 Menschen. Im obersten Stockwerk des Hotels »Kaiserhof« in der Wilhelmstraße, schräg gegenüber dem Palais des Reichspräsidenten, sitzt Hitler mit Heß und den Spitzenfunktionären und wartet auf das Wahlergebnis. Es ist niederschmetternd: 2 Millionen Wähler, 34 Reichstagssitze weniger als im Sommer. Die Kommunisten buchen die größten Gewinne. Die Stimmung ist verzweifelt. Der Mythos von Hitlers Unbesiegbarkeit ist erschüttert. Noch eine Wahl mit leeren Kassen kann die Partei nicht überstehen.

Vier Wochen später bringen die Landtagswahlen in Thüringen einen Rückgang um 40 Prozent. Die Wähler scheinen nicht mehr an Hitler zu glauben. Die Arbeiter machen ihr Kreuz lieber bei der KPD, die nationalen Bürger bei Hugenbergs Deutschnationaler Volkspartei. In der engsten Umgebung Hitlers werden Zweifel laut, ob man den Führer nicht doch überschätzt habe.

In seiner Suite im »Kaiserhof« sitzt Hitler niedergeschlagen vor dem Tisch und wartet auf seine Suppe. »Wo bleibt sie denn?!« ruft er ins Vorzimmer, wo seine Leibwächter und Chauffeure sich herumräkeln. »Sei Supp'n will er hamm!« sagt einer. Gelächter. »Geh, schaff ihm sei Supp'n!« sagt ein anderer. Wieder Gelächter. Niemand geht. In der Disziplin der »Chauffeureska« zeigen sich Auflösungserscheinungen. Mit kalkweißem Gesicht und zusammengepreßten Lippen geht Rudolf Heß in den Vorraum, zischt ein paar Worte. Mürrisch erhebt sich einer und geht.

Während Adolf Hitler im »Kaiserhof« auf seine Suppe wartet,

macht Gregor Strasser bereits Politik. Er ist bei General von Schleicher, dem neuernannten Reichskanzler. Schleicher bietet ihm den Posten des Vizekanzlers an, in Personalunion mit dem des preußischen Ministerpräsidenten. Für weitere drei Nationalsozialisten, Dr. Frick, Oberst Hierl und Stöhr, hält Schleicher Ministerposten bereit. Als Außenminister hat er Brüning oder Papen vorgesehen. Auch Vertreter der sozialdemokratischen und christlichen Gewerkschaften sollen beteiligt werden.

Am 5. Dezember unterrichtet Strasser im »Kaiserhof« Hitler von Schleichers Angebot. Er sagt, es sei die einzige, die letzte Möglichkeit, die Partei zu retten. Hitler zögert. Die Zusammenarbeit mit den Gewerkschaften paßt ihm nicht. Er muß sich die Sache noch überlegen. Strasser geht. In 48 Stunden muß Hitler sich entscheiden.

»Hat Herr Strasser eigentlich ohne Ihr Wissen mit General von Schleicher verhandelt?« fragt Heß. Eine harmlose Frage. Aber wenn etwas Hitler zur Raserei bringen kann, dann ist es die Andeutung von Verrat. Goebbels schlägt sofort in die Kerbe. »Natürlich, er hat Sie hintergangen!« Goebbels haßt Strasser, dessen Sekretär er einmal war. Mit Genuß hat Strasser die Geschichte des sozialrevolutionären Goebbels von 1925 erzählt, der bei einer Gauleitertagung in Hannover mit lauter Stimme den Antrag gestellt hatte, »den kleinen Bourgeois Hitler aus der NSDAP auszustoßen«, und der dann ein paar Wochen später mit fliegenden Fahnen zum »Führer« übergelaufen war.

Die Besprechung mit Strasser zwei Tage später artet in einen heftigen Streit aus. »Sie sind mir in den Rücken gefallen!« schreit Hitler. »Sie wollen nicht, daß ich Kanzler werde! Sie wollen mich aus der Führung der Partei verdrängen! Sie wollen die Bewegung spalten!« Strasser ist fassungslos. Hat Hitler den Verstand verloren? Mit bleichem Gesicht erhebt er sich und fragt: »Herr Hitler, glauben Sie eigentlich, was Sie eben gesagt haben?«

Hitler schreit: »Jawohl, Herr Strasser!«

Wortlos verläßt Strasser den Raum. Am nächsten Morgen schreibt er in seinem Zimmer im Hotel »Excelsior« einen Brief an Hitler und legt sämtliche Parteiämter nieder. Dann geht er zum Anhalter Bahnhof und kauft sich eine Fahrkarte nach Meran.

Der Brief ist wie eine Bombe. Hitler ist zerschmettert. Strassers Rücktritt kann das Ende der Partei sein! Man muß Strasser suchen! Er muß sich mit ihm arrangieren! Aber Strasser ist verschwunden.

Am nächsten Tag weiß Hitler, daß sein Gegenspieler den Kampf endgültig aufgegeben hat. Er ist abgereist, fort, mit unbekanntem Ziel. Seine Anhänger sind jetzt führungslos. Und das ist Hitlers Chance. Per Telegramm holt Rudolf Heß die ganze Parteiprominenz nach Berlin. Jeder muß ein Verdammungsurteil gegen Strasser und eine Treueerklärung zu Hitler unterschreiben. Der einzige, der sich weigert, ist Gottfried Feder, einstmals Gründungsmitglied der Partei. »Entweder du unterschreibst, oder du fliegst 'raus!« schnauzt Hitler ihn an. Feder unterschreibt.

Hitler ist absoluter Herrscher. Strasser ist politisch ein toter Mann. Seine Parteiorganisation wird »neugeordnet«. Den unbedeutenderen Teil erhält der trunksüchtige Chemiker und Gauleiter Robert Ley, der Hitler hündisch ergeben ist. Der eigentliche Erbe Strassers aber wird der neuernannte Leiter der neugeschaffenen »Politischen Zentralkommission«. Er heißt Rudolf Heß. Er erhält von Hitler eine Vollmacht zur Regelung aller Parteiangelegenheiten im Namen des Führers.

Zur entscheidenden Aussprache zwischen Hitler und Papen im Hause des Bankiers von Schröder begleitet Heß seinen Führer nicht mehr als Privatsekretär, sondern als zweiter Mann der Partei. Mit Hitlers Hilfe wird Papen seinen alten Freund Schleicher stürzen. Und dann wird er sich »Herrn Hitler als Reichskanzler engagieren«. Er weiß noch nicht, daß es ein Ritt auf dem Tiger sein wird. Zunächst öffnen die Industriellen wieder ihre Taschen. Die dringendsten Schulden können bezahlt werden. Vier Wochen später ernennt Paul von Hindenburg und Beneckendorff, Reichspräsident, Generalfeldmarschall, den Ex-Gefreiten Adolf Hitler, seit knapp einem Jahr deutscher Staatsbürger und Regierungsrat bei der braunschweigischen Gesandtschaft in Berlin, zum Reichskanzler.

Kurt von Schleicher und Gregor Strasser ziehen sich ins Privatleben zurück. Der General bezieht eine Pension, der Ex-Parteiführer arbeitet als leitender Angestellter beim Schering-Konzern.

Am 30. Juni 1934 um 11.30 Uhr werden Kurt von Schleicher und seine Frau in ihrer Villa in Neubabelsberg von fünf Männern in langen Mänteln erschossen.

Am selben Tag erscheinen acht Männer mit Pistolen in der Wohnung von Gregor Strasser, der mit seiner Familie beim Mittagessen sitzt. Sie schleppen ihn ins Gestapo-Hauptquartier in der Prinz-Albrecht-Straße und sperren ihn in eine Zelle im Keller.

Am Nachmittag wird er durch die Klappe der Zellentür hindurch erschossen. Ein paar Tage später erhält seine Familie eine Urne mit seiner Asche.

Rudolf Heß' Häftlingsnummer in Spandau war die Nummer 7. Die Nummer 7 war des Führers Mitgliedsnummer in der NSDAP. Rudolf Heß hatte die Mitgliedsnummer 16. An der Urne mit Gregor Strassers Asche klebte ein Zettel mit der Nummer 16. Zufall? Zahlenspielerei? Einfluß »rätselhafter Mächte«?

Es ist ein Brief erhalten, den Rudolf Heß im Dezember 1932 als Antwort auf die Glückwünsche zu seiner Berufung zum Leiter der Politischen Zentralkommission entwarf. Man hatte ihm zu der »Karriere« gratuliert, ein Anlaß für Heß, sich mit pedantischer Feierlichkeit und lehrerhaftem Pathos vom Typ des »Karrieremachers« zu distanzieren. Der Brief des 39jährigen klingt teilweise wie der Schulaufsatz eines Klassenprimus:

»Der Karrieremacher ist oft nicht weit entfernt dem Karriereschieber. Er ist näher verwandt dem Blender als dem Könner ... ›Eine Sache um ihrer selbst willen machen‹ und Karriere machen verträgt sich schlecht miteinander. Der Karrieremacher macht eine Sache um der Karriere willen. Dem Karrieremacher gegenüber steht der dank seiner Befähigung aufsteigende Charakter. Er tut seine Pflicht ohne Rücksicht auf die Karriere, ohne Rücksicht auf den Karrieremacher. Auch er kann der Geselligkeit pflegen, wenn er mag, tanzen, lieben, Herrenabende verrauchen, heiraten – alles, aber nie um der Karriere willen, äußerstenfalls um der Sache willen, der er dient. Dem Gipfel entgegen steigen, sicher und aufrecht – der Karrieremacher sucht seinen Freiplatz in der Schwebebahn zu ergattern! –, aufsteigen aus eigener Kraft: ›Am höchsten steigt, wer nicht weiß, wohin er steigt!‹, der nicht die Etappen der Karriere als Richtpunkt wählt, sondern dem inneren Drange zu wahrhaftem Schaffen folgt.«

Glaubte Heß wirklich an das, was er hier – immerhin als Antwort auf freundlich gemeinte Glückwünsche seitens der Parteikameraden – in recht humorlos-schulmeisterlicher Form zu Papier brachte? Glaubte er wirklich zum Beispiel an den von ihm erdachten Slogan, den er später auf einem Reichsparteitag mit feierlichem Ernst verkündete und der dem Personenkult die Spitze aufsetzte: »Adolf Hitler ist Deutschland, und Deutschland ist Adolf Hitler!«? Eine Schilderung von Albert Speer mag hier nachdenklich stimmen: »Ich erinnere mich ..., daß die Filmaufnahmen von einer der feierlichen Tagungen des Parteikongresses 1935 verdorben waren. Hitler ordnete auf Leni Riefenstahls Vorschlag hin an, daß die Szenen im Atelier zu wiederholen seien. In einer der großen Filmhallen in Berlin-Johannistal wurde von mir als Kulisse ein Ausschnitt des Kongreßsaales sowie das Podium und das Rednerpult aufgebaut. Heß kam und wurde als erster zur Aufnahme gebeten. Genau wie vor den 30 000 Zuhörern des Parteikongresses erhob er feierlich die Hand. Mit dem ihm eigenen Pathos aufrichtiger Erregung begann er sich genau dorthin zu wenden, wo Hitler nun eben saß und rief in strammer Haltung: ›Mein Führer, ich begrüße Sie im Namen des Parteikongresses. Der Kongreß nimmt seinen Fortgang. Es spricht der Führer!‹ Er wirkte dabei so überzeugend im Ausdruck, daß ich von diesem Zeitpunkt an nicht mehr so ganz von der Echtheit seiner Gefühle überzeugt war.«

Heß bewunderte das britische »Gentleman-Ideal« des stets selbstbeherrschten, selten eine Gemütsbewegung zeigenden Mannes, die Lebensform der »stiff upper lip«. Aus Spandau schrieb er seiner Frau diese Definition des »Gentleman«: »Gefühle kann man haben, keinesfalls aber darf man sie zeigen – und wenn man sie hinter kalter Arroganz verstecken muß, vor anderen und vor sich selbst; doch das bessere Ich schimmert dazwischen durch. Wahrscheinlich gibt es überhaupt keinen Ausdruck dafür; man kann es nur empfinden.«

Rudolf Heß hat immer bedauert, daß der Erste Weltkrieg die damaligen Pläne seines Vaters, ihn eine Zeitlang in Oxford studieren zu lassen, zerschlagen hatte. Er hat sich immer bemüht, den »Gentleman«, wie er ihn sah, in seiner äußeren Haltung zu kopieren. Da ihm aber das tiefere Verständnis für britische Lebensart fehlte, war es nicht zu vermeiden, daß diese Bemühungen häufig genug zu einer recht teutonisch gefärbten Karikatur des erstrebten Ideals führten. Kurt G. W. Lüdecke beschreibt eine Unterredung, die er im März 1933 mit Rudolf Heß hatte: »Er erschien mir wie die Männlichkeit in Person. Volles, dunkles Haar über einem kantigen Gesicht. Graugrüne Augen unter dichten, buschigen Brauen. Eckiges, entschlossenes Kinn. Ein schlanker, gutaussehender Mann, der mich an einen Iren erinnerte. In seinen Augen stand unterdrückter Fanatismus, aber sein Gebaren war ruhig und sehr gelassen. Aber die Atmosphäre war äußerst gezwungen. Ich konnte nicht aus ihm schlau werden, und er gab sich auch nicht die geringste Mühe, dem Gespräch eine entspannte Note zu geben. Es gelang mir einfach nicht, seinen Sinn für Humor zu wecken. Er war sehr kühl, sehr höflich – zu höflich. Seine Antworten waren ausweichend; niemals legte er sich fest. Nicht ein einziges Mal schaute er mir gerade in die Augen. Ich verließ ihn enttäuscht.«

Bemerkenswert ist, daß es sich hier nicht um ein Gespräch mit einem Gegner handelte. Lüdecke war seit mehr als zehn Jahren Mitarbeiter der Partei.

Als Adolf Hitler am 30. Juni 1933 um 11.30 Uhr vom Palais des Reichspräsidenten in den »Kaiserhof« zurückkehrt, in der Hand die Ernennungsurkunde zum Reichskanzler, ist Rudolf Heß einer der ersten Gratulanten. Lange hält der »Führer« die Hand seines getreuesten Mitarbeiters. Man ist am Ziel. Hitler ist Regierungschef, sein Freund und Privatsekretär ist, in Hitlers Namen, Chef der Partei. Bald wird er »Stellvertreter« sein.

Nach den Märzwahlen zieht Rudolf Heß als Abgeordneter in den Reichstag ein. Es ist das letzte legal gewählte Parlament des Deutschen Reiches. Am 24. März begeht es Selbstmord, indem die Abgeordneten aller Parteien – mit Ausnahme der SPD – Hitlers Regierung für vier Jahre diktatorische Vollmachten erteilen. Der nächste Reichstag wird am 12. November 1933 per »Einheitsliste« der NSDAP gewählt. Reichstagspräsident Hermann Göring liest den Abgeordneten am 30. Januar 1934 die Leviten: »Ihr seid vom Volk gewählt worden, weil das Volk überzeugt ist, daß jeder von euch blindlings und rückhaltlos hinter dem Führer steht. Nur darum habt ihr die Stimme bekommen und nicht etwa aus eigenem Können heraus.«

Der Reichstag ist zur Akklamationsversammlung geworden. Aber Hitler behält ihn. Als parlamentarischen Lendenschurz seiner Diktatur. Ebenso wie die »Volksabstimmungen«, die nach bereits vollzogenen Tatsachen den Austritt Deutschlands aus dem Völkerbund, den Bruch der Verträge von Locarno und den Anschluß Österreichs mit »überwältigenden Mehrheiten« von 97,8 oder 98,2 Prozent gutheißen. In Abstimmungsfarcen verlängern die Abgeordneten des Reichstags 1937 und 1939 das »Ermächtigungsgesetz« für Hitler. Der Führer ist »legaler« Diktator, von der »Volksvertretung« rechtmäßig bestätigt. Erst im Kriege gibt Hitler den schon längst zur Fiktion gewordenen Parlamentarismus auf. Am 10. Mai 1943 verfügt er aus dem Führerhauptquartier:

»Mit Rücksicht darauf, daß das Gesetz vom 24. März 1933 am 10. Mai 1943 abläuft, bestimme ich: Die Reichsregierung hat die durch das Gesetz vom 24. März 1933 übertragenen Befugnisse auch weiterhin auszuüben.«

In jenen Scheinparlamenten des Dritten Reiches hat auch Rudolf Heß eine Funktion: Er ist Vorsitzender des »Ausschusses zur Wahrung der Rechte der Volksvertreter«. Der Ausschuß mit dem gespenstisch-zynischen Namen ist nie zusammengetreten.

Am 21. April 1933 wird Rudolf Heß durch einen Erlaß Hitlers offiziell zum »Stellvertreter des Führers der NSDAP« ernannt.

»Der Stellvertreter des Führers hat Vollmacht, im Namen des Führers Entscheidungen in allen Fragen der Parteiführung zu fällen«, heißt es im Jahrbuch der NSDAP. Und weiter: »Alle Fäden der Parteiarbeit laufen beim Stellvertreter des Führers zusammen. Er trägt dafür Sorge, daß die Partei nach den Grundsätzen des Nationalsozialismus geführt wird.«

Seine Vollmachten sind nicht nur auf die Partei beschränkt. »Der Stellvertreter des Führers wirkt an allen Gesetzen und Verordnungen des Reiches mit«, heißt es im Jahrbuch der Partei. »Er ist der Garant dafür, daß die Gesetzgebung den Grundsätzen der nationalsozialistischen Weltanschauung entspricht.«

Am 1. Dezember wird der Stellvertreter des Führers als Minister ohne Geschäftsbereich Mitglied des Reichskabinetts. Er ist der Repräsentant der Partei in der Regierung. Er verkörpert die von Hitler proklamierte »Einheit von Staat und Partei«.

Aus dem »Fräulein Heß« ist durch eine Unterschrift Hitlers der theoretisch einflußreichste und mächtigste Mann neben dem »Führer« selbst geworden. Konrad Heiden schreibt: »Die Ernennung seines Privatsekretärs zu seinem Stellvertreter war eine Leistung des schrankenlosen Absolutismus, mit der Hitler erneut seine Allmacht über die Partei unter Beweis stellte.«

Ein anderer als Heß hätte diese theoretische Machtfülle ohne Skrupel in die Praxis umgesetzt. Hitler weiß das. Deshalb hat er ihm, dem Sekretär, dem Mann ohne Hausmacht, diese Position gegeben. Heß hat keine eigene Zeitung wie Goebbels. Heß gebietet über keine Bürgerkriegsarmee von 400 000 Mann wie SA-Stabschef Röhm. Heß gebietet über keine Polizeitruppe wie der preußische Ministerpräsident Göring. Heß' Hausmacht heißt Adolf Hitler. Und Heß ist in jenen Tagen der einzige, dem der stets mißtrauische Hitler völlig vertraut. Nie würde Heß eine Entscheidung treffen, die Hitlers Interessen zuwiderläuft. Lieber trifft er keine Entscheidung. »Kommt alle her zu mir, die ihr mühselig und beladen seid, und ich werde nichts tun«, spottet Alfred Rosenberg über den Stellvertreter des Führers.

Andere sind weniger spöttisch, sondern betrachten den Günstling Adolf Hitlers mit einer Mischung aus Vorsicht und Argwohn.

Damals wird Heß, der vor elf Jahren die erste »Nachrichten-Abteilung« der Partei zum Sammeln von Material über politische Gegner und über Parteigenossen gegründet hatte, selber Objekt von Überwachungsaktionen. Am 9. Dezember schreibt Frau Ilse Heß an Heinrich Himmler, damals Polizeipräsident von München: »Sie haben die gewiß lobenswerte Angewohnheit, durch die Objekte Ihres unerforschlichen Willens die Feinde des Vaterlandes zu überwachen, so z.B. auch am Telephon. Warum aber, Hochzuverehrender, überwachen Sie auch Männer, wie z.B. brave Minister, verärgern selbige und ihr ganzes Haus mit lächerlichen Überwachungsgeräuschen im Telephon, lassen Ihre Organe nicht einmal die Überwachung beenden, wenn man harmlose Gespräche über Weihnachtsplätzle-Rezepte führt? Sollte es für die Sicherheit des Vaterlandes aus für vom lieben Gott mit Verstand nicht gesegnete Frauen unerforschlichen Gründen nötig sein, diese Überwachungen auch bei braven Reichsministern durchzuführen, wäre es dann nicht möglich, selbiges störungslos vor sich gehen zu lassen? ...«

Himmler weist den Vorwurf, er sei für eine solche Überwachung verantwortlich, von sich; Rudolf Heß, der von dem Schreiben erfährt, macht seiner Frau eine schreckliche Szene und verbietet ihr ein für allemal, derartige Briefe zu schreiben. Er selbst hält es für ausgeschlossen, daß irgendeine Partei- oder Regierungsstelle sein Telephon überwachen könne. In Wirklichkeit weiß er besser als jeder andere, daß in der Partei jeder über jeden Material sammelt, daß Himmler ein Dossier über Heydrich hat, Heydrich über Himmler, Göring über Streicher, Streicher über Goebbels. Er kennt die explosiven Informationen in den Panzerschränken des Braunen Hauses. Er kann auf Wunsch die genauen Daten und Uhrzeiten nachlesen, zu denen Robert Ley in den letzten Monaten aus seinem Münchner Stammlokal, dem Restaurant Schottenhamel, volltrunken ins Auto getragen wurde; er verwahrt in der Akte »Streicher« den Bericht eines HJ-Führers, der dem »Frankenführer« zu einem Fahrradausflug »zwei stramme BdM-Mädchen in Turnhosen« zur Verfügung stellen sollte; er verwahrt in der Akte »Rosenberg« den Bericht über die jüdische

Geliebte des antisemitischen Ideologen. Was er offenbar nicht weiß, ist die Tatsache, daß in einem Safe des Gestapo-Hauptquartiers in der Berliner Prinz-Albrecht-Straße bereits ein Dossier »Hitler« liegt. Zum Inhalt gehört auch der Krankenbericht aus dem Lazarett in Pasewalk, nach dem der Gefreite Hitler 1918 dort nicht wegen einer Gelbkreuz-Gasvergiftung mit Erblindungserscheinungen behandelt wurde, sondern wegen eines Augenleidens infolge einer syphilitischen Infektion.

Natürlich gibt es in der Prinz-Albrecht-Straße auch ein Dossier über Rudolf Heß. Aber die Informationen darin sind dürftig. Keine privaten Skandale. Keine Bestechungsaffären. Keine alkoholischen Exzesse. Keine Ansatzpunkte für Erpressungsversuche, für Intrigen. Der Stellvertreter des Führers gilt als Tugendbold, als Puritaner.

Er ist einer der wenigen Männer um Hitler, die ihre Stellung nicht zur persönlichen Bereicherung ausnutzen. In Geldangelegenheiten ist er von peinlicher Korrektheit. Er verbietet seinem Chauffeur, den braunen Mercedes-Kompressor-Sportwagen, den er sich als privates Hobby leistet, in der Fahrbereitschaft des Braunen Hauses aufzutanken, und schickt ihn zu einer öffentlichen Tankstelle; gibt ihm das Geld aus seiner Brieftasche mit.

Als er seine Berliner Dienstwohnung im dritten Stock des »Verbindungsstabes Heß« in der Wilhelmstraße 64 bezieht, läßt er in einem pedantisch genauen Inventar »private« und »dienstliche« Einrichtungsgegenstände unterscheiden. Verlorene oder beschädigte Gegenstände, die »Staatseigentum« sind, läßt er sich vom Reichsschatzministerium in Rechnung stellen.

Alle Ministerien – mit Ausnahme des Außen- und des Kriegsministeriums – müssen Gesetze und Verordnungen rechtzeitig vor der endgültigen Abfassung dem Stellvertreter des Führers zuleiten. Er hat das Recht zu Änderungen und Ergänzungen. Er hat das Vetorecht. Seit dem Ermächtigungsgesetz, das Hitler zum Diktator machte, wird ohne Parlament regiert. Stolz sagt Rudolf Heß in einer Rede vor Offizieren der Wehrmacht: »Der Nationalsozialismus hat dafür gesorgt, daß heute nicht mehr Lebensnotwendigkeiten der Nation von einem Reichstag zerredet und zum Schacherobjekt der Parteien gemacht werden können.«

Eifersüchtig wacht Heß darüber, daß kein Minister den Führerbefehl umgeht, der ihm, dem Stellvertreter, ausdrücklich das Recht zur Mitwirkung bei der Gesetzgebung einräumt. Immer wieder schreibt er Memoranden, wenn er sich übergangen glaubt.

Er verlangt, daß am Ersten eines jeden Monats auf seinem Schreibtisch eine Liste liegt, die sämtliche Entwürfe von Gesetzen und Verordnungen enthält, die sich zur Zeit bei den verschiedenen Ministerien in Arbeit befinden.

Die Behauptung, er habe nur geringen Einfluß auf die Gesetzgebung des Dritten Reiches gehabt, ist schlicht unwahr. Heß selbst hat dies auch niemals behauptet. In Nürnberg hat er deutlich gesagt, daß er die Verantwortung für alles übernehme, was seine Unterschrift trage.

Die berüchtigten »Nürnberger Gesetze« tragen ebenso seine Unterschrift wie das Gesetz über den Anschluß Österreichs, das Gesetz über den Anschluß Danzigs und die Verordnung über die Annexion polnischer Gebiete und die Errichtung eines polnischen Reststaates als »Generalgouvernement«.

Sein Hin- und Hergerissensein zwischen gehorsamer Mithilfe bei der Errichtung eines Terrorregimes à la Orwells »1984« und den noch nicht verschütteten Moralvorstellungen eines ehrenhaften Offiziers und »Gentleman« zeigt sich am deutlichsten in zwei seiner Verordnungen.

An die Parteifunktionäre gibt er den strikten Befehl heraus, der Gestapo alle Personen zu melden, die sich kritisch über die NSDAP oder angeschlossene Parteiinstitutionen äußern. Andererseits ordnet er an, daß »kein Volksgenosse behelligt oder benachteiligt werden darf, wenn er sich weigert, eine der Parteizeitungen zu abonnieren«. Heß war zu Ohren gekommen, daß Abbonnentenwerber des parteieigenen Franz-Eher-Verlages an vielen Orten Bestellungen durch Drohungen und Einschüchterungsversuche erpreßt hatten. In einem geharnischten Schreiben gibt Heß dem Verlag zu verstehen, daß er solche Praktiken aufs schärfste mißbillige, und droht den Werbern mit Parteiausschluß und Strafverfolgung. Zu einem Adjutanten, der aus dem Journalismus kommt, sagt er privat einmal: »Solange der ›Völkische Beobachter‹ von so gähnender Langeweile ist, kann man niemandem zumuten, sich nach einem arbeitsreichen Tag auch noch durch dieses zähflüssige Zeug hindurchzulesen.«

Für Auschwitz ist Rudolf Heß nicht verantwortlich. Als am 20. Januar 1942 die berüchtigte »Wannsee-Konferenz« über die sogenannte »Endlösung« stattfand, war er bereits in britischer Gefangenschaft. Man kann nur müßige Spekulationen darüber anstellen, wie er sich verhalten hätte, wäre er dabei gewesen. Tatsache ist, daß er sich bei den Bruckmanns bitter über die Pogrome vom

8. November 1938, die sogenannte »Kristallnacht«, beklagt hat. »Plünderungen und Schändungen von Kulturstätten sind eines Deutschen unwürdig«, soll er gesagt haben. Er hielt Goebbels, zu dem er ohnehin ein gespanntes Verhältnis hatte, für den Urheber dieser »Kulturschande«. Bei seinem Führer konnte sich der Stellvertreter mit seiner Ansicht allerdings nicht durchsetzen. Das einzige, was er Hitler entringen konnte, war das Eingeständnis: »Na ja, begeistert bin ich auch nicht, aber es ist nun einmal geschehen, und es führt zu nichts, jetzt in anderen Parteigenossen die Sündenböcke zu suchen.«

Wie immer seine Haltung zur »Kristallnacht« war, Heß hat wesentlich dazu beigetragen, daß Juden in Deutschland Schritt für Schritt nicht nur die Staatsbürger-, sondern auch die Menschenrechte verloren. Hier nur ein Auszug aus einer Chronik antijüdischer Erlasse, die seine Unterschrift tragen:

8. Januar 1937: Jüdischen Ärzten wird die Krankenkassenlizenz entzogen. Beamte dürfen nicht mehr die Dienste jüdischer Ärzte und Anwälte in Anspruch nehmen.
20. Mai 1938: Juden verlieren das aktive und passive Wahlrecht.
25. Juli 1938: Jüdische Ärzte dürfen nur noch jüdische Patienten behandeln.
27. September 1938: Juden dürfen nicht mehr als Rechtsanwälte bei Gerichten zugelassen werden.
12. November 1938: Juden wird die Gründung von Firmen und Geschäften untersagt.
18. März 1939: Juden können keine Ersatzansprüche für Schäden einklagen, die ihnen bei Pogromen zugefügt wurden.
30. April 1939: Für Juden wird das Mieterschutzgesetz aufgehoben.

Aber auch in seiner Behandlung der Judenfrage kommt die eigenartige Ambivalenz zwischen kaltem Schreibtischterror und rechtlicher Gesinnung zum Ausdruck. Noch kurz vor seinem Englandflug setzte er sich in einem Briefwechsel mit dem Reichsinnenminister Dr. Frick dafür ein, daß »Juden keinesfalls irgendwelche Renten- oder Pensionsansprüche gestrichen werden dürfen, die ihnen zustehen«. Auch bei der »Arisierung« jüdischer Firmen betonte er immer wieder, daß »die Schätzung des Kaufpreises von den normalen Gesetzen des Wirtschaftslebens und nicht von antijüdischen Empfindungen bestimmt sein muß«.

Immer wieder scheint in seiner Korrespondenz als Stellvertreter des Führers der Argwohn durch, daß die einzelnen Reichsministerien ihn und seine Dienststellen nicht genau zu würdigen wüßten. In einem Brief an Heinrich Lammers, den Chef der Reichskanzlei, beschwert er sich zum Beispiel über die »Verteilerliste« auf Aktennotizen und Memoranden. Wörtlich heißt es dort: »Ich muß darauf bestehen, unmittelbar nach dem Führer genannt zu werden ...«

Man würde es sich zu leicht machen, wenn man dies als einen Ausdruck persönlicher Eitelkeit abtäte. Heß hat sich vielmehr so stark mit seiner Funktion als Stellvertreter seines Idols identifiziert, daß er eine Mißachtung seines Amtes mit einer Mißachtung des Führers gleichsetzt.

»Alles Unangenehme vom Führer fernhalten!« Dieser Grundsatz des Privatsekretärs Rudolf Heß wird auch vom Stellvertreter Rudolf Heß zu einem der Prinzipien seiner Amtsführung erhoben. Wenn man Hitler den »aktiv totalitären« Menschen nennt, dann ist Heß der »passiv totalitäre«, der sich selbst aufgibt, um nur noch »Werkzeug« zu sein. Ethische Wertbegriffe aus dem Soldatentum, wie »Treue«, »Pflicht«, »Gehorsam«, werden von dem totalitär passiven Menschen pervertiert und unbewußt als ideologischer Mantel benutzt, um den Verzicht auf Selbstbestimmung und eigenes Urteil zu kaschieren.

»Der Held germanischer Prägung ist treu bis zur Selbstaufgabe«, sagt Heß am 25. Februar 1934 in einer vom Rundfunk übertragenen Rede auf dem Königsplatz in München. »Treue in der Gesinnung bedeutet unbedingten Gehorsam, der nicht fragt nach dem Nutzen eines Befehls, der nicht fragt nach den Gründen eines Befehls, der gehorcht *um des Gehorchens willen.*« Das ist Kadavergehorsam! Und gleich darauf wird der Begriff »Kadavergehorsam« auf den Kopf gestellt und zur Charaktereigenschaft des »Helden« umfunktioniert: »Der Gehorsam wird dann zum Ausdruck heldischer Gesinnung, wenn die Befolgung des Befehls des Gehorchenden eigenster Überzeugung zu widersprechen scheint.« Das ist moralische Akrobatik in Vollendung! Und der Pflichtbegriff Kantscher Prägung wird heruntergezogen in die Niederung byzantinischen Personenkults: »Pflicht tun heißt: des Führers Befehlen wortlos folgen.«

Die Verwaltungsarbeit als Chef eines riesigen Parteiimperiums mit Hunderttausenden von »Politischen Leitern«, an Hunderten von Stellen verzahnt mit dem Apparat staatlicher Bürokratie, wächst Heß mehr und mehr über den Kopf. Er ist ein fleißiger Arbeiter, aber nicht eigentlich ein Schreibtischmensch. Die Austragung persönlicher Eifersüchteleien und Eitelkeiten im Parteiapparat widert ihn an. Durch Hitler ist die Partei so auf das Persönliche eingestellt, daß aus sachlichen Fragen immer sofort persönliche Machtfragen werden.

Heß schiebt Entscheidungen vor sich her, läßt sie in der Schwebe, hat immer mehr Schwierigkeiten, den Riesenapparat seines Imperiums, dessen Vizekönig er mit Hitlers Vollmachten ist, zu überblicken.

Immer bereitwilliger delegiert er Entscheidungen in Fragen der Parteiorganisation und die Erledigung der täglichen Administrationsroutine einem Mann, dem Verwalten keine Mühe, sondern eine Passion ist: seinem Stabschef, der ihm seit Juli 1933 zur Entlastung zugeteilt worden ist.

Dieser 33jährige, untersetzte und etwas bullige Mann ist erst seit 1927 Mitglied der Partei. Trotzdem hat er als Schwiegersohn des Parteirichters Buch rasch Karriere gemacht. 1930 ist er zum »Leiter der Hilfskasse« der Partei ernannt worden, eines Fonds zur Unterstützung von Hinterbliebenen und Angehörigen getöteter oder invalider Parteigenossen.

Ein guter Buchhalter, rüde im Umgang mit Untergebenen, ehrlich im Umgang mit Geld, ein rastloses Arbeitspferd mit einem verblüffend präzisen Gedächtnis. Rudolf Hess ist froh, diesen Mann als »Stellvertreter des Stellvertreters« zu haben. Er vertraut seinem Stabschef, der sich nie in den Vordergrund drängt. Bereitwillig erteilt er ihm immer mehr Vollmachten. Der Name des Mitarbeiters, der sich in wenigen Monaten unentbehrlich macht, ist Martin Bormann.

8. KAPITEL

Der Hohepriester des Hitler-Kults

Im Februar 1793 schrieb Robespierre an Danton, dessen Frau Gabrièle gerade gestorben war: »Wenn die Gewißheit, einen zärtlichen und ergebenen Freund zu haben, Dir einigen Trost gewähren kann, so biete ich ihn Dir. Ich liebe Dich mehr als je und bis zum Tode. Umarme Deinen Freund!«

Am 5. April 1794 wurde Danton vom Pariser Scharfrichter Sanson auf der Place de la Révolution, der heutigen Place de la Concorde, auf die Guillotine geschnallt.

Am 31. Dezember 1933 erhielt Ernst Röhm, Ex-Hauptmann der Reichswehr, bolivianischer Oberstleutnant, Stabschef der SA, folgenden Brief: »Am Abschluß des Jahres der nationalsozialistischen Revolution drängt es mich sehr, Dir, mein lieber Ernst Röhm, für die unvergänglichen Dienste zu danken, die Du der nationalsozialistischen Bewegung und dem deutschen Volk geleistet hast, und Dir zu versichern, wie sehr ich dem Schicksal dankbar bin, solche Männer wie Dich als meine Freunde und Kampfgenossen bezeichnen zu dürfen. In herzlicher Freundschaft und dankbarer Würdigung, Dein Adolf Hitler.«

Genau ein halbes Jahr später endet Röhm unter den Kugeln zweier SS-Offiziere in einer Zelle des Gefängnisses von München-Stadelheim.

1934: Hitler ist Reichskanzler mit diktatorischen Vollmachten. Von seinem »Ermächtigungsgesetz« hat er raschen Gebrauch gemacht. Keine drei Monate nach dem Verzicht des Reichstags auf seine Befugnisse sind die Länderparlamente aufgelöst, die Länderregierungen »gleichgeschaltet«. Mit Hilfe von »Reichsstatthaltern« wird zentral von Berlin aus regiert.

Die Gewerkschaften sind verboten worden. Am 22. Juni ist die SPD als »volks- und staatsfeindlich« verboten worden. Ihre unterwürfige Zustimmung zu Hitlers Außenpolitik am 19. Mai im Reichstag hatte ihr nichts mehr genützt. Im Juni hat sich eine Partei nach der anderen »freiwillig« aufgelöst: Staatspartei, Deutsche Volkspartei, Bayerische Volkspartei, Zentrum, schließlich auch die Deutschnationale Volkspartei Hugenbergs, die Hitler den Steigbügel zum Aufsitzen in den Kanzlersattel gehalten hatte.

Am 14. Juli 1933, dem Jahrestag der Französischen Revolution, hat Hitler folgendes Gesetz erlassen:

»In Deutschland besteht als einzige politische Partei die Nationalsozialistische Deutsche Arbeiterpartei. Wer es unternimmt, den organisatorischen Zusammenhalt einer anderen politischen Partei aufrechtzuerhalten oder eine neue politische Partei zu bilden, wird, sofern nicht die Tat nach anderen Vorschriften mit einer höheren Strafe bedroht ist, mit Zuchthaus bis zu drei Jahren oder mit Gefängnis von sechs Monaten bis zu drei Jahren bestraft.« Der totalitäre Einparteienstaat ist verwirklicht.

Rudolf Heß weiß: Noch gibt es einen Mann, der seinem Führer gefährlich werden kann: Ernst Röhm, Stabschef der SA, jener Bürgerkriegsarmee von 400 000 Mann, ausgerüstet mit Waffenlagern, motorisierten Einheiten und Flugzeugen. In der Wirtschaftskrise nach 1929 ist die SA gewachsen. Ihre Mitglieder: Arbeitslose, Arbeiter, harte Burschen, die Hitlers Diplomatie des Arrangements mit Industrie und Reichswehr nie verstanden haben. Hitler mißtraut dieser Truppe. Deshalb hat er 1929 die SS geschaffen. Als persönliche, ihm absolut ergebene Kampftruppe und Leibgarde. 1931 hat die SA gegen ihn rebelliert. Zwar hat er die Revolte unterdrückt, aber das Mißtrauen ist geblieben. Er hat seinen Freund Röhm aus Bolivien zurückgerufen, um die Truppe neu zu organisieren.

1933, nach der Machtergreifung, haben Röhms rauhe, brutale Bürgerkriegssoldaten das Land mit Terror überzogen, Furcht und Schrecken verbreitet, in »wilden« Konzentrationslagern politische Gegner gefoltert oder zu Tode geprügelt.

Rudolf Heß hat damals versucht, sich gegen den zügellosen Straßenterror zu wenden. »Jeder Nationalsozialist muß sich bewußt sein, daß Mißhandeln von Gegnern jüdisch-bolschewistischer Gesinnung entspricht und des Nationalsozialismus unwürdig ist!« hat er in einer Rede vor SA-Leuten gesagt. Vergeblich. Nominell ist Hitler Oberster SA-Führer (OSAF). Aber praktisch gehorcht die SA nur einem Mann: dem Stabschef Röhm.

Und Röhm ist kein »bedingungsloser Gefolgsmann«. Er und seine homosexuellen Paladine – Heines, Ernst, Heydebreck und andere – wollen mehr, als Hitler ihnen mit seiner »legalen« Machtübernahme gegeben hat. Sie wollen die »Zweite Revolution« – unter sozialrevolutionären Vorzeichen. Die SA-Männer träumen von der »Nacht der langen Messer«. Die Marxisten haben sie ausgeschaltet. Jetzt wollen sie auch die »Reaktion« liquidieren.

Für Hitler ist das Gerede von der »Zweiten Revolution« gefährlich. Er setzt auf die Reichswehr. Und der Reichswehr ist die SA ein Ärgernis.

Rudolf Heß kann der SA keine Befehle erteilen. Er kann nur Material sammeln über Korruption und Ausschweifungen in der SA-Führung. Die SA gehört nicht zur »Parteiorganisation«, die meisten SA-Leute sind nicht einmal Mitglieder der NSDAP. Sie witzeln über die »Sesselpuper«, wie sie Gauleiter, Kreisleiter und sonstige »Amtswalter« nennen.

Sie sind keineswegs gegen Hitler. Aber sie glauben, Hitler sei gefangen in den Schlingen der Reaktion, der Wirtschaftsbonzen, der Geldaristokratie. In ihren Reihen marschieren viele Ex-Kommunisten. Stabschef Röhm hat selber gesagt:»Ich gebe zu, daß es unter den Kommunisten viele ausgezeichnete Soldaten gibt.«

Hitler hat seiner SA-Truppe die nationale *und* die soziale Revolution versprochen. Jetzt fühlen sie sich betrogen. Röhm sagt bitter zu Hermann Rauschning, dem Senatspräsidenten von Danzig:»Adolf wird ein feiner Gent. Er hat sich einen Frack zugelegt. Er verrät uns alle. Er geht nur noch mit Reaktionären um. Seine alten Genossen sind ihm zu schlecht.«

Seinem Obergruppenführer Viktor Lutze gegenüber, SA-Führer von Hannover, nennt Röhm den Führer sogar »diesen lächerlichen Gefreiten« und ruft:»Wenn man sich doch nur von dieser Memme befreien könnte!«

Röhm weiß nicht, daß Lutze alles Rudolf Heß berichtet. Und Heß berichtet alles Hitler. Aber Hitler meint nur ausweichend: »Man muß die Dinge reifen lassen.«

Schließlich beruft Röhm sogar ohne Wissen Hitlers eigene Pressekonferenzen ein. »Reaktionäre, Mucker und Spießer!« sagt er. »Uns wird schlecht, wenn wir an sie denken! ... Die SA ist die nationalsozialistische Revolution!« Doch gleichzeitig versichert Röhm:»Das Gesetz der SA ist klar: Gehorsam bis zum Tode dem Obersten SA-Führer Adolf Hitler!«

Röhm spricht offen über seine Pläne: Er will die SA mit der Reichswehr verschmelzen, selber Reichswehrminister werden.

Das kann die Reichswehr nicht dulden. Und Hitler weiß: Ohne die Reichswehr ist er die längste Zeit Reichskanzler gewesen. Und am 11. April 1934, an Bord des Panzerschiffes »Deutschland«, opfert er seine SA. In einem Geheimgespräch mit General von Blomberg, dem Kriegsminister, General von Fritsch, dem Chef der Heeresleitung, und Admiral Raeder, dem Chef der Marineleitung, eröffnet er seinen Plan: Er will Nachfolger Hindenburgs werden. Er verspricht die Wiederaufrüstung. Die Reichswehr nimmt den Pakt an, unter einer Bedingung: Röhms Ambitionen müssen gestoppt werden. Hitler sagt zu. An diesem Apriltag auf der Ostsee wird das Todesurteil über Röhm und die SA gesprochen.

Ein Putsch wird »konstruiert«: der sogenannte »Röhm-Putsch«. In Wirklichkeit ein Putsch Hitlers gegen Röhm. Göring und Himmler werden eingeweiht. Sie sollen in Berlin die »Dreckarbeit« machen. München will sich Hitler selber vornehmen.

Nach einer heftigen Auseinandersetzung mit Hitler nimmt Röhm am 7. Juni Krankheitsurlaub. Ehe er abreist, lädt er Hitler zu einer SA-Führertagung nach Bad Wiessee am Tegernsee ein. Den Juli über soll die SA in Urlaub gehen.

Am 25. Juni hält Rudolf Heß über die deutschen Sender eine Rede. Sie ist eindeutig gegen die SA gerichtet. Warnend sagt Heß: »Zu einer besonderen Vorsicht möchte ich jene idealistischen Leichtgläubigen unter meinen Parteigenossen mahnen, die manchmal in der Erinnerung an den Heroismus und die herrliche Kameradschaft in den Kampfzeiten der Bewegung dazu neigen, sich Provokateuren zuzuwenden, die Volksgenossen gegeneinander zu hetzen versuchen und dies verbrecherische Spiel mit dem Ehrennamen einer ›zweiten Revolution‹ bemänteln ... Wehe dem, der die Treue bricht im Glauben, durch eine Revolte der Revolution dienen zu können ...!«

Gleichzeitig zeigt er sich versöhnlich, als er auf die Skandale und homosexuellen Orgien der SA-Führung zu sprechen kommt: »Um so mehr wird derjenige, der lange in der Bewegung des Führers zu stehen die Ehre hat, großzügig sein gegenüber menschlichen Eigenarten und Schwächen bei Führern des Nationalsozialismus, wenn sie Hand in Hand gehen mit großen Leistungen.«

Später wird dann aus den »menschlichen Eigenarten und Schwächen« ein »Sumpf sittlicher Verkommenheit« werden. Doch an diesem 25. Juni weiß Rudolf Heß, der Stellvertreter des Führers, noch nicht, daß Hitler mit Göring und Himmler bereits die Vernichtung der SA beschlossen hat und nur auf den geeigneten Moment zum Losschlagen wartet. Er weiß nicht, daß seine »letzte Warnung« nur noch die Funktion zu erfüllen hat, Hitler ein plausibles Motiv zu geben. Zum ersten Mal hat Hitler seinen Freund, Ex-Privatsekretär und Stellvertreter nicht eingeweiht!

Wie weit die Dinge ohne ihn gediehen sind, erfährt Rudolf Heß erst am 30. Juni, als Hitler seinen Stellvertreter frühmorgens anruft und ins Braune Haus beordert. Während Heß um halb sechs vom Villenvorort Harlaching durch das fast menschenleere München in die Brienner Straße fährt, ist Hitler mit seiner Wagenkolonne auf dem Weg nach Bad Wiessee, zur Abrechnung mit Röhm. Der schläft noch friedlich in der Pension Hanselbauer am Ufer des Tegernsees.

Als das Gefängnis Stadelheim sich mit SA-Führern füllt, die in Wiessee oder bei ihrem Eintreffen zur vorgesehenen Führertagung auf dem Münchner Hauptbahnhof verhaftet wurden, erscheint Hitler endlich im Braunen Haus. Inzwischen schwärmen in Berlin Himmlers Gestapo-Büttel aus, und Görings Erschießungspelotons beginnen in der ehemaligen Kadettenanstalt von Berlin-Lichterfelde mit ihrer blutigen Arbeit. Hitler kommt im Trenchcoat, mit rotgeränderten Augen, unrasiert und übernächtigt. Mit seiner Hundepeitsche schlägt er rhythmisch gegen seine Stiefel und brüllt: »Ich werde keine Milde walten lassen! Ich verlange blinden Gehorsam! Diese Schweine haben Orgien gefeiert! Das Geld der Partei in Gelagen verschwendet! Einen Putsch wollten sie machen! Verräter sind es!«

Ein paar Dutzend SA-Führer, die das Braune Haus nicht verlassen durften, blicken ihren Führer mit fassungslosem Entsetzen an. SS-Leute haben ihre Karabiner entsichert und drängen die SA-Männer in eine Ecke. Mit ernstem, strengem Gesicht tritt Rudolf Heß auf sie zu. Er trägt keine Uniform. Er ist in Zivil: Flanellhose, Tweedjackett, braune Schuhe, weißes Hemd mit Krawatte, am Revers seines Jacketts das Hoheitszeichen der NSDAP. »Auch ihr seid verdächtig«, sagt er mit kalter, ruhiger Stimme. »Die Unschuldigen unter euch werden durch die Schuld der anderen zu leiden haben. Ihr seid so lange Gefangene, bis die Untersuchung gegen euch abgeschlossen ist.« In einem Nebenraum wird jeder einzeln von SS-Offizieren vernommen.

Der bayerische Innenminister Wagner (gleichzeitig NS-Gauleiter von Oberbayern) reicht Hitler eine Liste. Die Liste mit den Namen der SA-Führer in Stadelheim. Hitler kreuzt eine Reihe von Namen an. Dann gibt er die Liste SS-Gruppenführer Sepp Dietrich, dem Chef seiner Leibstandarte. »Diese Hunde sind sofort zu erschießen!« ruft er. »Standrechtlich! Wegen Hochverrats!« Dabei ist gar kein Standrecht verkündet. Hitler hat auch nicht die Absicht, seinen ehemaligen Kampfgenossen die Chance zu geben, sich wenigstens vor einem Standgericht zu verantworten. *Er* hat das Urteil gesprochen. *Er* ist das Gericht.

Langsam, laut und deutlich liest Dietrich die angekreuzten Namen: »Wilhelm Schmidt, SA-Gruppenführer, Hans-Joachim Graf von Spreti, SA-Standartenführer, Hans Peter von Heydebreck, SA-Gruppenführer, Hans Hayn, SA-Gruppenführer, Edmund Heines, SA-Obergruppenführer und Polizeipräsident von Breslau, August Schneidhuber, SA-Obergruppenführer und Polizeipräsident von München!«

Alfred Leitgen, Adjutant von Rudolf Heß, erinnert sich: »Mein Chef war totenbleich, aber äußerlich ganz ruhig, als Dietrich die Namen vorlas. Aber als der Name Schneidhuber fiel, machte er eine Bewegung, warf den Kopf zurück und murmelte etwas. Er beugte sich zu Hitler, flüsterte ihm ein paar Worte zu. Der schüttelte unwillig den Kopf. Heß wurde plötzlich grün im Gesicht. Er ging in ein Nebenzimmer. Als ich ihm kurze Zeit darauf folgte, winkte er mich hinaus. Er krümmte sich vor Schmerzen, als ob er einen Magenkrampf hätte. In seinen Augen standen Tränen. Schneidhuber war sein Freund gewesen.«

Dieser Freund steht um 17 Uhr an einer Hofwand des Gefängnisses Stadelheim. Wenige Meter entfernt ein SS-Peloton. Ein SS-Offizier ruft: »Der Führer und Reichskanzler hat Sie zum Tode verurteilt! Heil Hitler! Feuer!« Eine Salve. Schneidhuber, der Freund, bricht tot zusammen. Sepp Dietrich sagt später: »Bevor Schneidhuber dran kam, bin ich weg. Es hat mir gelangt!«

Die SA ist zerbrochen. Ihre Führer sind erschossen. Ihr Stabschef wird einen Tag später sterben. Es wird auch in Zukunft eine Formation der Partei geben, die SA heißt. Ihre Mitglieder werden die uniformierte, aber unbewaffnete Komparserie sein für Aufmärsche, Fackelzüge, Parteitage. Ihr neuer Stabschef heißt Viktor Lutze, ehemals Röhms General in Hannover, der Spitzel und Informant.

Um 19.30 Uhr verläßt Hitler, begleitet von Rudolf Heß und Josef Goebbels, das Braune Haus, um nach Berlin zu fliegen. Josef

Goebbels, der sich mit eiskalter Schläue rechtzeitig auf die Seite des Siegers geschlagen hat. Noch vor wenigen Wochen hat er sich mit Röhm heimlich mehrmals im Bratwurstglöckle am Münchner Frauendom getroffen und konspiriert. Vor neun Jahren hatte er schon einmal mit lauter Stimme den »Ausschluß des kleinen Bourgeois Adolf Hitler aus der NSDAP« gefordert. Der Wirt des Bratwurstglöckles, ein alter Parteigenosse, ist Zeuge seiner Gespräche mit Röhm geworden. Unangenehm. Aber Goebbels hat vorgesorgt. Auch Herr Zentner, der Wirt, ist unter denen, die am 30. Juni sterben.

Während Goebbels pausenlos schwatzt, geht Heß stumm, blaß und in sich gekehrt an Hitlers Seite. Denkt er an jenen preisgekrönten Aufsatz, den er vor 13 Jahren als Student schrieb? Wie hieß es dort noch? »Sein Ziel zu erreichen, stampft der Diktator auch über seine eigenen Freunde hinweg!«

Hat er Jahrzehnte später an Hitler und den 30. Juni gedacht, als er aus Spandau zum Begriff des »Genies« schrieb: »Ein Drang, der so gewaltig ist, daß skrupellos oder auch besinnungslos alles, was hemmt, alles, was sich in den Weg stellt, überwältigt wird – jenseits von Gut und Böse, jenseits aller Ethik«?

Mit seiner Schweigsamkeit an jenem Abend verdeckt Rudolf Heß eine tiefe Wunde. Sie schmerzt ihn mehr als der Tod seines Freundes Schneidhuber, vom Führer befohlen. Hitler hat ihn nicht restlos in seine Pläne eingeweiht! *Er* hat anderen den Vorzug gegeben: Göring, Himmler – sogar diesem Goebbels! Doch an seiner Treue zu seinem Idol wird auch diese Verletzung nichts ändern. Wie hatte er, Heß, doch am 11. August 1921 selber im »Völkischen Beobachter« geschrieben? »Man vergesse auch nicht, daß einst weitaus berühmtere Deutsche ihre nächsten Freunde oft auf die beleidigendste Art vor den Kopf stießen ...!«

Hitler belohnt seinen Stellvertreter. In seiner Rechtfertigungsrede sagt er am 13. Juli 1934 vor dem Reichstag: »Nachdem ich viele Monate lang jeden Zweifel in die Loyalität des Stabschefs (Röhm) zurückgewiesen hatte, nachdem ich vorher jahrelang mit meiner Person diesen Mann in unerschütterlicher treuer Kameradschaft gedeckt hatte, begannen mir nun allmählich Warnungen – vor allem auch meines Stellvertreters in der Parteiführung, Rudolf Heß – Bedenken einzuflößen, die ich selbst beim besten Wollen nicht mehr zu entkräften vermochte.«

Mit diesen Worten hebt Hitler seinen Stellvertreter wieder in den Rang des engsten Vertrauten. Heß ist versöhnt.

Und dann bringt er es mit einem seltenen Beispiel von Hirn-akrobatik sogar fertig, den Tod des Freundes Schneidhuber vor sich und seinen Parteigenossen zu rechtfertigen: »Ich glaube, daß der eine oder andere nur in tragischer Verkettung der Umstände schuldig wurde. In den Stunden, da es um Sein oder Nichtsein des deutschen Volkes ging, durfte über die Größe der Schuld des einzelnen nicht gerichtet werden. Bei aller Härte hat es einen tiefen Sinn, wenn bisher Meutereien bei Soldaten dadurch gesühnt wurden, daß jeden Mann, ohne die geringste Frage nach schuldig oder nicht schuldig, die Kugel traf.«

Mit dieser selbstgebastelten Philosophie, einem Gemisch aus griechischer Tragödie, germanischer Heldensage und friderizianischer Soldatenmoral, ist er in der Lage, nun auch delikate Aufgaben zu lösen, die nach Hitlers Meinung nur er, der »Offizier und Gentleman«, mit dem nötigen Takt lösen kann.

Da ist zum Beispiel am 30. Juni auch der angesehene Musikkritiker der »Münchner Neuesten Nachrichten«, Dr. Wilhelm Eduard Schmidt, erschossen worden. Ein Versehen, eine Namensverwechslung. Die SS suchte eigentlich einen Freund Otto Strassers, den Arzt Dr. Schmitt. Vier SS-Leute holten den Zeitungsmann Schmidt ab, als er gerade im Musikzimmer seiner Wohnung Cello spielte. Seine Frau wollte eben zu Tisch bitten. Erstaunt ging Dr. Schmidt mit. »Ich bin gleich zurück«, sagte er lächelnd. Es konnte sich doch nur um einen Irrtum handeln, der rasch aufgeklärt sein würde.

Ein paar Tage später erhält Frau Schmidt die Leiche ihres Mannes in einem versiegelten Sarg. Die SS bietet eine Pension an oder eine Abfindung. Als Ausgleich für den »bedauerlichen Irrtum«. Die Witwe lehnt empört ab. Sie verlangt die Bestrafung der Schuldigen. Da besucht Rudolf Heß sie. Er spricht lange mit ihr. Ritterlich und zartfühlend. Der trauernden Mutter von drei Kindern sagt er, ihr Mann sei »für Deutschland gefallen«. Wie ein Soldat im Kriege. Frau Schmidt akzeptiert eine lebenslängliche monatliche Pension in Höhe des Gehalts ihres ermordeten Mannes. Auch für die Ausbildung der Kinder will die Partei alle Kosten tragen.

Da ist zum Beispiel der Fall der Generale von Schleicher und von Bredow, die beide von Himmlers SS-Kommandos erschossen worden sind. In seiner Reichstagsrede zur Rechtfertigung des Blutbades vom 30. Juni nennt Hitler sie noch »Hochverräter«. Aber dann ist – mit Rücksicht auf die Reichswehr – ihre Ermordung doch ein »zutiefst zu bedauernder Irrtum« gewesen. Die Aufgabe ihrer öffentlichen Rehabilitierung übernimmt Rudolf Heß. Eine Bestrafung der Täter findet nicht statt. Denn: Am 3. Juli bereits hat Hitler ein Gesetz erlassen, das kurz und bündig so lautet: »Die zur Niederschlagung hoch- und landesverräterischer Angriffe am 30. Juni und am 1. Juli und 2. Juli 1934 vollzogenen Maßnahmen sind als Staatsnotwehr rechtens.«

Die letzte innenpolitische Gefahr für Hitler – die SA – ist beseitigt. Und bereits einen Monat später zahlt sich sein Bündnis mit der Reichswehr aus: Drei Stunden nach dem Tode des Reichspräsidenten Hindenburg am 2. August 1934 wird ein bereits am Vortage erlassenes Gesetz bekanntgegeben: Das Amt des Reichspräsidenten wird mit dem des Reichskanzlers vereinigt. Die Befugnisse des Reichspräsidenten, damit auch die des Oberbefehlshabers der Wehrmacht, gehen auf den »Führer und Reichskanzler« Adolf Hitler über. Der Titel »Reichspräsident« wird abgeschafft. Alle Offiziere und Soldaten müssen einen neuen Treueid ablegen: nicht auf die Verfassung der Republik, wie bisher – sondern auf die Person Adolf Hitlers. Kein Offizier protestiert gegen diesen ungeheuerlichen Verfassungsbruch. Kein Regiment besetzt die Regierungsgebäude, um den Usurpator zu verjagen. Keinem Offizier fällt auf, daß ein Eid, der auf einem Verfassungsbruch beruht, sittenwidrig und damit nichtig ist. Man hat einen Handel mit Hitler abgeschlossen, damals, an Bord des Panzerschiffes »Deutschland«. Hitler hat Wort gehalten. Er hat die SA entmachtet. Jetzt hält die Reichswehr ihr Wort. Hitlers Diktatur ist perfekt. Jetzt kann er beruhigt verkünden: »Es gibt im Staate nur einen Waffenträger: die Wehrmacht!« Denn er ist ihr Oberbefehlshaber.

In einer Rundfunkansprache nach dem Tode Hindenburgs sagt Rudolf Heß: »Hindenburgs lebendiges Vermächtnis für Deutschland ist der Führer!« Und als Hitler seinen Verfassungsbruch durch eine »Volksabstimmung« sanktionieren läßt, sagt Rudolf Heß: »Vielleicht möchte einer einwenden, daß es nicht gut sei, wenn ein Mann alle Macht in seiner Hand vereint; schließlich könne sogar ein Adolf Hitler Gefahr laufen, mit Willkür und Unbedacht seine Alleinherrschaft auszuüben! Dem kann ich nur erwidern: Ein größerer Schutz gegen den Mißbrauch eines Amtes als parlamentarische Kontrollorgane oder als eine Teilung der Macht ist das Gewissen der sittlichen Persönlichkeit. Und ich weiß aus der Kenntnis des Menschen Adolf Hitler, daß niemand mehr sich seinem Gewissen verantwortlich fühlen kann und kraft seines Gewissens seinem Volke als er.« Und Heß sagt weiter – sechs Wochen nach dem 30. Juni: »Wir wählen Adolf Hitler: ... Weil er durch seine Taten und sein Leben bewiesen hat, daß er die Verkörperung alles Guten im deutschen Menschen ist ... Weil er der Vollstrecker des Willens einer höheren Gewalt ist!«

Rudolf Heß war kein leidenschaftlicher Redner. Improvisieren lag ihm nicht. »Er arbeitete Stunden um Stunden an seinen Reden«, berichtet Alfred Leitgen, »redigierte, feilte, ließ wieder abschreiben, feilte, schrieb wieder um.« Wenn das Manuskript endlich fertig war, hatte er Hemmungen. Schon Hermann Esser sagte in der Frühzeit der Partei: »Vor einem Dutzend Menschen kann Heß keinen zusammenhängenden Satz reden.« Hermann Göring meinte: »Sobald Heß eine Rede halten soll, schwitzt er Blut.« Und seine Frau bekannte: »Mein Mann hat sehr selten Alkohol getrunken, höchstens gelegentlich ein Glas Wein bei einer Geselligkeit. Aber wenn er eine Rede halten mußte, stellten wir ihm vorher in einem Nebenraum eine Piccolo-Flasche mit rotem Sekt bereit. Erst wenn er die getrunken hatte, konnte er mit Schwung aufs Podium treten.«

Dabei hielt Heß viele Reden. Vor Politischen Leitern, Arbeitsdienstleuten, Hitlerjungen, vor Auslandsdeutschen und Frontkämpfern, vor Straßenbauingenieuren und Eisenbahnarbeitern, vor Bauern und Kraftfahrern, vor Studenten und Beamten, vor Seeleuten und Hausfrauen, vor Offizieren und Homöopathen.

Und jede Rede gipfelte in einem Bekenntnis zu Adolf Hitler. So rief er vor Auslandsdeutschen in Stuttgart: »Geht hinaus und berichtet: Deutschland wird leben, weil ein Adolf Hitler lebt!«

»Man muß den Führer *wollen*!« hat Heß gefordert. Er *wollte* den Führer. Unbedingt. Kritiklos. Hingebungsvoll.

Der amerikanische Psychologe Douglas M. Kelley, der Heß in Nürnberg untersuchte, sagt: »Heß war ein in sich gekehrter Mensch, der in seine Umgebung Gedanken projizierte, die in ihm selbst entstanden. Das paranoische Element zeigte sich in seinem Wunsch, alles so zu haben, wie er es wünschte.«

Das Geheimnis seiner Reden: Heß *wollte* glauben, er *wollte* glauben, was er sagte, und deswegen glaubten ihm seine Zuhörer.

Rudolf Heß achtete peinlich darauf, Privates vom Politischen zu trennen. Als Ilse Heß ihrem Mann ins Nürnberger Gefängnis schrieb, sie habe einige Sorge wegen ihres bevorstehenden

Spruchkammerverfahrens, weil sie nicht wie Winifred Wagner oder Emmy Göring damit aufwarten könne, sich für politische Häftlinge eingesetzt zu haben, schrieb Rudolf Heß zurück: »Du konntest Dich so gut wie nie für Verhaftete einsetzen: solange ich noch nicht in England war, warst Du bei meiner rigorosen Art, Politisches und Privates eisern auseinanderzuhalten, wenig in der Lage, etwas zu erfahren, es an mich weiterzugeben – wahrscheinlich hättest Du nur die Antwort erhalten, Dich um Deinen heimischen kooperativen Staat zu kümmern, nicht aber um meine Angelegenheiten, nicht wahr?! So hättest Du es nur in der Zeit *nach* meinem Abflug versuchen können, da auch erst seit damals die Verhältnisse Formen annahmen, auf Grund deren äußerstenfalls etwas nach außen zu dringen vermochte, Du wirklich von Unrecht und schlechter Behandlung hättest erfahren können. Wenn man aber selbst in Ungnade gefallen ist, schadet man den Menschen, für die man eintritt, mehr als man ihnen nützt. Einen schlechteren Dienst hättest Du den Häftlingen kaum erweisen können, da Du, wie ich jetzt aus Erzählungen der Kameraden entnehmen muß, bei Deiner unbekümmerten Ehrlichkeit, Deinem Mut dauernd selbst an der Schwelle des KZ-Lagers standest.«

So wie das britische »Gentleman«-Ideal Rudolf Heß faszinierte, so versuchte er auch, nach einem anderen britischen Grundsatz zu leben: »My home is my castle.« Über Politik, über Parteiprobleme wurde zu Hause selten oder nie geredet. Albert Speer erzählt: »Ich war einmal zu einem geselligen Abend bei Heß eingeladen. Ich traf eine ganze Reihe recht interessanter Leute. Künstler, Wissenschaftler, Ärzte, Ingenieure, Architekten. Die Gespräche waren anregend, niemand langweilte sich. Was mich am meisten erstaunte, war die Tatsache, daß mit Ausnahme von Dr. Todt, mit dem Heß befreundet war, keinerlei Parteiprominenz zu sehen war. Es war alles sehr ›zivil‹ und kultiviert.«

Seit 1933 wohnte Heß nicht mehr in der kleinen Wohnung in der Borstei, dem Münchner Neubauviertel am Gaskessel. Er hatte ein Haus gekauft: eine Villa mit großem Garten und Nebengebäuden in der Harthauser Straße 48 in Harlaching.

Woher hatte ein Mann, der bis 1933 als Privatsekretär weniger als 1000 Mark verdiente, plötzlich das Geld, um eine Villa in einem der teuersten Vororte Münchens zu kaufen?

Albert Speer gibt dafür eine einleuchtende Erklärung: »Es wurden damals für mehrere prominente Parteigenossen Häuser gekauft. Die Finanzierung erfolgte durch einen Spezialfonds, den Martin Bormann verwaltete. Hier flossen zum Beispiel die Gelder aus der sogenannten Adolf-Hitler-Spende der deutschen Industrie hinein. Später kamen die Honorare dazu, die Hitler anteilig aus dem Erlös von Briefmarken zustanden, auf denen sein Kopf abgebildet war. Normalerweise gab dieser Fonds zunächst langfristige Kredite. Die Rückzahlungsverpflichtung wurde dann später ganz oder teilweise gelöscht.«

Zweifellos wurde die Villa in Harlaching auf die von Speer betriebene Weise finanziert. Ebenso wahrscheinlich ist aber, daß Heß, der im Gegensatz zu anderen prominenten Nazis nie ein aufwendiges Leben führte und als sparsam bekannt war, einen Teil der Kaufsumme aus eigenen Rücklagen aufgebracht hat.

Das Haus wurde 1944 bei einem Luftangriff durch Brandbomben zerstört, das Grundstück nach dem Krieg als Nazi-Besitz entschädigungslos enteignet. Wo einmal der Stellvertreter des Führers wohnte, ist heute ein amerikanischer Jugendklub. Von mehr als zwanzig Teenagern, die ich fragte, wußte keiner, wer vor ihnen dort einmal gelebt hatte.

Rudolf Heß hatte nie daran gedacht, vor seinem Englandflug Frau und Sohn finanziell abzusichern. Dabei hätte zum Beispiel eine einfache notarielle Übertragung des Harlachinger Besitzes auf Ilse oder Wolf Rüdiger Heß das Grundstück vor der Enteignung nach dem Kriege bewahren können. Die Familie war nach dem Krieg völlig mittellos. In einem Brief aus Spandau begründete Heß seine Unterlassung so:

»Freilich kann ich mir vorwerfen, nicht vorgesorgt zu haben, wie es ein braver Familienvater tun muß. Aber zugute halten wird man mir wohl, daß bei normalem Verlauf der Dinge die Meinen wie bei jedem Mann in entsprechender Stellung versorgt gewesen wären für den Fall, daß mir etwas zustieße. Wer aber konnte voraussehen, daß solch eine Katastrophe eintreten würde? Hätte ich mich wirklich so einer Kleingläubigkeit hingeben dürfen? Ich kam gewiß nie auf einen derartigen Gedanken.«

Abgesehen davon, daß er an den »Endsieg« glaubte. Mußte er nicht bei seinem Englandflug mit Repressalien gegen seine Familie von seiten eines wütenden Hitler rechnen? Heß wußte, daß er damit niemals rechnen mußte! Wir werden später sehen, warum.

Die Säuberungsaktion nach der Röhm-Krise von 1934 hat die Stellung des Stellvertreters gefestigt. Heß ist theoretisch mächtiger denn je. Aber Heß findet keinen Geschmack an der Macht. Immer lieber überläßt er die Zügel im Braunen Haus, in der Führung der Partei, seinem fleißigen Stabsleiter Martin Bormann.

Lutz Graf Schwerin von Krosigk, der damalige Finanzminister, charakterisiert Bormann so: »Er war aus derberem Holz geschnitzt als Heß. Er ließ die Zügel der Parteileitung nicht mehr am Boden schleifen, sondern führte die Gauleiter an der Kandare, der sich die meisten knirschend fügten.«

Heß merkt die Gefahr nicht, die ihm von diesem Mann droht. Joseph Wulf schreibt über Bormann: »Zielstrebig, aber gut getarnt und ganz heimlich baute er sich die Stellung nach eigenen Wünschen aus, ohne daß es ... seiner Umgebung zum Bewußtsein kam. Er ging dabei so geschickt vor, daß er fast jeden täuschte.«

Bormanns Spezialität sind »Rundschreiben«, die er am laufenden Band verfaßt, zunächst an die »Herren Reichs- und Gauleiter«. Später läßt er die Anrede fallen.

In Personalfragen entscheidet er von Jahr zu Jahr selbständiger. Kein Gauleiter, kein Kreisleiter wird ohne seine Zustimmung berufen. Nie mißtraut Heß seinem so tüchtigen, so unauffälligen Stabsleiter, der sich für alles Zeit nimmt, sich nie in den Vordergrund drängt, unermüdlich arbeitet und eine geradezu lakaienhafte Dienstbereitschaft an den Tag legt.

Heß hat auch nichts dagegen, daß Bormann immer mehr Verbindungsaufgaben bei Hitler übernimmt, daß er sich schließlich ein Haus auf dem Obersalzberg in der Nähe von Hitler kauft, daß er nach Eröffnung der neuen Reichskanzlei sein Büro dort etabliert. Sein Mißtrauen wird erst geweckt, als er sieht, daß Bormann seinen Tageslauf auf die exzentrischen Gewohnheiten des Führers einstellt, der bis spät in den Tag hinein schläft und die Nacht zum Tage macht. Aber auch dafür hat Bormann eine schlüssige Erklärung. Es ist im Interesse der Parteikanzlei, daß er Hitler Tag und Nacht zur Verfügung steht.

Heß geht Skilaufen, wandern. Er fliegt oder fährt Auto. 1934 gewinnt er den Ersten Preis im Flugwettbewerb »Rund um die Zugspitze«, nachdem er bereits zwei Jahre zuvor beim gleichen Wettbewerb den zweiten Platz errungen hatte. Er plant einen Ozean-Alleinflug à la Lindbergh in umgekehrter Richtung. Mit seinem braunen Mercedes-Kompressor-Sportkabriolett rast er die neugebauten Autobahnpisten entlang. Sein Adjutant Alfred Leitgen erinnert sich: »Heß fuhr Auto, als ob er ein Flugzeug steuerte. Jeden Augenblick hatte man das Gefühl, er hebt ab.«

Rudolf und Ilse Heß sind begeisterte Skifahrer und Bergwanderer. »Wie bin ich doch mit den Bergen verwachsen!« hat Heß aus England an seine Frau geschrieben. Zum Skilaufen geht er allerdings ungern in die damals »modischen« Wintersportorte wie Garmisch, Berchtesgaden oder Oberstdorf. Er liebt keinen Trubel und fühlt sich am wohlsten in kleinen Dörfern des Allgäus und der bayrischen Alpen. Skiwanderungen schätzt er am meisten, obgleich er auch ein guter und wagemutiger Abfahrtsläufer ist. Als später im Nürnberger Prozeß der Münchner Rechtsanwalt Dr. Alfred Seidl seine Verteidigung übernimmt, schreibt Heß, er sei »*sehr* froh« darüber, nicht nur weil Seidl der »schärfste und angriffslustigste aller hiesigen Verteidiger« sei, sondern »außerdem ein Skifahrer, der mit mir zusammen schon auf dem Kreuzeck war«.

Den Sommer verbringt er gern in Reicholdsgrün, nur eine Autostunde von den Bayreuther Festspielen entfernt. Hier trifft er im September 1934 Konrad Henlein, den Führer der Sudetendeutschen Partei, mit dem er in Verbindung bleibt. Er rät Henlein zur Mäßigung. Henlein gibt eine Loyalitätserklärung für den tschechoslowakischen Staat ab. Die Zeit ist noch nicht reif für die Sudetenkrise.

Der ganze Stolz des Stellvertreters ist Jahr für Jahr die Organisation des größten Spektakels des Dritten Reiches: der Reichsparteitage in Nürnberg. 140 000 Braunhemden, Hunderte von Fahnen- und Standartenträgern bewegen sich in präzisem Takt über das Zeppelinfeld, 300 Flak-Scheinwerfer verwandeln das Stadion in einen riesigen Dom aus Licht.

Sir Nevile Henderson, der britische Botschafter in Deutschland, schreibt über den Reichsparteitag von 1937: »Ich habe vor dem Krieg sechs Jahre in St. Petersburg verbracht, in den besten Tagen des alten russischen Balletts. Aber was grandiose Schönheit angeht, so kenne ich kein Ballett, das sich mit der Choreographie von Nürnberg vergleichen ließe.«

Und die Stimme von Rudolf Heß ist echt und glaubwürdig, Tonlage und Rhythmus stimmen genau, wenn er sich nach Beethovens Egmont-Ouvertüre langsam erhebt und die Namen der »Toten der Bewegung« zum Appell ruft.

Dreißig Jahre später. Der Mann in Spandau, der Häftling Nummer sieben, legt eine Architekturzeitschrift zur Seite. Er nimmt seinen Block und schreibt einen Brief an den Sohn: »Hinsichtlich

Fertighäusern habe ich schon versucht, mir ein etwas ins einzelne gehendes Bild zu machen. Ich denke hierbei weniger an Einzelhäuser, bei denen wohl der starke Hang des Deutschen zum Individuellen und zur althergebrachten Bauweise im Wege steht, sondern an die vielstöckigen Mietwohnungsblöcke der großen Städte, die fabrikmäßig hergestellt doch sicher die Behebung der Wohnungsnot schneller und kostensparender ermöglicht hätten.«

Wohnungsbau – das ist auch sein Lieblingsthema in den dreißiger Jahren. Aber als er 1935 Albert Speer das Versprechen abnimmt, den Wohnungsbau nicht unter des Führers Plänen für Monumentalbauten leiden zu lassen, da wird Hitler unwirsch. Im kleinen Kreis nennt er seinen Stellvertreter einen Spießer, ohne Sinn für Größe. Der intime Freund von früher, einst unzertrennlich mit Hitler, beginnt den Diktator zu langweilen. »Ich hoffe nur, daß Heß mich niemals ersetzen muß«, sagt er voller Spott zu Göring. »Ich wüßte nicht, wer mir mehr leid täte, Heß oder die Partei.« Für Göring ist Heß ohnehin ein »Piesel«, ein Ausdruck aus der Kadettenzeit, mit dem man einen langweiligen Menschen ohne weltmännische Lässigkeit bezeichnet.

Speer berichtet von einem Besuch Hitlers in Heß' Berliner Dienstgebäude in der Wilhelmstraße: »Hitler sah eine Einrichtung, die bedeutend einfacher und zurückhaltender war als der von ihm und den Spitzen der Partei bevorzugte Dampferstil. In die Reichskanzlei zurückgekehrt, kritisierte Hitler entsetzt das künstlerische Unvermögen seines Stellvertreters: ›Heß ist total amusisch! Ich werde ihn nie in die Lage bringen, etwas Neues zu bauen!‹ Heß selbst gegenüber hat Hitler seinem Urteil kaum Ausdruck gegeben. Er konnte nur am reservierten Verhalten des Hofstaates feststellen, daß sein Kurswert erheblich gesunken war.«

Auch in einer anderen Schilderung Speers wird die wachsende Entfremdung zwischen Hitler und seinem Stellvertreter deutlich: »Etwa alle zwei Wochen erschien Heß zur Tafel (in der Reichskanzlei); ihm folgte in einem recht kuriosen Aufzug sein Adjutant, der ein Blechgefäß mit sich trug, in dem in verschiedenen Einsätzen ein speziell zubereitetes Essen in die Reichskanzlei gebracht wurde, um in der Küche aufgewärmt zu werden. Hitler blieb es lange verborgen, daß Heß sich ein eigenes vegetarisches Gericht hatte servieren lassen. Als es ihm schließlich hinterbracht worden war, wandte er sich vor der versammelten Tischgesell-

schaft ärgerlich an Heß: ›Ich habe hier eine erstklassige Diät-
köchin. Wenn Ihr Arzt etwas Besonderes für Sie verordnet hat,
dann kann sie es gerne zubereiten. Aber Ihr Essen können Sie
nicht mitbringen.‹ Heß, damals schon zu störrischem Widerspruch neigend, versuchte Hitler zu erklären, daß die Bestandtei-
le seines Essens von besonderer biologisch-dynamischer Herkunft sein müßten, worauf ihm unverblümt eröffnet wurde, daß
er dann eben sein Essen zu Hause einnehmen solle; Heß erschien
darauf kaum noch zu den Mahlzeiten.«

Heß spürt, daß sein Führer ihm zu entgleiten droht; daß andere
sich zwischen ihn und sein Idol geschoben haben, ihn von seinem
Podest des »Treuesten« zu stürzen suchen. Hätte er sich das in
Landsberg gefallen lassen? Wäre ihm das als Privatsekretär passiert? Nein. Er weiß, daß Bormann ihn längst verdrängt hat. Und
er begehrt nicht auf. Er schluckt den Spott! Die öffentlichen Maß-
regelungen durch den Freund. Er schluckt das Feixen des Hofstaates.

Er flüchtet sich in die Krankheit.

Die Krise des Stellvertreters beginnt.

9. KAPITEL

Flucht in die Krankheit

Spandauer Kriegsverbrechergefängnis, Zelle Nummer sieben, im Jahre 1973.

Der weißhaarige, hagere Häftling mit dem kantigen Schädel und den tiefliegenden Augen preßt die Hände gegen den Leib und krümmt sich stöhnend. Gallenkolik! Er kennt diese Anfälle. Seit Jahrzehnten, genauer gesagt, seit 40 Jahren. 1933 haben sie angefangen. Aber seine Gallenblase ist in Ordnung! Tests, Röntgenaufnahmen haben bewiesen: Es liegt kein organisches Leiden vor.

Der amerikanische Arzt erscheint, vom Wächter gerufen. Der Doktor hält sich nicht an die strikte Gefängnisverordnung von 1947, die nur von den Russen noch pedantisch auf den Buchstaben genau beachtet wird. Er redet den Gefangen nicht mit seiner Nummer an, sondern mit seinem Namen.

»Nun, Mr. Heß«, sagt er. »Haben Sie wieder diese scheußlichen Schmerzen?«

»Ja, es ist das Übliche; es geht mir wie mit einem Messer durch den Leib!«

Der Arzt tastet den Bauch des Gefangenen ab. »Haben Sie sich über irgend etwas geärgert?« fragte er. »Über den Zensor vielleicht?«

»Allerdings«, sagt Heß. »Mein Sohn hat mir ein Buch geschickt, das der Zensor nicht ausliefern will. Und jetzt erfahre ich in einem Brief, daß mein Sohn es nicht einmal zurückbekommt, obgleich er das nötige Porto geschickt hat. Es wird einfach beschlagnahmt, und damit fertig! Mein Sohn hat das Buch gekauft. Wenn ich es also nicht haben darf, dann ist es zumindest sein Eigentum. Mit der Zensur habe ich mich abgefunden, aber was hier betrieben wird, ist doch Diebstahl, illegale Enteignung! Aber der Ärger liegt schon ein paar Tage zurück. Den habe ich längst hinuntergeschluckt!«

»Eben«, sagt der Arzt trocken, »Sie haben immer Ihren Ärger hinuntergeschluckt.« Er öffnet seinen Handkoffer, nimmt vier Tabletten aus einer Schachtel. »Hier nehmen Sie jetzt zwei und in einer Stunde noch einmal zwei. Sie werden sich bald wieder besser fühlen. Und wenn die Tabletten gar nichts helfen, dann lassen Sie mich wieder rufen.«

Der Arzt greift nach einem Buch, das aufgeschlagen auf dem Tisch liegt. »Was lesen Sie gerade?« Er blättert in dem Buch, blickt auf den Titel. Er kann recht gut Deutsch. »Aha, die Lebensgeschichte des Pfarrers Kneipp. Das war doch dieser Amateurmediziner mit seinen Wasserkuren, nicht wahr?«

»In Deutschland beschäftigen sich anerkannte Ärzte mit Kneipps Heilweise«, sagt Heß.

»So?« meint der Amerikaner gedehnt. »Na ja, solange es nicht schadet, warum nicht?« Mit einem aufmunternden Blick verläßt er die Zelle.

Rudolf Heß schaut ihm verächtlich nach. Auch einer von diesen bornierten Schulmedizinern, denkt er. Mit Scheuklappen laufen sie durch die Welt. Aber er nimmt die Tabletten. Schon nach zehn Minuten lassen die Schmerzen nach. Was Heß nicht weiß: Die Pillen sind Placebos, Scheinmedikamente aus Milchpulver. Ärzte geben sie gern bei psychosomatischen Störungen. Sie schaden nichts und helfen meist. Sie unterstützen die Selbstsuggestion.

Rudolf Heß erhebt sich, reckt sich, geht ein paar Schritte. Dann setzt er sich an den Tisch, nimmt seinen Schreibblock und schreibt einen Brief an seine Frau:

»Insgesamt bleibt mir unverständlich, daß nicht jeder Arzt sich wenigstens vorübergehend mit Kneipps Therapie befaßt, mag er sie auch anschließend ablehnen; dann ist die Ablehnung immerhin begründet und fußt nicht auf reiner Verranntheit. Freilich kann ich mir nicht vorstellen, daß Ärzte, die sich von den Erfolgen überzeugt haben, nicht froh wären, nötigenfalls darauf zurückgreifen zu können. Wäre ich Arzt, dann wüßte ich, was ich zu tun hätte. Ich begäbe mich für einige Zeit nach Wörishofen, zu einem dortigen Mediziner, läse auch Kneipps Schriften, da ließe mir mein Gewissen keine Ruhe.«

Rudolf Heß erinnert sich: Wie oft hat der Führer ihn in den dreißiger Jahren gehänselt, weil er so häufig den Arzt wechselte, weil er zu Heilpraktikern und Augendiagnostikern ging, weil er »biologisch-dynamische« Kost ausprobierte. Heß weiß: Seine Heilpraktiker waren keine Scharlatane, keine Quacksalber. Und aus den Erzählungen von Speer und den anderen in Nürnberg und Spandau weiß er noch mehr: Adolf Hitler ist einem richtigen Scharlatan in die Hände gefallen. Einem Berliner Modearzt mit Namen Morell, der den Führer mit Pillen und Spritzen zugrunde richtet und dafür auch noch zum Professor ernannt worden ist.

War Rudolf Heß in den dreißiger Jahren organisch krank? Offenbar nicht. Im Untersuchungsbericht von Dr. J. Gibson Graham, Oberstleutnant im Royal Army Medical Corps, der Heß am 11. Mai 1941 im Militärhospital von Drymen bei Glasgow untersuchte, heißt es: »Die körperliche Untersuchung gab keinen Hinweis auf eine organische Erkrankung. Blutdruck: 130/85. Urinprobe: Eiweißstoffe. Zucker, sonstige anomale Rückstände negativ. Kahn-Blutprobe negativ. Röntgenaufnahme zeigt klare Lungenfelder mit Ausnahme einer kleinen verkalkten Region im oberen rechten Lungenflügel.« Auch die Herztöne waren normal, und das Abtasten des Bauches ergab keinerlei Hinweise, die eine eingehendere Untersuchung einzelner innerer Organe als notwendig hätten erscheinen lassen.

Heß' einziges nachweisbares organisches Leiden war im Jahre 1937 eine leichte Prostatitis, die von dem Münchner Arzt Dr. Ludwig Schmitt behandelt und ausgeheilt wurde – jenem Dr. Schmitt, der dem »blutigen Freitag« vom 30. Juni 1934 entkommen war, weil er gerade Urlaub machte, und an dessen Stelle der Musikkritiker Dr. Schmidt irrtümlich erschossen wurde.

Nach den Begriffen der Schulmedizin war Rudolf Heß also kerngesund.

Tatsache aber ist – und viele Zeugen bestätigen dies –, daß Heß seit 1933 in mehr oder weniger kurzen Abständen unter starken Magen- und Gallenkoliken litt, unter Nierenschmerzen, Herzstichen, häufigen Verdauungsstörungen und quälender Schlaflosigkeit.

Es wäre zu einfach, Heß während dieser Jahre als Hypochonder abzutun, wie es vielfach geschehen ist. Diese Schmerzen waren nicht eingebildet, er litt tatsächlich sehr darunter.

Er konsultierte eine ganze Reihe von Ärzten. Bevor einer davon überhaupt eine Diagnose entwickeln konnte, wurde Heß schon ungeduldig und suchte den nächsten Arzt auf.

Mitte der dreißiger Jahre begann Heß der Schulmedizin zu

mißtrauen und wandte sich Außenseitern der Medizin und unorthodoxen Heilmethoden zu.

Sein Adjutant Alfred Leitgen berichtet: »Herr Heß hatte ein außerordentlich großes Interesse an medizinischen und biologischen Problemen entwickelt. Dabei war er durchaus kein engstirniger Fanatiker, der sich auf eine bestimmte Methode versteifte. Im Gegenteil, er machte der sogenannten Schulmedizin gerade zum Vorwurf, daß sie engstirnig sei, mit Scheuklappen und Vorurteilen behaftet. Er neigte zur ganzheitlichen Betrachtungsweise. Anfang des Krieges erzählte er mir einmal von seinem Plan, eine Akademie zu gründen, in der auch sogenannte ›Außenseiter‹ vorurteilsfrei Forschungen betreiben könnten. Gesicherte Ergebnisse sollten dann der gesamten Medizin zur Verfügung gestellt werden. Er war von diesem Projekt fasziniert und zeigte stets große Begeisterung, wenn er davon sprach.«

Heß übernahm die Schirmherrschaft über medizinische Kongresse und förderte mit seinem Namen und mit staatlichen Subventionen auch Kliniken, die ihre Behandlungsmethoden auf Naturheilverfahren, Homöopathie und »Ganzheitsmedizin« aufbauten: die sogenannten »Rudolf-Heß-Krankenhäuser«.

Er selbst konsultierte vor allem drei Heilkundige: den homöopathischen Arzt Dr. Kurt Schauer in Höllriegelskreuth bei München, den Heilpraktiker Reuter in der Hohenzollernstraße in München-Schwabing und den Heilpraktiker Zeileis in Gallspach bei Linz, in dessen Klinik er öfter wochenlange Kuren machte.

Ingeborg Sperr, Heß' Sekretärin in seinem Berliner Büro, hat in Nürnberg folgende Aussage gemacht: »Auf Reisen oder in privater Umgebung war er viel gelöster und heiterer als im Büro oder bei offiziellen Verpflichtungen. Auch seine Gesundheit schien dann viel besser zu sein.«

Ein ehemaliger Schüler der »Adolf-Hitler-Schule« in Sonthofen, einer jener nationalsozialistischen »Kadettenanstalten«, in denen die Partei Jungen im Gymnasialalter zur künftigen »Elite« des Deutschen Reiches heranbilden wollte, hat dem Autor folgendes Erlebnis berichtet. Der Schüler, heute ein vielbeschäftigter Werbefachmann, war damals 15 Jahre alt und begeisterter Hitlerjunge.

»Es war im Hochsommer des Jahres 1939, als Rudolf Heß unangemeldet das Internat besuchte und plötzlich in unserer Klasse stand. Ich wollte gerade das Zimmer verlassen, um in den Waschraum zu gehen, als, wie aus dem Boden gewachsen, der

Stellvertreter des Führers vor mir in der Tür stand. Er gab mir steif, ernst und würdevoll die Hand; unser Erzieher rief ›Achtung!‹ und machte dem prominenten Besucher militärisch Meldung. Heß forderte den Lehrer auf, im Unterricht fortzufahren. Er selbst stellte sich wie eine Statue an die Wand und betrachtete uns Jungen starr und finster mit seinen tiefliegenden Augen. Er sprach kein Wort. Nach einer Weile sagte er kühl und kurz ›Danke!‹, trat durch die Verandatür ins Freie und war so plötzlich verschwunden, wie er gekommen war.«

Seine Mitarbeiter berichten übereinstimmend, daß Heß eine außerordentlich präzise und korrekte Arbeitsweise wünschte. Kleine Fehler und Nachlässigkeiten tadelte er pedantisch. Jedoch nie laut oder zornig. Stets sehr ruhig. Er wurde niemals grob, wie zum Beispiel Martin Bormann. Die Damen seines Stabes, von der persönlichen Sekretärin bis hinunter zum kleinen Schreibmaschinenmädchen, behandelte er mit ausgesuchter Höflichkeit und Ritterlichkeit.

»Ich habe oft gedacht«, sagt Ingeborg Sperr, »wie gut es ihm täte, wenn er einmal richtig explodieren würde. Aber er schluckte jeden kleinen und großen Ärger hinunter, ohne sich etwas anmerken zu lassen.«

Diese Sekretärin war klüger als alle Heilpraktiker, die Rudolf Heß konsultierte. Heute ist jedem Laien klar, daß ständig aufgestauter Ärger ganz folgerichtig zu körperlichen Beschwerden führt. Und Heß war dünnhäutig und sensibel genug, um sich sehr häufig zu ärgern. Doch seinem Ärger Luft zu machen, das verbot ihm sein Streben nach asketischer »Selbstbeherrschung«. Das verbot ihm sein »Gentleman«-Ideal, wie er es sich zurechtgelegt hatte.

Seine Krämpfe, seine Koliken, hatten noch einen anderen Grund. Professor Hans Bürger-Prinz, der angesehene Hamburger Psychiater, nennt es ein »hysterisches Fluchtsyndrom«.

Rudolf Heß hatte sich bedingungslos auf Hitler eingestellt. Er hatte Hitler als »zweiten Vater« gewollt. Seine glücklichste Zeit war die der intimen Freundschaft, des täglichen Zusammenseins mit seinem Idol. Die Zeit in Landsberg, die Jahre als Privatsekretär, als engster Vertrauter an der Seite des Freundes. All das war seit 1933 unwiederbringlich verloren. Heß spürte, daß Hitler sich von ihm entfernte; daß er ihn nicht mehr in jeden seiner Pläne einweihte; daß die Beziehungen kühler, offizieller wurden – von wenigen Stunden privaten Zusammenseins abgesehen.

Ein Hysteriker, wie Heß es der Anlage nach zweifellos war, stellt sich einer solchen Situation nicht. Er flieht. Nicht nur ins Privatleben hinein. Er flieht in die Krankheit.

Die Bekanntschaft mit Quacksalbern, die gierige Lektüre von Schriften und Traktaten – zum Teil obskurster Art – über Homöopathie, Naturheilkunde und Augendiagnostik hat noch andere Folgen: Heß beschäftigt sich in jenen Jahren immer mehr mit anderen »Randgebieten« und sucht die Bekanntschaft ihrer nicht selten fanatischen und vernagelten Protagonisten. Astrologie, Traumdeutung, Hellseherei, Wünschelrutengehen werden ebenso interessiert studiert wie die Lehren der Anthroposophie und der Theosophie. Heß nimmt die Rudolf-Steiner-Schulen unter seinen persönlichen Schutz, obgleich sie für die »reine Lehre« des Nationalsozialismus à la Rosenberg ein Ärgernis sind, zumal der Gründer, Rudolf Steiner, »nicht-arischer« Abstammung war.

Die »biologisch-dynamische« Ernährungsweise wird von Heß mit einem so ausgeprägten Ernst betrieben, daß er sich, wie wir sahen, nicht einmal scheut, sein Essen mit an den Mittagstisch Hitlers in die Reichskanzlei zu bringen.

Sehr ernsthaft befaßt er sich mit dem Wünschelrutengehen. Allerdings bestritten sowohl seine Frau als auch sein Sohn die von einigen Naziprominenten kolportierte Geschichte, Heß habe auf Reisen in jedem Hotel nach möglicherweise ungünstigen Erdstrahlen geforscht und das Bett entsprechend umstellen lassen. Offenbar gehört diese Geschichte zu jenen, die nach seinem Englandflug verbreitet wurden, um den früheren Stellvertreter als ausgemachten Narren zu diskreditieren.

Besonders Goebbels liebte es, derartige Geschichten zu erzählen.

Goebbels hat sich nie daran genug tun können, Heß mit Hohn und Spott zu überschütten. Eine Lieblingsgeschichte von Goebbels war die, Heß sei impotent und gar nicht in der Lage gewesen, ein Kind zu zeugen. Der Sohn könne also gar nicht von ihm stammen.

Gewiß litt Heß als hoher Würdenträger des Dritten Reiches angesichts der bevölkerungspolitischen Einstellung der Nazis ganz besonders darunter, nach mehrjähriger Ehe noch immer kein Kind zu haben, und war überglücklich, als 1937 endlich der ersehnte Sohn zur Welt kam.

Taufpate von Wolf Rüdiger Heß war Adolf Hitler. In der Frühzeit der NSDAP war »Wolf« Hitlers Deckname gewesen. Und mit »Wolf« hatte Heß seinen Führer auch in den Jahren der engen, vertrauten Freundschaft angeredet. Für ihn war es selbstverständlich, seinem Sohn diesen Namen zu geben.

Ob Hitler vom Flug seines Stellvertreters nach England wußte, ob er sogar dahinterstand, ist umstritten. In einem späteren Kapitel wird die Frage – zumindest durch einen Indizienbeweis – bejaht werden. Feststeht, daß die ganze Aktion den Stempel von Hitlers eigenem außenpolitischen Dilettantismus trägt.

Als Hitler 1933 Reichskanzler wird, gibt es ein Ministerium, das sich der »Gleichschaltung« und dem Einfluß der Partei zunächst noch entziehen kann: das AA, das Außenamt. (Die Berufsdiplomaten nannten ihre Institution bezeichnenderweise nicht »Ministerium«, sondern in vornehmer Untertreibung »Amt«.)

Hitler haßt das Außenamt. Er hält es für ein Mekka der aristokratischen Reaktion und des Internationalismus. Während er die anderen Ministerien von »Nichtariern« und Freimaurern reinigt, bleiben im Außenamt zunächst sogar jüdische Beamte und Diplomaten unbehelligt.

Den Berufsdiplomaten Bismarckscher Prägung mißtraut Hitler. Aber treu ergebene Parteigenossen gelten bei ihm schon dann als außenpolitische Experten, wenn sie im Ausland geboren sind. Zwar hat er zwei Parteifreunde, die wirkliche Kenner des Auslands sind – Hanfstaengl und Lüdecke –, aber auch diesen mißtraut er, weil er sie zu selbständig findet und ihn die »weltgewandte Respektlosigkeit« der beiden stört.

Hitler selbst sind andere Länder und deren Gesellschaftsformen, politische Einrichtungen und die Mentalität ihrer Bewohner völlig fremd. Da er keine Fremdsprache spricht, ist er nicht einmal in der Lage, eine englische, amerikanische oder französische Zeitung zu lesen. Hanfstaengl, der Harvard-Absolvent, hatte Hitler in den zwanziger Jahren mehrmals angeboten, ihm Englischunterricht zu erteilen. Ihn sogar auf eigene Kosten rund um die Welt zu begleiten oder wenigstens nach England. Hitler hatte immer mürrisch abgelehnt.

Es ist diese Borniertheit, aus der heraus Hitler den Weinreisenden Ribbentrop zum Botschafter in London und später zum Reichsaußenminister macht. Als der »Englandkenner« Ribbentrop am 14. Juni 1945 in einer Pension in der Hamburger Schlüterstraße unter dem Namen Reiser aufgestöbert und verhaftet wird, findet ein erstaunter Offizier in der Rocktasche des Ex-Ministers

Rudolf Heß
1933

Festung Landsberg 1923. Von links: Hitler, Emil Maurice,
Oberstleutnant Kriebel, Rudolf Heß und Dr. Friedrich Weber

Auf dem Münchner Oberwiesenfeld wird Rudolf Heß nach dem
Zugspitz-Flug 1934 von seiner Frau Ilse beglückwünscht.

Stellvertreter und Führer:
Rudolf Heß und Adolf Hitler

Rudolf Heß mit seinem Sohn
Wolf-Rüdiger

Rudolf Heß im »Haus der deutschen Kunst« mit
Josef Goebbels (links) und dem Maler Mathias Padua (rechts)

Titelseite des »Daily Record«
vom 13. Mai 1941

Rudolf Heß beim Verhör durch US-Colonel John Amen
vor Beginn des Nürnberger Prozesses

Rudolf Heß im Garten des Spandauer Gefängnisses
in Berlin

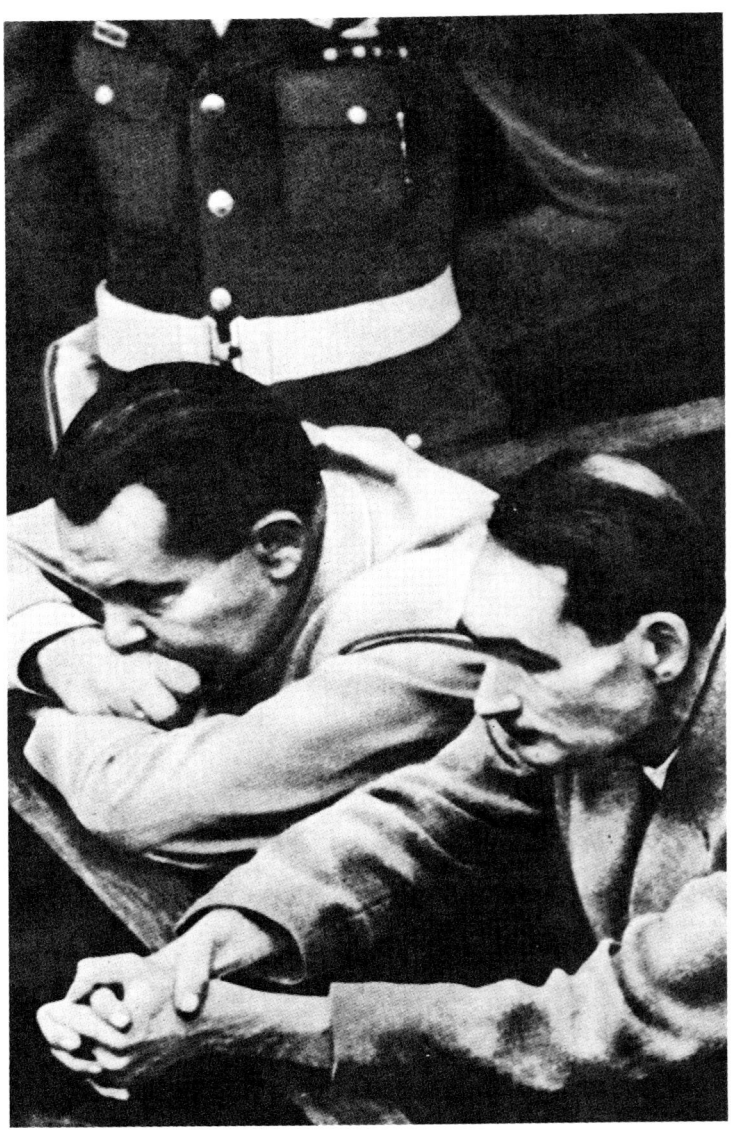

Rudolf Heß (rechts) und Hermann Göring
auf der Anklagebank von Nürnberg

einen Brief, adressiert an »Mr. *Vincent* Churchill«. Der Außenminister des Deutschen Reiches kannte nicht einmal den richtigen Vornamen des britischen Premierministers!

Hitler weiß 1933, daß er noch nicht auf die verhaßten Berufsdiplomaten des Außenamtes verzichten kann. Aber er läßt eigene außenpolitische Organisationen aufbauen, mit denen er die »reaktionären« Diplomaten eines Tages zu ersetzen hofft.

Da ist einmal das »Außenpolitische Amt der NSDAP« unter der Leitung des Balten Alfred Rosenberg, der in Moskau Architektur studiert hat und bei Hitler deshalb als außenpolitischer Experte gilt. Das Amt ist eine Art Außenministerium der Partei. Natürlich kommt es häufig zu Reibereien zwischen Rosenberg und Außenminister von Neurath, aber das ist Hitler gerade recht. Seine Devise heißt: Teile und herrsche.

Auch Rudolf Heß ist für Hitler ein außenpolitischer Fachmann, denn er ist in Ägypten geboren. Und so beauftragt er Heß, sich ein kleines außenpolitisches Imperium aufzubauen.

Am 3. Oktober 1933 übernimmt Heß die »Auslandsorganisation der NSDAP«, die 1931 in Hamburg gegründet worden war. Als ihm direkt unterstellten Chef der AO mit dem Rang eines Gauleiters setzt er den 31jährigen Ernst Wilhelm Bohle ein. Auch Bohle hat etwas, das ihn in Heß' und Hitlers Augen zum außenpolitischen Fachmann qualifiziert: Er ist in Bradford in England geboren, in Südafrika aufgewachsen.

Ursprünglich war es die Aufgabe der AO gewesen, sich um die im Ausland lebenden Parteigenossen zu kümmern. Als Heß die Organisation übernimmt, ordnet er sofort an, daß alle im Ausland lebenden deutschen Staatsbürger in Bohles Büro registriert werden müssen. Parteimitglieder, die eine Auslandsreise unternehmen, müssen Bohle unterrichten und ihm nach der Rückkehr Bericht geben. Langsam sammelt sich auf diese Weise ein nützlicher Berg nachrichtendienstlicher Information an.

Ein Jahr später macht Heß seinen Bruder Alfred, das »Brüderchen«, zu Bohles Stellvertreter. Schließlich wird Bohle 1937 Repräsentant der Partei im Außenministerium und kann die deutschen Botschaften und Gesandtschaften mit in seine Arbeit einspannen.

Unter Heß' Leitung steht unter anderem der »Volksbund für das Deutschtum im Ausland« (VDA). Die Organisation ist für jene Deutschen zuständig, die Staatsbürger anderer Länder sind. Präsident des VDA wird Professor Karl Haushofer, Heß' alter

Mentor und Universitätslehrer. Gleichzeitig wird Haushofer Vorsitzender des »Volksdeutschen Rates«, der sich besonders der deutschen Minderheiten in der Tschechoslowakei und Polen annimmt. Praktisch eine kaschierte »fünfte Kolonne«.

Schließlich etabliert Heß in seinem Ministerium auch noch das »Büro Ribbentrop«, als Konkurrenz zu Rosenberg.

Der Dschungel von Kompetenzüberschneidungen und Querverbindungen bei den einzelnen Organisationen führt zu endlosen Streitereien. Zwischen Haushofer und Bohle. Zwischen Rosenberg und Ribbentrop. Zwischen Rosenberg und Bohle. Zwischen ihnen allen und dem Außenamt.

Heß findet Gefallen daran, in der Außenpolitik zu dilettieren. Mehr Gefallen als an der Parteiadministration, die Bormann inzwischen fest in der Hand hat.

Über den Volksdeutschen Rat gewinnt er gemeinsam mit Haushofer Einfluß auf die Sudetenfrage. James Leasor schreibt: »Es ist überliefert, daß Haushofer nach der Unterzeichnung des Abkommens auf sein Gut zurückkehrte und seiner Familie gegenüber äußerte: ›Mit diesem Münchner Abkommen können wir die nächsten zehn Jahre deutsche Außenpolitik machen.‹ Er war seiner Sache so sicher, daß er sich die Titelseite des ›Völkischen Beobachters‹ einrahmen ließ. In dieser Ausgabe standen Einzelheiten über den Abschluß des Münchner Abkommens. Am Tage, als der Krieg ausbrach, ungefähr ein Jahr später, schrieb seine Frau quer über die Seite: ›Aufheben als Erinnerung an eine große Illusion.‹«

Während des Spanischen Bürgerkrieges hat Heß sogar die Chance, seine eigene Außenpolitik hinter dem Rücken des Außenamtes zu machen. Im Juli 1936 schreibt General Franco, der Führer der spanischen Rebellen, persönliche Briefe an Hitler und Göring und ersucht um deutsche Hilfe. Als Kuriere wählt er zwei in Marokko ansässige deutsche Mitglieder der NSDAP-Auslandsorganisation. Bohle weigert sich, das Außenamt einzuschalten, und gibt die Briefe an Heß weiter. Hitler ist gerade in Bayreuth, als sein Stellvertreter mit dem Brief erscheint. Ohne das Außenamt überhaupt zu konsultieren, sagt der Führer Franco Unterstützung zu. Heß stellt den Apparat seiner Auslandsorganisation für die Lieferung von Waffen und die Einschleusung von Truppen zur Verfügung. Ein kompletter Bruch des Nicht-Interventions-Abkommens, das kurz zuvor vom Außenamt mit England und Frankreich abgeschlossen worden war.

Als Gegenleistung für die Waffenhilfe importiert die AO durch selbstgegründete Scheinfirmen Eisenerz, Olivenöl und Wolle aus den von Francos Truppen besetzten Gebieten. Unbezahlbar macht sich die AO gerade im Spanischen Bürgerkrieg als Spionagezentrale in Konkurrenz zur »Abwehr« der Wehrmacht.

Am 12. März 1938 rücken deutsche Truppen nach dem zwischen Göring und Seyß-Inquart telephonisch ausgehandelten Staatsstreich in Österreich ein. Heß und Himmler sind die ersten hohen Naziführer, die mit dem Flugzeug in Wien eintreffen. Himmler, um die Gestapo-Aktionen vorzubereiten, Heß, um das Gesetz über den »Anschluß« zu unterzeichnen.

10. KAPITEL

Ein Plan kommt zum Reifen

»Rudi Heß und seinesgleichen ist nicht mehr zu helfen«, schreibt im Juni 1932 Albrecht Haushofer an seinen Vater, den General a. D. und Universitätsprofessor.

Nach 1933 aber ist der brillante junge Wissenschaftler und Poet Dr. Albrecht Haushofer, Präsident der Deutschen Geographischen Gesellschaft und – nach den Rassegesetzen der Nazis – »Mischling zweiten Grades«, Heß' Schützling und Berater geworden. Ohne Albrecht Haushofer wäre Heß niemals auf den Gedanken gekommen, nach England zu fliegen. Daß das Unternehmen scheiterte, war nicht Albrecht Haushofers Schuld.

Am 23. April 1945 um 1.05 Uhr, während Rudolf Heß in seinem Zimmer im Hospital von Maindiff Court bei Abergavenny im südlichen Wales schläft, wird Albrecht Haushofer – zusammen mit 14 anderen – in einem Trümmergrundstück des Ulap-Ausstellungsgeländes in Berlin von einem SS-Kommando durch Genickschuß getötet.

»Einer der faszinierendsten und geheimnisvollsten Charaktere hinter den Kulissen des Dritten Reiches«, so beschreibt James Douglas-Hamilton Albrecht Haushofer in seinem Buch »Geheimflug nach England«.

Mit 17 Jahren macht Albrecht Haushofer das Abitur, studiert anschließend Geschichte und Geographie an der Münchner Universität. 1924, im Alter von 21 Jahren, besteht er sein Doktorexamen summa cum laude. Ein Jahr später wird der junge Wissenschaftler, der sich auch schon als Lyriker und Dramatiker einen Namen gemacht hat, Generalsekretär der weltberühmten »Gesellschaft für Geographie« in Berlin und Herausgeber ihrer Zeitschrift. Er reist viel, kennt alle europäischen Länder, den Nahen und Fernen Osten, Nord- und Südamerika, die Sowjetunion.

140

Politisch ist er ein konservativ-liberaler Nationalist, ein Befürworter der konstitutionellen Monarchie nach britischem Vorbild. Er bewundert das Zweiparteiensystem und hat eine ganze Reihe von Freunden unter den Abgeordneten des britischen Unterhauses.

Für die Ideologie der Nazis zeigt er keine Begeisterung. Er ist niemals Mitglied der NSDAP geworden. Er trägt sich sogar mit der Idee, auszuwandern, als Hitler an die Macht kommt.

Sein Dilemma: Albrecht Haushofer ist jüdischer Abstammung. Seine Mutter Martha ist Halbjüdin, er selbst gilt als »Mischling zweiten Grades«, das heißt praktisch als Bürger zweiter Klasse. Anfang 1933 sieht er seine berufliche Position gefährdet. Er leidet unter tiefen Depressionen, bis er – seinem Vater zuliebe – im Juni 1933 von Rudolf Heß einen persönlichen »Schutzbrief« erhält, der ihn vor Anfeindungen und Belästigungen bewahren soll.

Heß tut noch mehr. Durch die Vermittlung des Führer-Stellvertreters, unter dessen Kontrolle inzwischen auch die deutschen Universitäten und Hochschulen gekommen sind, erhält er eine Dozentur für Politische Geographie an der Berliner Hochschule für Politik.

Aber unsicher fühlt Albrecht Haushofer sich immer noch. An die Mutter schreibt er: »Was wird geschehen, wenn Vaters Freund (gemeint ist Heß) eines Tages an Einfluß verliert?«

Die Naziprominenz behandelt ihn mit Mißtrauen und Feindseligkeit. Goebbels nennt ihn öffentlich einen »Juden mit Ehrenarierdiplom«. Heß aber macht Albrecht 1934 zu seinem persönlichen Berater für Außenpolitik und gibt ihm sogar eine offizielle Position als Assistent in der »Dienststelle Ribbentrop«.

Jetzt entschließt sich Albrecht Haushofer trotz aller Bedenken, trotz seiner ablehnenden Einstellung zum Nationalsozialismus, für das Regime Hitlers zu arbeiten. Nach den hinterlassenen Briefen besteht kein Zweifel daran, daß er hoffte, auf Heß und Ribbentrop – und damit auf Hitler – einen mäßigenden Einfluß ausüben zu können. Er sah sich als eine Art von Talleyrand des Dritten Reiches.

Im November und Dezember 1936 schickt Heß seinen Berater zusammen mit dem Grafen Trautmannsdorff von der »Dienststelle Ribbentrop« zu Unterredungen mit dem tschechoslowakischen Ministerpräsidenten Benesch nach Prag. Albrecht Haushofer hatte auch schon das erste Treffen zwischen Heß und Konrad

Henlein, dem Führer der Sudetendeutschen Partei, 1934 in Reicholdsgrün vermittelt.

Aus Prag kommt Haushofer mit einem Vertragsvorschlag Beneschs zurück, der seine eigenen skeptischen Erwartungen weit übertrifft. Der Entwurf sieht vor:

1. Einen Nichtangriffspakt zwischen Deutschland und der Tschechoslowakei.
2. Neutralität der Tschechoslowakei im Falle eines russischen Angriffs auf Deutschland.
3. Gegenseitiger Pressefrieden. Unterdrückung der propagandistischen Tätigkeit deutscher Emigranten in Prag gegen das Dritte Reich.
4. Ein Handelsabkommen mit besonderer Bevorzugung der sudetendeutschen Gebiete.
5. Kulturelle Autonomie für die Sudetendeutschen. Vorbereitung einer regionalen Autonomie. Verbesserung des Status der Sudetendeutschen im tschechoslowakischen Staat.

Rudolf Heß ist fasziniert von Haushofers Verhandlungserfolg, in dem er eine Lösungsmöglichkeit der sudetendeutschen Probleme sieht. Er sorgt dafür, daß Haushofer von Hitler empfangen wird. Aber der Führer scheint in Wirklichkeit gar nicht an einer Verbesserung der Lage der sudetendeutschen Minderheit interessiert zu sein. Ein Vertrag wie der zwischen Benesch und Haushofer ausgehandelte würde eine Krise verhindern. Hitler aber will die Krise. Er ist schon damals, 1936, entschlossen, die Tschechoslowakei in absehbarer Zeit zu zerschlagen. Auf dem Aide-mémoire, das Albrecht Haushofer mitgebracht hat, streicht er die Punkte 1 und 5 mit Rotstift durch. »Über die anderen Punkte können Sie weiter verhandeln«, sagt er. »Aber es eilt nicht. Geben Sie Herrn Benesch einfach nur das Gefühl, daß wir die Verhandlungen nicht abbrechen.«

Haushofer verläßt die Besprechung tief enttäuscht.

Im Frühjahr 1937 beginnt Goebbels mit einer Propagandakampagne gegen die ČSR. Haushofers Bemühungen sind gescheitert.

Aber auch Heß ist enttäuscht. Seine Gespräche mit Konrad Henlein hatten das Ziel gehabt, mehr Autonomie für die Deutschen in der ČSR zu erreichen. Er hatte Henlein davor gewarnt, lautstark den Anschluß an Deutschland zu fordern. Er hatte ihm zur Mäßigung geraten. Auf sein Drängen hin hatte Henlein sogar eine Loyalitätserklärung zur Tschechoslowakischen Republik abgegeben. In legalen Wahlen war er Führer der stärksten Fraktion im Prager Parlament geworden. Eine friedliche Lösung hatte sich abgezeichnet. Heß war nicht wenig stolz darauf gewesen, hinter dem Rücken des Außenamtes eine erfolgversprechende Außenpolitik zu machen.

Jetzt weiß er, daß Hitler die gewaltsame Auseinandersetzung sucht. Während Goebbels seinen Propagandafeldzug beginnt, erteilt Hitler seinem Kriegsminister, dem Feldmarschall von Blomberg, den Auftrag, den Operationsplan für einen Überraschungsangriff gegen die Tschechoslowakei auszuarbeiten. Deckname: »Fall Grün«.

Ende Juli 1937 reist Albrecht Haushofer im Auftrag von Heß in den Fernen Osten. Japan befindet sich mit China im Krieg. Haushofer soll einen Situationsbericht geben und Empfehlungen für die deutsche Haltung in diesem Konflikt ausarbeiten.

Haushofer empfiehlt Zurückhaltung und warnt vor einer allzu engen Allianz zwischen Deutschland und Japan. Das durch die japanische Invasion in China entstandene Chaos müsse zwangsläufig die Entwicklung zum Kommunismus fördern. Er erklärt seine Sympathie für China, das er aus wirtschaftlichen Gründen für den besseren Partner Deutschlands im Fernen Osten betrachtet. Er empfiehlt Hitler, die Japaner zur Mäßigung zu mahnen.

Hitler und Heß empfangen Albrecht Haushofer im Salonwagen des Führers auf der Fahrt von München nach Berchtesgaden. Hitler hört mit Interesse zu. Als aber Haushofer anregt, die chinafeindliche Politik des Dritten Reiches noch einmal zu überdenken, sagt der Führer in sehr bestimmtem Ton: »Ich habe mich entschlossen, auf den Sieger zu setzen. Und der Sieger heißt Japan.«

Wieder ist Albrecht Haushofer mit seiner Mission gescheitert.

Als er später Heß gegenüber seine Enttäuschung äußert, meint dieser nur: »Sicher mögen Ihnen die feingesponnenen strategischen Pläne des Führers auf den ersten Blick unverständlich erscheinen. Aber glauben Sie mir, ich kenne ihn besser als Sie. Er sieht weit voraus in die Zukunft. Und er wird alles zum Besten wenden.«

Resigniert sieht Haushofer ein: Man legt Wert auf sein Wissen, seine Verbindungen. Auf seine Ratschläge legt man keinen Wert. Und der Mann, der schon als Sekundaner den Wunsch hatte, Außenminister zu werden, zieht sich resigniert zurück.

Heß aber will auf seinen Berater nicht verzichten. Er kennt inzwischen die aggressiven Pläne des Führers.

Am 5. November 1937 hat Hitler den Befehlshabern der drei Wehrmachtsteile in einer Besprechung in der Reichskanzlei gesagt, daß es »sein unabänderlicher Entschluß« sei, spätestens 1943 die »deutsche Raumfrage« zu lösen. »Zur Lösung der deutschen Frage kann es nur den Weg der Gewalt geben«, hatte Hitler gesagt. Rudolf Heß war bei der Besprechung nicht dabei, aber er kennt das Protokoll, das der Oberst Hoßbach vom Generalstab darüber angefertigt hat. Und in diesem Protokoll heißt es auch: »Zu den seitens des Feldmarschalls von Blomberg und des Generalobersten von Fritsch hinsichtlich des Verhaltens Englands und Frankreichs angestellten Überlegungen äußerte der Führer in Wiederholung seiner bisherigen Ausführungen, daß er von der Nichtbeteiligung Englands überzeugt sei.«

Hitler vertraut darauf, was sein Botschafter in London, Joachim von Ribbentrop, ihm über Englands Haltung gesagt hat. Er glaubt den Einwänden Görings nicht, daß Ribbentrop durch sein arrogantes Auftreten in England die Stimmung zu ungunsten Deutschlands verändert habe; daß Ribbentrop maßlos übertreibe, wenn er mit seinen guten Verbindungen zu höchsten politischen Kreisen prahle. Hitler hat Gefallen an dem ehemaligen Sektvertreter gefunden. Denn Ribbentrop sagt, was Hitler hören will.

Rudolf Heß weiß: Jene Verbindungen, mit denen Ribbentrop sich schmückt, hat in Wirklichkeit Albrecht Haushofer. Er steht auf freundschaftlichem Fuß mit Parlamentsabgeordneten wie Harold Balfour, Kenneth Lindsay oder Jim Wedderburn. Er kennt Lord Lothian, den britischen Botschafter in Washington, und Sir Samuel Hoare, den Botschafter in Madrid. Er freundet sich mit einem jungen Mann namens David Douglas-Hamilton an, der ihn mit seinem Bruder zusammenbringt. Dieser Bruder ist der Marquis of Clydesdale. Nach dem Tode seines Vaters wird er 1940 Duke of Hamilton.

Ein interessanter Mann, dieser Clydesdale, Sproß einer der ältesten schottischen Adelsfamilien, mit verwandtschaftlichen Bindungen zum englischen Königshaus. Clydesdale ist Mitglied des Unterhauses und Freund des Außenministers Lord Halifax und dessen Sekretärs Lord Dunglass, des späteren Sir Alec Douglas-Home. Clydesdale ist auch begeisterter Flieger und Luftwaffenexperte. 1933 hat er den höchsten Berg der Welt, den Mount Everest, überflogen. Eine für damalige Zeiten hervorragende fliegerische Leistung.

Haushofer und Clydesdale werden gute Freunde. Sie nennen einander »Albrecht« und »Douglo«.

Heß imponieren die Verbindungen seines Beraters. Er beauftragt Albrecht herauszufinden, welche Haltung England wirklich im Falle eines bewaffneten deutschen Angriffs auf die ČSR einnehmen würde. Haushofer fährt mehrmals nach England, trifft Clydesdale und eine Reihe anderer Politiker.

Haushofer übergibt Heß seinen Bericht. Das Ergebnis: Viele britische Politiker sind durchaus deutschfreundlich eingestellt. England würde mit sich reden lassen über Grenzkorrekturen zugunsten Deutschlands. Über eine echte multilaterale Abrüstung, über die Rückgabe einiger deutscher Kolonien. Eine gewaltsame Lösung der sudetendeutschen Frage aber wäre für England (und aller Wahrscheinlichkeit nach auch für Frankreich) der Casus belli. In einem solchen Krieg würde die ganze Nation hinter der Regierung stehen. England würde den Krieg als Kreuzzug für eine Befreiung Europas vom deutschen Militarismus führen. Mit der Hilfe der USA (von der man in London überzeugt sei) würde man den Krieg gegen Deutschland gewinnen. Bedauerlicherweise würde der eigentliche Gewinner in Europa aber der Bolschewismus sein.

Heß sendet Haushofers Bericht über Ribbentrop – der inzwischen Außenminister geworden ist – an Hitler. Ribbentrops verächtliche Randbemerkung: »Englische Geheimdienstpropaganda!«

Und in Hitlers Augen scheint Ribbentrop recht zu behalten. Das Säbelrasseln des Führers bringt England, Frankreich und Italien an den Münchner Konferenztisch. Mit britischem Segen wird die Tschechoslowakei demontiert. Die Grenzen der Rumpf-Tschechoslowakei werden von den vier Mächten – einschließlich Deutschlands – garantiert.

Doch wenige Monate später, am 13. März 1939, erklärt sich die Slowakei als unabhängiger Staat und stellt sich unter Hitlers Druck »unter den Schutz des Deutschen Reiches«. Im britischen Unterhaus erklärt Premierminister Chamberlain, damit habe die Tschechoslowakei aufgehört zu existieren. Die von England gegebene Garantie ihrer Grenzen sei damit hinfällig geworden.

Die verbleibende »Rumpf-Tschechei« ist nun Hitler ausgeliefert. In der Nacht vom 14. zum 15. März zwingt der Diktator den tschechischen Staatspräsidenten Dr. Hacha und dessen Außenminister Chvalkovsky, in Berlin einen Vertrag zu unterzeichnen, der das restliche tschechische Staatsgebiet – Böhmen und Mähren – zum Protektorat des Deutschen Reiches macht. Dem tschechischen Volk soll eine »seiner Eigenart gemäße autonome Entwicklung seines Lebens« gewährleistet werden.

Als Dr. Hacha gegen diese Vergewaltigung protestiert, droht Göring ihm, Prag mit der Luftwaffe zu bombardieren. Der alte Herr erleidet einen Herzanfall und bekommt von Hitlers Leibarzt Morell eine Stärkungsspritze. Dann unterschreibt er, grau im Gesicht.

Am nächsten Morgen besetzen deutsche Truppen ohne Gegenwehr das tschechische Staatsgebiet. Hacha darf Präsident bleiben, »mit allen Ehrenrechten eines Staatsoberhauptes«. Er darf einen Gesandten in Berlin unterhalten. In seine Regierung muß er allerdings zwei neue Staatssekretäre mit weitreichenden Vollmachten aufnehmen. Der eine heißt Karl Hermann Frank und ist der Führer der NSDAP in der ČSR, der andere heißt Konrad Henlein. Und die eigentliche Exekutivgewalt liegt beim »Reichsprotektor« von Neurath, der seinen Amtssitz auf dem Hradschin, der Prager Burg, aufschlägt.

England und Frankreich überreichen Protestnoten. Mehr nicht.

Zu Albrecht Haushofer sagt Rudolf Heß: »Sehen Sie, Ribbentrop hatte doch recht. Sie waren einfach zu pessimistisch!«

Heß schätzt seinen Berater noch immer. Allerdings macht er eine Einschränkung. »Dr. Haushofer ist ein hochgescheiter Mann«, sagt er zu Bohle. »Aber eben ein Theoretiker, kein Praktiker in der Politik.« Zu Hitler wird Albrecht Haushofer nicht mehr gebeten.

Sein Vater hat ihm von einer gespenstischen Begegnung mit Hitler im November 1938 berichtet, einen Monat nach dem Münchner Abkommen. Der Professor war von einem wissenschaftlichen Kongreß der Volta-Gesellschaft in Rom zurückgekehrt. Er hatte Heß dringend gebeten, ihm eine baldige Unterredung mit Hitler unter vier Augen zu vermitteln, da er dem Führer Dinge von größter Wichtigkeit mitzuteilen habe.

Die Gelegenheit ergibt sich anläßlich der Taufgesellschaft für Heß' Sohn Wolf Rüdiger in der Heßschen Villa in Harlaching. Hitler und Haushofer sind Taufpaten. Heß sorgt dafür, daß sein Führer und sein väterlicher Freund ungestört im Kaminzimmer miteinander reden können. Haushofer berichtet vom Kongreß, auf dem es um Probleme Afrikas ging.

»Ich habe mich besonders eingehend mit den englischen und französischen Delegierten unterhalten«, sagt der Professor. »Und ich habe dabei den Eindruck gewonnen, daß es möglich wäre, einige unserer Kolonien zurückzuerhalten, zum Beispiel Kamerun und Togo.«

Hitler blickt den Gelehrten kühl an. »Die Frage der Kolonien halte ich im Augenblick für nicht so wichtig.«

Haushofer fährt fort: »Ich habe noch einen anderen Eindruck gewonnen. Wenn wir uns streng an die Bestimmungen des Münchner Abkommens halten, können wir in England mit sehr viel Entgegenkommen rechnen, auch in der Frage Danzigs und des Korridors. Machen Sie Mr. Chamberlain doch einen Gegenbesuch, Herr Hitler. Man würde das in England als höfliche staatsmännische Geste auffassen. Auch die Stimmung in der englischen Bevölkerung könnten Sie durch einen Besuch sehr positiv beeinflussen.«

Hitler schaut gelangweilt.

Die Stimme des Professors wird lauter. »Warnen möchte ich dringend vor weiteren Schritten im Osten, vor allem gegen Polen, ohne daß Sie vorher die beiden Westmächte konsultieren.« Er hebt dozierend die Hand. »Bei einem gewaltsamen Vorgehen zur Lösung von Grenzproblemen wäre nach meinen Informationen ein Krieg mit England unvermeidlich!«

Hitler antwortet nichts. Schweigend fixiert er den alten Herrn. Plötzlich erhebt er sich, wendet sich um und verläßt grußlos den Raum.

Verwirrt wartet der Mann, den Hitler noch 1931 einem Zeitungskorrespondenten als »meinen engsten außenpolitischen Berater« vorstellte, auf die Rückkehr des Führers. Nach einer Weile erkundigt er sich. Hitler hat das Haus verlassen.

Der Geopolitiker Karl Haushofer, der Erfinder des Begriffes »Lebensraum«, der Mentor des Freundes Heß, der geistige Vater der deutschen Expansionspolitik, hat Adolf Hitler nie mehr wiedergesehen.

Am 31. März 1939 erklärt der britische Premierminister Neville Chamberlain vor dem Unterhaus: »Im Falle irgendeiner die Unabhängigkeit Polens eindeutig bedrohenden Aktion, angesichts deren die polnische Regierung es als notwendig erachtet, mit ihren nationalen Streitkräften Widerstand zu leisten, hält sich Seiner Majestät Regierung für verpflichtet, der polnischen Regierung sofort alle in ihrer Macht stehende Unterstützung angedeihen zu lassen. Ich darf hinzufügen, daß mich die französische Regierung ermächtigt hat, klarzustellen, daß sie in dieser Angelegenheit denselben Standpunkt einnimmt.«

Zwei Monate später, am 23. Mai, sagt Hitler vor führenden Militärs, daß der Krieg mit Polen unvermeidlich sei. »Danzig ist nicht das Objekt, um das es geht. Es handelt sich für uns um die Erweiterung des Lebensraumes im Osten und Sicherstellung der Ernährung. Lebensmittelversorgung ist nur von dort möglich, wo geringe Besiedlung herrscht. Neben der Fruchtbarkeit der Gebiete wird die deutsche gründliche Bewirtschaftung die Überschüsse gewaltig steigern. Die Schenkung kolonialen Besitzes in Afrika ist keine Lösung des Ernährungsproblems. Eine Seemacht wie England kann die Kolonie durch Blockade jederzeit vom Mutterland abschneiden.«

Der letzte Gedanke stammt nicht von Hitler. Er stammt von General a. D. Professor Dr. Karl Haushofer. Rudolf Heß hat den Gedanken seines Lehrers 1924 als Co-Autor in Hitlers »Mein Kampf« eingebracht.

War Heß sich in Landsberg und später auf dem Obersalzberg mit Hitler nicht einig gewesen, daß ein Krieg im Osten nur mit einem verbündeten, zumindest mit einem neutralen England möglich sei?

In der Reichskanzlei hat Heß wenige Tage später eine lange Unterredung mit dem Führer. »Wenn England die Garantieerklärung für Polen ernst meint, dann haben wir den gefürchteten Zweifrontenkrieg«, sagt Heß.

»Ich bin sicher, daß England sich mit einem Protest begnügt und wir uns anschließend arrangieren«, entgegnet Hitler. Und dann wiederholt er seinem Stellvertreter wörtlich, was er seinen Generalen am 23. Mai gesagt hat:

»Es darf nicht zu einer gleichzeitigen Auseinandersetzung mit dem Westen kommen. Ist es aber nicht sicher, daß im Zuge einer deutsch-polnischen Auseinandersetzung ein Krieg mit dem Westen ausgeschlossen bleibt, dann gilt der Kampf in erster Linie England und Frankreich. Der Grundsatz ist folgender: Auseinandersetzung mit Polen – beginnend mit dem Angriff auf Polen – ist nur dann von Erfolg, wenn der Westen aus dem Spiel bleibt. Ist das nicht möglich, dann ist es besser, den Westen anzufallen und dabei Polen zugleich zu erledigen.«

Heß spürt: Ist nicht ein Widerspruch in dem, was Hitler da in einem Atemzug sagt? Aber er bleibt stumm. Schließlich hat auch niemand von den Experten – den Generalen und Admiralen – am 23. Mai die Logik der Ausführungen Hitlers in Zweifel gezogen. Und Experten waren bei dieser Besprechung zugegen. Vom Heer: Generaloberst von Brauchitsch, Generaloberst Keitel, General der Artillerie Halder, die Generalstabsoffiziere Oberst Warlimont und Oberstleutnant Schmundt; von der Marine: Großadmiral Raeder, Konteradmiral Schniewind, Korvettenkapitän Albrecht; von der Luftwaffe: Feldmarschall Göring, Generaloberst Milch, General Bodenschatz, Oberst Jeschonnek. Es hat keinen Protest, keine Kritik gegeben.

Seit dem 3. April schon wird am »Fall Weiß«, dem Operationsplan gegen Polen, gearbeitet. Am 15. Juni ist die Aufmarschanweisung bis ins kleinste Detail fertig.

Heß fragt Albrecht Haushofer, ob die Garantieerklärung der Engländer für Polen diesmal ernstgemeint sei.

Haushofer antwortet trocken: »Sobald Deutschland Polen angreift, werden England und Frankreich den Krieg erklären.« Noch einmal geht Heß zu Hitler.

Doch Hitler glaubt Ribbentrop. Und Ribbentrop hat ihm versichert, England und Frankreich würden neutral bleiben. Dem italienischen Außenminister Graf Ciano bietet Ribbentrop sogar eine Wette an. Zu Heß sagt Hitler: »Ich bin der felsenfesten Überzeugung, daß die westlichen Demokratien doch vor einem allgemeinen Krieg zurückschrecken werden. Unsere Gegner sind kleine Würstchen. Ich habe sie doch in München gesehen. Herr Chamberlain zitterte vor Furcht, als ich nur das Wort ›Krieg‹ erwähnte.«

Als der britische Botschafter Henderson dem Führer ein persönliches Schreiben Chamberlains überbringt, ist auch Heß auf dem Berghof zugegen. Und er hört, wie Hitler zu dem Botschafter sagt: »England tut gut daran, sich klarzumachen, daß ich als Frontsoldat weiß, was ein Krieg bedeutet. Ich werde jedes verfügbare Mittel einsetzen. Es ist Ihnen doch wohl klar, Mr. Henderson, daß wir den Weltkrieg nicht verloren hätten, wenn ich damals Reichskanzler gewesen wäre!«

Mit höflichem Staunen nimmt der Engländer diesen Ausbruch von Größenwahn zur Kenntnis.

Und dann kommt Ribbentrop mit dem deutsch-sowjetischen Nichtangriffspakt aus Moskau zurück. Er hat die Engländer und Franzosen ausgestochen. Hitler feiert ihn als »zweiten Bismarck«.

Wieder läßt er Henderson zu sich rufen. Er schlägt ihm vor, er, Hitler, würde die Existenz des britischen Empire garantieren. »Mein großes, umfassendes Angebot unterliegt nur einer Bedingung: Es wird erst nach Lösung der deutsch-polnischen Frage wirksam.« Der britische Botschafter hat es nicht leicht, den phantastischen Gedankengängen Hitlers zu folgen.

Hitler meint sein Angebot ernst. Er glaubt fest daran, daß England, ebenso wie Rußland, eine Möglichkeit suche, sich aus einem Krieg zwischen Deutschland und Polen herauszuhalten.

Am 25. August wandelt England die Garantieerklärung für Polen in einen gegenseitigen Beistandspakt um. Hitler ist ratlos. Die Engländer scheinen doch Ernst zu machen. »Führer ziemlich zusammengebrochen«, schreibt General Halder in sein Tagebuch. Der für den 26. August um 4.30 Uhr angesetzte Angriff auf Polen wird um 20.30 Uhr abgeblasen.

Hitler fängt sich wieder. Er will einfach nicht daran glauben, daß England Ernst machen könnte. »Ich werde England nicht angreifen«, sagt er zu Heß. »Warum soll England mich angreifen?« Heß ist ernst. Er hofft, daß sein Führer recht behält.

Am 31. August befiehlt Hitler in seiner »Weisung Nr. 1 für die Kriegführung«, Polen am Morgen des nächsten Tages um 4.45 Uhr anzugreifen. Anderthalb Millionen deutsche Soldaten beziehen ihre Ausgangsstellung für einen Überfall ohne Kriegserklärung. General Halder notiert in sein Tagebuch: »Führer erwartet, daß England und Frankreich nicht marschieren.« Admiral Canaris, Chef der deutschen Abwehr: »Das ist das Ende Deutschlands.«

Am 1. September um 10 Uhr steht Adolf Hitler auf dem Podium des Reichstags. Hitler hat sich einen neuen Anzug schneidern lassen: einen schlichten feldgrauen Rock, mit dem Hoheitszeichen am Ärmel, auf der rechten Brustseite das Eiserne Kreuz Erster Klasse. Im Stuhl des Reichstagspräsidenten sitzt Hermann Göring. Er trägt die Uniform eines Feldmarschalls der Luftwaffe. Auf dem ersten Platz der Regierungsbank, neben dem freien Platz des Reichskanzlers, sitzt Rudolf Heß, Minister ohne Geschäftsbereich. Er trägt ein einfaches Braunhemd mit Krawatte, ohne Orden und Ehrenzeichen. Und dann kommt Hitler in seiner Rede zur Frage der Nachfolge.

»Ich habe wieder jenen Rock angezogen, der mir einst selbst der heiligste und teuerste war. Ich werde ihn nur ausziehen nach dem Sieg, oder ich werde dieses Ende nicht erleben. Sollte mir in diesem Kampfe nun etwas zustoßen, dann ist mein erster Nachfolger Parteigenosse Göring. Sollte Parteigenosse Göring etwas zustoßen, ist der nächste Nachfolger Parteigenosse Heß. Sie würden diesen dann als Führer genauso zu blinder Treue und Gehorsam verpflichtet sein wie mir. Sollte auch Parteigenossen Heß etwas zustoßen, werde ich durch Gesetz nunmehr den Senat berufen, der dann den Würdigsten, das heißt den Tapfersten, aus seiner Mitte wählen soll.«

Mit der Anspielung an einen »Senat« wollte Hitler lediglich alle Hoffnungen auf eine Wiederaufrichtung der Monarchie nach seinem Tode zerschlagen. Senat, das klingt römisch-republikanisch. Der Senat ist nie zusammengerufen worden. Vielleicht hätte er Hitler eines Tages ebenso absetzen können, wie der Faschistische Großrat 1943 Mussolini absetzte.

Göring und Heß, die beiden Nachfolger, begleiten Hitler vom Reichstag in die Reichskanzlei, wo der schwedische Geschäftsmann Birger Dahlerus wartet, um einen letzten Vermittlungsversuch zwischen Deutschland und England zu machen.

Hitler hat sich inzwischen noch etwas ausgedacht, um den Überfall auf Polen international zu verharmlosen. An die deutschen Missionen im Ausland ist folgendes Fernschreiben abgegangen: »In Abwehr polnischer Angriffe sind die deutschen Truppen heute beim Morgengrauen gegen Polen in Aktion getreten. *Diese Aktion ist vorläufig nicht als Krieg zu bezeichnen*, sondern lediglich als Kampfhandlungen, die durch polnische Angriffe ausgelöst worden sind.«

Dahlerus erklärt Hitler, er habe in London den sicheren Eindruck gewonnen, die britische Regierung meine es ernst mit ihrer Beistandserklärung für Polen. Dahlerus hat später in Nürnberg dieses Gespräch geschildert:

»Hitler erklärte mir, ihm sei schon immer klar gewesen, daß England den Krieg wolle. Ferner sagte er, er werde Polen schlagen und das ganze Land annektieren. Er wurde immer erregter, begann die Arme zu bewegen und schrie, während er direkt neben mir stand: ›Wenn England ein Jahr kämpfen will, so werde ich ein Jahr kämpfen; wenn England zwei Jahre kämpfen will, so werde ich zwei Jahre kämpfen!‹ Hier machte er eine Pause und schrie dann mit noch gellenderer Stimme und wilderen Gesten: ›Wenn England drei Jahre kämpfen will, werde ich drei Jahre kämpfen!‹ Nun folgten den Armbewegungen Körperbewegungen, und als er am Schluß laut schrie: ›Und wenn es erforderlich ist, will ich zehn

Jahre kämpfen!‹, schwenkte er seine geballte Faust und beugte sich so weit vor, daß diese fast den Boden berührte.«

Heß und Göring lassen den Tobsuchtsanfall stumm über sich ergehen.

Trotz seiner Hysterie glaubt Hitler in Wirklichkeit noch immer nicht an ein Eingreifen Englands. Selbst als Henderson um 21 Uhr abends eine formelle Note überreicht, daß »die Regierung Seiner Majestät ohne Zögern ihre Verpflichtungen Polen gegenüber erfüllen« wird, falls sie keine Zusagen darüber erhielte, daß die deutschen Truppen aus dem polnischen Gebiet zurückgezogen werden. Der französische Botschafter Coulondre überreicht eine Stunde später eine gleichlautende Note.

Der 3. September 1939 ist ein wunderschöner Spätsommersonntag. Um neun Uhr morgens meldet sich Botschafter Henderson im Außenministerium, um dem deutschen Außenminister eine weitere Note seiner Regierung zu übergeben. Er erfährt, daß »der Herr Reichsaußenminister sonntags um 9 Uhr nicht zur Verfügung steht«. Er könne seine Mitteilung aber dem Dolmetscher, dem Gesandten Dr. Schmidt, übergeben. Henderson weiß nicht, daß Ribbentrop sich in der Reichskanzlei befindet.

Schmidt eilt mit der Note sofort in die Reichskanzlei. Im Vorraum von Hitlers Arbeitszimmer sind die meisten Minister und prominenten Parteimitglieder versammelt. Ribbentrop, Heß und Göring sind bei Hitler, der brütend an seinem Schreibtisch sitzt. Langsam übersetzt Schmidt das Ultimatum der britischen Regierung. Beim letzten Absatz hebt er die Stimme: »Ich habe demgemäß die Ehre, Sie davon zu unterrichten, daß, falls nicht bis 11 Uhr vormittags britischer Sommerzeit am heutigen Tage, dem 3. September, eine befriedigende Zusicherung von der Deutschen Reichsregierung erteilt wird und bei Seiner Majestät Regierung in London eintrifft, ein Kriegszustand zwischen den beiden Ländern von dieser Stunde an bestehen wird.«

In seinen Erinnerungen schreibt Schmidt: »Wie versteinert saß Hitler da und starrte vor sich hin. Nach einer Weile, die mir wie eine Ewigkeit vorkam, wandte er sich Ribbentrop zu, der wie erstarrt am Fenster stehen geblieben war. ›Was nun?‹ fragte Hitler mit einem wütenden Blick in den Augen, als wolle er zum Ausdruck bringen, daß ihn Ribbentrop über die Reaktion der Engländer falsch informiert habe. Ribbentrop erwiderte mit leiser Stimme: ›Ich nehme an, daß die Franzosen uns in der nächsten Stunde ein gleichlautendes Ultimatum überreichen werden.‹«

Göring tritt zu Hitler an den Schreibtisch. »Wenn wir diesen Krieg verlieren«, sagt er tonlos, »dann möge uns der Himmel gnädig sein.«

Hitler erhebt sich. »Göring, Sie müssen sofort nach London fliegen und selber mit Chamberlain und Halifax reden!« ruft er.

»Ich weiß nicht, ob die Zeit für solche diplomatischen Versuche jetzt nicht bereits vorbei ist«, meint Göring zweifelnd.

»Sie müssen es wenigstens versuchen!« sagt Hitler.

Göring bestellt Dahlerus in die Reichskanzlei, läßt ihn in London anrufen. Zehn Minuten vor Ablauf der Frist erhält der Schwede endlich Verbindung mit Lord Halifax. »Feldmarschall Göring wird mit Billigung und Vollmacht von Reichskanzler Hitler sofort auf dem Luftwege zu Verhandlungen mit Ihnen aufbrechen«, sagt Dahlerus.

Die Antwort ist kühl und knapp: »Die Regierung Seiner Majestät sieht sich außerstande, auf diesen Vorschlag einzugehen. Die Regierung Seiner Majestät hat der Deutschen Reichsregierung eine definitive Frage gestellt und erwartet darauf eine definitive Antwort. Die Regierung Seiner Majestät hat keine Zeit mehr für Diskussionen mit Herrn Feldmarschall Göring.«

Mit steinernem Gesicht steht Rudolf Heß dabei. Er hätte keine Zeit mit nutzlosen Telephonaten verbracht. Er wäre sofort nach London geflogen. Aber der Führer hat Göring beauftragt, nicht ihn. Er geht auf Hitler zu, nimmt militärische Haltung an. »Mein Führer!« sagt er, »ich bitte Sie um die Genehmigung, mit meinem Dienstgrad eines Leutnants der Reserve als Kampfflieger in die deutsche Luftwaffe einzutreten und mich alsbald an die Front begeben zu dürfen!«

Hitler starrt ihn an. »Das ist ausgeschlossen!« ruft er. »Das werde ich nie gestatten! Ich kann Sie nicht entbehren! Ich verlange, daß Sie mir sofort Ihr Ehrenwort geben, während der Dauer des Krieges kein Flugzeug zu steuern!«

»Ich bitte Sie, die Dauer der ehrenwörtlichen Verpflichtung zunächst auf ein Jahr zu begrenzen«, sagt Heß.

»Nun gut«, entgegnet Hitler. »Ich erteile Ihnen hiermit für ein Jahr striktes Flugverbot und verpflichte Sie mit Ihrem Ehrenwort zur Einhaltung meiner Anordnung.«

Heß schlägt die Hacken zusammen, dreht sich um und verläßt mit einem eigenartig stelzenden Schritt die Reichskanzlei. Göring schaut dem »Piesel«, wie er ihn nennt, mit einem verächtlichen Blick nach.

Der amerikanische Armeepsychiater Dr. Douglas M. Kelley berichtet, Göring habe ihm erzählt, wie wütend er damals gewesen sei, daß der Führer Heß zum zweiten Mann in der Nachfolge gemacht habe. »Ich war wütend darüber, daß Hitler diesen Einfaltspinsel von Heß zu meinem Nachfolger bestimmte. Ich sagte dies Hitler auch und machte einen gehörigen Krach. Wissen Sie, was Hitler sagte? Er sagte: ›Nun, Hermann, seien Sie vernünftig. Rudolf ist stets treu gewesen, ein harter Arbeiter. Ich muß ihn belohnen, und daher gebe ich ihm diese öffentliche Anerkennung. Aber, Hermann, wenn Sie einmal Führer des Reiches werden ...haha! Dann können Sie Heß hinausschmeißen und Ihren eigenen Stellvertreter ernennen.‹

Während Rudolf Heß die wenigen Schritte von der Reichskanzlei zu seiner Dienstwohnung in der Wilhelmstraße 64 geht, gibt Premierminister Chamberlain im Unterhaus die Erklärung ab, daß England sich nunmehr mit Deutschland im Krieg befinde.

Rudolf Heß ist 45 Jahre alt. Er ist Stellvertreter des Führers der NSDAP, Reichsminister ohne Geschäftsbereich, Mitglied des Reichstags, Mitglied des Geheimen Kabinettsrats, Mitglied des Ministerrates für die Reichsverteidigung, Obergruppenführer der SS, Obergruppenführer der SA, Fliegerleutnant a. D., verheiratet, Vater eines Sohnes von zwei Jahren.

Rudolf Heß ist nicht froh über den Krieg. Frau Ilse Heß schreibt: »Er sah in einem neuerlichen Waffengang ein Unglück für *alle* europäischen Völker und darüber hinaus für die *Welt*. Freilich, als die Würfel gefallen waren und die Kriegsmaschine lief, hat er in seinem Bereich unbeirrbar alles getan, um so rasch und mit so geringen Verlusten wie irgend denkbar den deutschen Sieg herbeizuführen; einen Sieg, der seiner Vorstellung nach die Jahrhunderte fruchtloser und vernichtender Kriege zwischen den Völkern des europäischen Kontinents abschließen und eine lange Friedenszeit gleichberechtigter Nationen einleiten sollte.«

Gleichberechtigte Nationen? Die Polen zumindest scheinen für Rudolf Heß keine »gleichberechtigte Nation« gewesen zu sein. Polen waren für Heß auch als Menschen nicht gleichwertig. Wie er über die Polen dachte, darüber gibt es ein Dokument, das für sich selbst spricht. Es ist ein Brief von Franz Schlegelberger, Staatssekretär im Reichsjustizministerium, an Hans Heinrich Lammers, Chef der Reichskanzlei, vom 17. April 1941. Er befaßt sich mit den Vorschlägen, die Rudolf Heß für die Behandlung von Polen in den von Deutschland annektierten polnischen Gebieten und im sogenannten »Generalgouvernement«, dem polnischen Reststaat, macht. Schlegelberger schreibt: »Schon bisher bin ich in Übereinstimmung mit der Auffassung des Stellvertreters des Führers davon ausgegangen, daß der Pole gegen den Vollzug einer gewöhnlichen Freiheitsstrafe weniger empfindlich ist. Ich hatte deshalb schon im Verwaltungsweg dafür gesorgt, daß Polen und Juden von anderen Gefangenen getrennt gehalten werden und daß der Strafvollzug gegen sie in strengerer Form durchgeführt wird. Absatz 3 meines Entwurfs geht noch einen Schritt weiter und setzt an die Stelle der Gefängnis- und Zuchthausstrafen andere neuartige Freiheitsstrafen, nämlich das Straflager und das verschärfte Straflager. Bei diesen neuen Strafarten sollen die Gefangenen außerhalb der Strafanstalten in Lagern untergebracht und dort mit schwerer und schwerster Arbeit beschäftigt werden.«

Am Schluß dieses Dokuments rassistischer Arroganz und Unmenschlichkeit steht ein besonders bemerkenswerter Satz: »Nicht aufgenommen in den Entwurf ist die vom Stellvertreter des Führers zur Erörterung gestellte Einführung der Prügelstrafe. Mit dieser Strafart kann ich mich deshalb nicht einverstanden erklären, weil ihre Verhängung nach meinem Dafürhalten nicht dem Kulturstande des deutschen Volkes entspricht.«

Gleichberechtigte Nationen? Offenbar sind manche Nationen für Rudolf Heß doch »gleicher« als andere.

Bei Generaloberst von Brauchitsch, dem Oberbefehlshaber des Heeres, beschwert er sich darüber, daß Generalmajor Mieth, Stabschef der Ersten Armee, vor Offizieren die Waffen-SS angegriffen habe. Mieth hatte wörtlich gesagt: »Die Waffen-SS hat in Polen Massenexekutionen ohne Gerichtsverfahren durchgeführt. Sie hat die Ehre der deutschen Wehrmacht beschmutzt.« Heß fordert Mieths Absetzung, was ihm aber nicht gelingt, denn noch setzt die Wehrmacht sich gegen die Einmischung der Partei zuweilen erfolgreich zur Wehr.

Während Heß die Polen für Menschen zweiter oder dritter Klasse hält, betont er stets seinen Respekt für die Franzosen. Ilse Heß schreibt: »Es ist eine nur wenig bekannte Tatsache, daß mein Mann es war, der vor der Unterzeichnung des Waffenstillstandes im historischen Eisenbahnwagen zu Compiègne in einer langen und ernstlichen Auseinandersetzung mit Adolf Hitler die Forderung stellte, die Bedingungen des Waffenstillstandes dürften keinen Punkt enthalten, der die Ehre des besiegten Gegners verletzen und damit den Weg zu einer endlichen deutsch-französischen Verständigung erschweren könnte. Erst nachdem er diese Zusage erkämpft hatte, nahm er seine anfängliche Weigerung, in Compiègne anwesend zu sein, zurück.« Ilse Heß bestätigt auch, daß ihr Mann besondere Bewunderung für Marschall Pétain hegte.

Tatsache ist, daß Heß in den Tagen vor und während der Waffenstillstandsverhandlungen mit Frankreich an fürchterlichen Magen- und Gallenkoliken litt. Himmler hörte davon und empfahl Heß seinen persönlichen Physiotherapeuten, den finnischen Medizinalrat Felix Kersten. In Kerstens Tagebuch steht unter dem 24. Juni 1940 folgende Eintragung:

»Heß sagte: ›Wir werden mit England in der gleichen Weise Frieden machen wie mit Frankreich. Erst vor ein paar Wochen hat der Führer wieder von dem großen Wert des britischen Weltreiches für die Weltordnung gesprochen. Deutschland und Frankreich müssen sich gemeinsam mit England gegen den Feind Europas, den Bolschewismus, stemmen. Das war auch der Grund, warum der Führer die britische Expeditionsarmee bei Dünkirchen entkommen ließ. Er wollte die Möglichkeit einer Verständigung nicht zerschlagen. Die Engländer müssen das einsehen und ihre Chance erkennen. Ich kann mir nicht vorstellen, daß die kühlen, pragmatischen Engländer ihren Hals lieber in die Schlinge der Sowjets stecken als mit uns zu einer Verständigung zu gelangen.‹«

In seiner Urteilsbegründung legte das Nürnberger Gericht das Datum von Heß' Englandflug als belastend für den Angeklagten aus. Wörtlich heißt es in der Urteilsbegründung: »Es ist kennzeichnend, daß dieser Flug nur 10 Tage nach dem Tage stattfand, an dem Hitler das Datum des 22. Juni 1941 für den Angriff auf die Sowjetunion festgelegt hatte.«

Kritiker des Urteils halten dem entgegen, daß Heß seinen Flug schon monatelang vorher geplant hatte, ihn aber aus technischen oder witterungsbedingten Gründen mehrmals verschob. Ein Zusammenhang mit dem Überfall auf Rußland sei daher nicht gegeben. Als Beweis werden folgende Argumente genannt:

1. Der Zeitplan für den »Fall Barbarossa«, den Angriff auf die Sowjetunion, wurde am 30. April 1941 festgelegt.
2. Rudolf Heß hatte seine Sekretärin Hildegard Fath bereits im Sommer 1940 beauftragt, ihm regelmäßige Wettermeldungen für das Gebiet der Nordsee zu beschaffen.

3. Rudolf Heß schrieb bereits am 4. November 1940 einen Abschiedsbrief folgenden Inhalts an seine Familie: »Meine Lieben, ich glaube fest daran, daß ich von dem Flug, den ich nächster Tage antrete, zurückkehre u. daß der Flug von Erfolg gekrönt sein wird. Wenn aber nicht, so war das Ziel, das ich mir stellte, des vollen Einsatzes Wert. Ich weiß, daß Ihr mich kennt: Ihr wißt, ich konnte nicht anders handeln. Euer Rudolf.«

Bei dieser Art der Argumentation werden die folgenden Daten und Fakten überhaupt nicht berücksichtigt.:

Am 21. Juli 1940 (!) notiert Generaloberst Halder, Chef des Generalstabs des Heeres, über eine Besprechung Hitlers mit den Oberbefehlshabern der drei Wehrmachtsteile unter Punkt 8: »Russisches Problem in Angriff nehmen. Gedankliche Vorbereitungen treffen. Dem Führer ist gemeldet: a) Aufmarsch dauert 4–6 Wochen. b) Russisches Heer schlagen oder wenigstens so weit russischen Boden in die Hand nehmen, als nötig ist, um feindl. Luftangriffe gegen Berlin und schlesisches Industriegebiet zu verhindern. Erwünscht, so weit vorzudringen, daß man mit unserer Luftwaffe wichtigste Gebiete Rußlands zerschlagen kann. c) Politisches Ziel: Ukrainisches Reich. Baltischer Staatenbund. Weißrußland-Finnland: Baltikum – Pfahl im Fleisch. d) Nötig 80–100 Divn.; Rußland hat 50 bis 75 gute Divn.«

Am 31. Juli 1940 notiert Halder über eine Besprechung auf dem Berghof: »Entschluß: Rußland muß erledigt werden. Frühjahr 41. Je schneller wir Rußland zerschlagen, um so besser. Operation hat nur Sinn, wenn wir Staat in einem Zug schwer zerschlagen. Gewisser Raumgewinn allein genügt nicht. Stillstehen im Winter bedenklich … Mai 41, 5 Monate Zeit zur Durchführung.«

Am 5. August 1940 legt Generalmajor Marcks, Chef des Generalstabs der 18. Armee, einen detaillierten »Operationsentwurf Ost« vor, der mit den Worten beginnt: »Zweck des Feldzuges ist, die russische Wehrmacht zu schlagen und Rußland unfähig zu machen, in absehbarer Zeit als Gegner Deutschlands aufzutreten.«

Am 12. Oktober 1940 verschiebt Hitler das »Unternehmen Seelöwe« (Tarnbezeichnung für die Invasion Englands) endgültig auf unbestimmte Zeit.

Am 12. November 1940 sagt Hitler in seiner »Weisung für die Kriegführung Nr. 18«: »5. Rußland: Politische Besprechungen mit dem Ziel, die Haltung Rußlands für die nächste Zeit zu klären, sind eingeleitet. Gleichgültig, welches Ergebnis diese Besprechungen haben werden, sind alle schon mündlich befohlenen Vorbereitungen für den Osten fortzuführen. Weisungen darüber werden folgen, sobald die Grundzüge des Operationsplanes des Heeres mir vorgetragen und von mir gebilligt sind.«

Als Außenminister Molotow am 13. November 1940 nach Berlin kommt, ist der Überfall auf Rußland also bereits beschlossen.

Am 18. Dezember gibt Hitler seine »Weisung für die Kriegführung Nr. 21 – Fall Barbarossa« heraus: »Den Aufmarsch gegen Sowjetrußland werde ich gegebenenfalls acht Wochen vor dem beabsichtigten Operationsbeginn befehlen. Vorbereitungen, die eine längere Anlaufzeit benötigen, sind – soweit noch nicht geschehen – schon jetzt in Angriff zu nehmen und bis zum 15. Mai 1941 (sic!) abzuschließen. Entscheidender Wert ist jedoch darauf zu legen, daß die Absicht eines Angriffs nicht erkennbar wird.«

Am 27. Dezember 1940 äußert Großadmiral Raeder schwere Bedenken gegen einen Rußlandfeldzug vor der Niederringung Englands. Hitlers Antwort (nach dem Tagebuch Halders): »Bei der jetzigen politischen Entwicklung (Rußlands Neigung, sich in Balkanangelegenheiten zu mischen) müsse unter allen Umständen der letzte kontinentale Gegner beseitigt werden, ehe er sich mit England zusammentun (sic!) könne.«

Unter dem 9. Januar 1941 steht im Kriegstagebuch des Wehrmachtführungsstabes folgende Notiz: »Die Zertrümmerung der Sowjetunion werde für Deutschland eine große Entlastung bedeuten. Im Osten brauchten dann nur 40–50 Divisionen zu bleiben, das Heer könne verkleinert und die gesamte Rüstungsindustrie für die Luftwaffe und Kriegsmarine eingesetzt werden ...«

Als Mitglied des Ministerrats für die Reichsverteidigung wußte Rudolf Heß seit Ende Juli 1940: Der Führer hat beschlossen, Rußland im Laufe des Jahres 1941 anzugreifen.

Und deshalb gab er Ende Juli 1940 seiner Sekretärin den Auftrag, ihn regelmäßig mit Wettermeldungen zu versorgen. Ein ganz bestimmter Plan begann in seinem Hirn Gestalt anzunehmen.

In Kerstens Tagebuch heißt es: »Im Herbst 1940 erzählte Heß mir, er müsse seine ganze Kraft auf eine Tat konzentrieren, die Deutschland die Rettung bringen würde. Als ich ihn fragte, was er mit ›Rettung‹ meinte, antwortete er, daß er nicht darüber sprechen könne, daß er sich aber auf eine Tat von historischer Bedeutung vorbereite.«

Zuerst aber suchte er Rat. Bei Prof. Haushofer, der seine Furcht vor der tödlichen Bedrohung durch einen Zweifrontenkrieg teilte.

Heß' Adjutant Alfred Leitgen erinnert sich: »Vom Sommer des Jahres 1940 an wußte ich, daß bei meinem Chef Dinge vorgingen, von denen er seine engsten Mitarbeiter ausschloß. Herr Heß schien ein Geheimnis zu haben, an das wir bewußt nicht rührten.«

11. KAPITEL

Vorbereitungen

Seit der Münchner Konferenz vom September 1938 war Hitler seinem treuesten Freund Rudolf Heß immer mehr entglitten.

Die Partei, für die Heß nominell in erster Linie verantwortlich war, interessierte den Führer nicht mehr so wie einst. Zudem hatte Martin Bormann, der Stabsleiter, die Zügel fest in der Hand. Er trieb Personalpolitik in Heß' Namen; er gab Rundschreiben in Heß' Namen heraus; er ordnete Grundsätzliches in Heß' Namen an – zum Beispiel in der Frage des Religionsunterrichts an deutschen Schulen –, ohne seinen Chef Rudolf Heß überhaupt zu konsultieren. Und Heß ließ es sich gefallen. Nach den Worten von Ernst Hanfstaengl wurde er zu einer »Fahne ohne Mast«.

Am 24. September 1939 schrieb Alfred Rosenberg in sein Tagebuch: »Heß ist ein anständiger, dem Führer treu ergebener Mensch. Aber er ist seit Jahren magenleidend, entschlußlos ... So verliert die Partei ihre Gestalt; stellenweise parvenühafte Protzerei, unkameradschaftliches Beinstellen mit pfauenhafter Eitelkeit, und dann kleinbürgerliche Schwächlichkeit und Entschlußlosigkeit ... Heß sagte mir zwar, mein ›Schulungsbrief‹ sei ausgezeichnet, ich zuckte die Achseln: Was nützt es, wenn keine Konsequenzen der Tat daraus gezogen werden!«

Heß' Sekretärinnen und Adjutanten berichten, daß ihr Chef in den Jahren 1938 bis 1940 zuweilen stundenlang tatenlos an seinem Schreibtisch im Braunen Haus oder in der Berliner »Verbindungsstelle« saß, Papiere hin- und herschob oder vor sich hinstarrte. Sprach ihn jemand an, dann schien er verwirrt und mit seinen Gedanken von weither zu kommen.

Im März 1940 besuchte Sumner Welles, stellvertretender amerikanischer Außenminister, Deutschland zu Gesprächen mit Hitler und anderen Mitgliedern der Naziführung. Am 3. März traf er auch mit Rudolf Heß zusammen. Über diese Begegnung notierte Welles: »Im Gegensatz zu meinem früheren Eindruck, daß Heß einen großen und entscheidenden Einfluß in deutschen Angelegenheiten habe, wirkte er an jenem Tage auf mich wie ein Mensch, der nur einen ganz niedrigen Intelligenzgrad besitzt. Es war augenfällig, daß Heß lediglich das wiederholte, was man ihm aufgetragen hatte, mir zu erzählen. Er hatte über nichts selber nachgedacht; er hatte sich über nichts selber eine Meinung gebildet. Ich machte deshalb auch gar nicht den Versuch, eine Diskussion mit ihm anzufangen.«

Heß war »Stellvertreter des Führers«, aber er hatte nichts mehr zu sagen. Es war Krieg. Es war die Zeit der Generale. Hitler schien seinen treuesten Gefährten nicht mehr zu brauchen. Hitler war »Feldherr« geworden.

Eines steht fest: Heß' tiefe Depressionen setzten ein, sobald er wußte, daß Hitlers Entschluß zum Kriege »unabänderlich« war.

Man muß Rudolf Heß ehrlicherweise zugestehen, daß er den Krieg nicht gewollt hat, daß er ihn für ein Unglück hielt. Heß meinte aufrichtig, was er zum Beispiel am 8. Juli 1934 in Ostpreußen auf einem internationalen Frontkämpfertreffen – unter dem Beifall der französischen und englischen Delegationen – gesagt hatte: »Wir Frontkämpfer wollen nicht, daß wieder eine unfähige Diplomatie uns in eine Katastrophe hineinstolpern läßt, deren Leidtragende wiederum Frontkämpfer sind. Wir Soldaten auf allen Seiten fühlen uns frei von der Verantwortung für den letzten Krieg. Wir wollen gemeinsam kämpfen, eine neue Katastrophe zu verhindern. Wir, die wir gemeinsam im Kriege zerstörten, wollen gemeinsam bauen am Frieden. Es ist höchste Zeit, daß endlich eine wirkliche Verständigung zwischen den Völkern erzielt wird. Eine Verständigung, die auf gegenseitiger Achtung fußt, weil sie allein von Dauer sein kann – auf einer Achtung, wie sie ehemalige Frontkämpfer untereinander auszeichnet.«

Heß nahm auch Hitlers Friedensbeteuerungen ganz buchstäblich. Er glaubte wörtlich, was Hitler am 26. September im Berliner Sportpalast gesagt hatte; als er betonte, das Sudetenland sei seine »letzte territoriale Forderung in Europa«.

Wie vereinbart sich das mit Heß' Wissen um die Entscheidung seines Führers von 1937, daß es »zur Lösung der deutschen Frage nur den Weg der Gewalt geben« könne?

Eine Erklärung dafür hat Albrecht Haushofer in einem Gespräch mit Rainer Hildebrandt, einem seiner Studenten, gegeben. »Heß führt das herkömmliche Leben eines Bourgeois; aber sobald Hitler in irgendeiner Form sein Unterbewußtsein betritt, neigt er zu geistigen Ausschweifungen ... Ich habe Heß vor den Gefahren gewarnt, die er auf Grund seiner Position verhindern könnte. Ich habe ihm Hitlers Fehler schwarz auf weiß bewiesen. Heß hat das alles eingesehen und seine Entschlossenheit betont, einzugreifen, wenn es notwendig würde. Am Ende unseres Gesprächs sagte er dann: ›Ich werde den Führer fragen; ich bin sicher, daß er alles verstehen und zum Besten wenden wird ...‹ Heß ist ein Parsifal ...«

Wolf Rüdiger Heß betonte den Charakterzug seines Vaters, »einmal gefaßte und für richtig befundene Beschlüsse konsequent durchzuführen«. Dieser Charakterzug habe sich in Spandau nicht gemildert, sondern höchstens noch verstärkt. Wolf Rüdiger Heß sagte auch – bei allem Respekt und aller Liebe eines Sohnes –, daß seinem Vater »eine gewisse Sturheit nicht abzusprechen ist«.

Göring hat Heß einen »Einfaltspinsel« genannt, was ja auch der junge Parsifal war. Wenn Parteigenossen wie Rosenberg vom »anständigen Heß« sprachen, dann schwang in dieser Charakterisierung die des »tumben Toren« mit.

Von anderen wiederum, so von Hitlers Leibphotographen Heinrich Hoffmann und von dem späteren bayerischen Ministerpräsidenten Wilhelm Hoegner, wurde Rudolf Heß Bauernschläue und Verschlagenheit bescheinigt.

Heß war kein Parsifal. Er *wollte* ein Parsifal sein. So wie er sagte: »Man muß den Führer *wollen*«, so *wollte* er als Hitlers Gefolgsmann unbefleckt sein von »zwîvel oder valsch«. Weil er aber intelligent genug war, die Fehler im Charakter und in der Handlungsweise seines Idols zu realisieren, die Erkenntnis der Fehler aber weit verdrängen mußte, um die Zweifel nicht ins Bewußtsein dringen zu lassen, blieb in jener Zeit nur die Flucht in die Krankheit. In Magenschmerzen, Gallenkoliken, Depressionen. Seit Kriegsbeginn lebte Rudolf Heß am Rande eines Nervenzusammenbruchs.

Im Oktober 1940 fiel seinem Freund Ernst Wilhelm Bohle, dem Leiter der Auslandsorganisation der NSDAP, »eine völlige Wandlung« auf. »Heß war blendender Laune, sehr aufgeräumt und fröhlich.« Was war geschehen?

In einem Brief aus dem Spandauer Gefängnis an seine Frau vom 12. Februar 1950 erinnerte sich Heß an seine Vorbereitungen zu seiner Mission nach England. In diesem Brief heißt es:

»Ich war nach dem dreivierteljahrelangen dauernd Auf-dem-Sprung-Sein, nach den vergeblichen Versuchen, dem mehrmaligen Mich-Losreißen von den Meinigen, um dann wieder zurückzukehren und das seelische Gezerre von vorn durchzumachen, vielleicht wirklich nicht mehr *ganz* normal!«

Hier bestätigte Heß selbst, daß er sich seit dem Spätsommer des Jahres 1940 mit seinen Plänen beschäftigt hat; daß er vor dem 10. Mai schon mehrmals Startversuche gemacht und wieder aufgegeben hat.

Weiter heißt es in dem Brief: »Ich lebte ... nur noch in Instrumenten, Zylinder-Ladedrucken, abwerfbaren Brennstoffbehältern, zusätzlichen Ölpumpen, Kühlwassertemperaturen, Radio-Peilschneisen – die nachher aber auch schon gar nicht funktionierten –, schottischen Gebirgshöhen und weiß ich heute was noch alles! Für die alltägliche kleine Wirklichkeit um mich ... hatte ich Scheuklappen angelegt.«

Und jetzt kommt ein bemerkenswertes Bekenntnis: »Heute aber bin ich froh, daß es so war, daß es mich trieb, bis ich doch schließlich drüben heruntersprang, *nach verzweifeltem Kampf mit dem obstinaten Drachen, der mich nicht von sich lassen wollte.* (Hervorhebung durch den Autor.) Freilich – erreicht habe ich damit nichts, konnte den Wahnsinn dieses Völkerringens nicht enden, konnte nicht verhindern, was kam, was ich kommen sah. Ich konnte die Rettung nicht bringen, aber ich bin glücklich, es wenigstens *versucht* zu haben.«

Der »Kampf mit dem obstinaten Drachen«: Ist das ein versteckter Hinweis darauf, daß er mit Hitler über sein Vorhaben gesprochen hat? Wir werden auf diese Frage später zurückkommen.

Der schwedische Forscher Sven Hedin berichtet in seinem Buch »Ohne Auftrag in Berlin«:

»Am 30. September besuchte mich ein junger englischer Kaufmann, der Handel mit Finnland trieb. Er betrachtete einen Krieg zwischen England und Deutschland als reinsten Wahnsinn, eine verrückte Handlung, die nur sowohl England als auch Deutschland ins Verderben bringen würde. Er hatte eine höchst originelle Idee: Er wollte nach Berlin fahren, um mit Hitler zu sprechen, und ich sollte ihm alle Türen dorthin öffnen. Am Ziel angelangt, wollte er dem deutschen Reichskanzler sagen: ›Fliegen Sie nach London, treten Sie vor die Minister und sagen Sie: Hier bin ich. Es ist dumm und verantwortungslos, zu kämpfen. Laßt uns die Hand geben und zu einer vernünftigen Regelung kommen.‹ –

›Allright! Aber wenn die englische Regierung ihn nun verhaftet und bis zum Kriegsende festhält?‹ – ›Niemals! Die englischen Minister sind gute Sportsleute. Sie würden von Hitlers Mut beeindruckt sein und würden sich beeilen, ihm die Hand zu drücken, und sofort die Pläne für eine friedliche Übereinkunft entwerfen ...‹«

Ilse Heß bemerkte dazu: »Diese kleine Episode scheint zu beweisen, daß jene sportlich-ritterliche Gesinnung, die mein Mann in England vorzufinden hoffte, nicht nur die Wahnidee eines Deutschen war, sondern auch in angelsächsischem Denken möglich war.«

Tatsache ist, daß Sven Hedin während seines Berliner Aufenthaltes auch mit Rudolf Heß zusammengetroffen ist, und es ist wahrscheinlich, daß er dem Führer-Stellvertreter von seiner Begegnung mit jenem jungen Engländer erzählt hat.

Der 31. August 1940 ist ein entscheidender Tag im Leben von Rudolf Heß. Um 5 Uhr nachmittags erscheint er an diesem Sonntag in der Villa Professor Karl Haushofers in Grünwald bei München. Nach dem Tee gehen die beiden drei Stunden lang im Grünwalder Forst spazieren. Heß bleibt zum Abendessen. Erst nach 2 Uhr morgens kehrt er müde, aber voller Zuversicht in sein Haus in Harlaching zurück.

»Tomo (Deckname für Heß) und ich haben uns lange und ausführlich über ernste Dinge unterhalten«, schreibt Karl Haushofer wenige Tage später an seinen Sohn Albrecht in Berlin.

Auf dem Spaziergang fragt Heß den Freund, ob er glaube, daß sich durch Mittelsmänner im neutralen Ausland Friedensfühler nach England ausstrecken ließen; ob er Engländer nennen könne, die für solche Verhandlungen aufgeschlossen wären.

Haushofer fallen zwei Namen ein: der eine ist der von Sir Ian Hamilton, der im Ersten Weltkrieg die Gallipoli-Offensive leitete. Er gilt als sehr deutschfreundlich. Das Handikap: Der alte Herr zählt immerhin schon 87 Jahre und hat keinerlei Einfluß auf die heutige britische Politik. Der andere Name ist der des Herzogs von Hamilton, bis zum kürzlichen Tode seines Vaters, des alten Herzogs, Marquis of Clydesdale, konservativer Unterhausabgeordneter. Rudolf Heß kennt beide Hamiltons: Sir Ian durch seine Jugenderinnerungen, den Herzog durch sein Buch »Die Piloten vom Mount Everest«. Heß bewundert den Herzog als mutigen Mann. »Wenn es in beiden Ländern mehr so aufrechte und mutige Männer gegeben hätte«, sagt er, »dann wäre es nicht zum Krieg zwischen Deutschland und England gekommen.« Heß hat den Herzog auch schon einmal gesehen. Während der Olympischen Spiele in Berlin, 1936, bei einem Essen zu Ehren von Lord Vansittart. Und er weiß, daß der Herzog ein Freund von Albrecht Haushofer ist.

»Der Herzog von Hamilton ist übrigens erblicher Lord Steward«, sagt Haushofer.

»Was bedeutet das wörtlich?« fragt Heß.

»Nun, man könnte es mit ›Königlicher Haushofmeister‹ übersetzen«, ist die Antwort.

Für Heß steht der Verhandlungspartner fest. Er ist sicher, daß der Herzog, in seiner Eigenschaft als Lord Steward, jederzeit privaten Zutritt zum König hat. Offenbar eine der wichtigsten Persönlichkeiten in ganz England!

Was Heß nicht weiß: Der Herzog von Hamilton residiert keineswegs im Schloß seiner Väter in Dungavel. Seit Ausbruch des Krieges dient er als Oberstleutnant und Geschwaderkommodore der RAF auf dem Flugplatz von Turnhouse, westlich von Edinburgh. Zwar kennt er eine Menge Leute, aber er muß sich auf die Warteliste setzen, wenn er den König oder den Premierminister sehen will. Wenn er den Wunsch hat, seinen Standort zu verlassen, muß er die Gründe angeben und die Erlaubnis seines Vorgesetzten einholen.

Aber Heß hat sich in den Kopf gesetzt, daß der Herzog von Hamilton der Kontaktmann für seine Friedensmission sein wird. Und wenn Heß sich etwas in den Kopf gesetzt hat, kann keine Macht der Welt ihn davon abbringen.

Die Einfalt und Unwissenheit von »Parsifal« Heß, was britische Verhältnisse betrifft, zeigt sich später noch einmal an folgendem Beispiel: Während seines Zwangsaufenthaltes in England aß Heß von Tellern, die auf der Unterseite den Stempel »G VI R« trugen. Jede Tasse, jeder Teller in jeder britischen Soldatenkneipe trug diesen Stempel. Damit war das Geschirr als Eigentum des Kriegsministeriums ausgewiesen. Heß aber glaubte fest daran, daß König Georg VI. ihm aus besonderer Höflichkeit und Aufmerksamkeit Geschirr des Hofes zur Verfügung gestellt habe.

Der Herzog von Hamilton also wird vermitteln. Das steht fest für Heß. Wie aber soll man an ihn herankommen? Ein weiterer Name fällt Professor Haushofer ein. Vor ein paar Tagen hat er über die Schweiz einen Kartengruß von einer alten englischen

Freundin der Familie erhalten, die in Portugal lebt. Ihr Name: Miß Roberts. Ihre Adresse: Post Box 506, Lissabon. Gewiß wäre Miß Roberts bereit, dem Herzog von Hamilton eine vorsichtig abgefaßte Einladung zu einem vorbereitenden Gespräch zwischen ihm und Albrecht Haushofer in Portugal zu übermitteln. Natürlich dürften weder der britische Secret Service noch die deutsche Abwehr von diesem Kontakt etwas erfahren. Aber wozu hat Rudolf Heß schließlich seine Auslandsorganisation unter Bohle und »Brüderchen« Alfred Heß?

Schließlich berichtet Professor Haushofer dem Freund von seltsamen Träumen, die er gehabt habe. »Dreimal sah ich dich am Steuer eines Flugzeugs mit unbekanntem Ziel. Einmal sah ich dich durch die mit Gobelins verhangenen Hallen englischer Schlösser wandeln und den Frieden zwischen Deutschland und England verhandeln.«

Karl Haushofer hat das nach dem Kriege abgestritten. Er sei schließlich kein Phantast und Scharlatan. Wir wissen nur, daß Heß selbst dem englischen Psychiater Rees von diesen Träumen erzählt hat.

Naivität eines Parsifals?

Es wäre Heß gegenüber ungerecht, wenn man behauptete, er sei der einzige gewesen, der mit staunenswerter Einfältigkeit die britische Mentalität verkannt hat.

Da war zunächst Hitler, dem es völlig unverständlich war, daß England seine »Friedensappelle« nach dem Polenfeldzug und nach der Niederwerfung Frankreichs immer wieder ablehnte. Es leuchtete ihm nicht ein, daß Churchill keinen Frieden machen wollte, wo er, Hitler, doch keinerlei territoriale Forderungen an England stellte. Er begriff es nicht, daß Churchill sogar die Vermittlungsversuche von Papst Pius XII. und König Gustav V. von Schweden mit den grimmigen Worten ablehnte: »Ehe solche Vorschläge oder Versuche überhaupt erwogen werden können, wäre es notwendig, daß Deutschland durch Taten, nicht durch Worte wirksame Garantien für die Wiederherstellung und Freiheit und Unabhängigkeit der Tschechoslowakei, Polens, Norwegens, Dänemarks, Hollands, Belgiens und Frankreichs gäbe.«

Hitler war gekränkt, daß seine Haßliebe zu den Briten nur in puncto Haß, nicht aber in puncto Liebe erwidert wurde.

Da waren aber auch die Hitler-Gegner, die Verschwörer der deutschen Widerstandsbewegung wie Ulrich von Hassell, Carl Goerdeler, Hans von Dohnanyi und Dr. Josef Müller, die glaubten, die Engländer könnten bereit sein, nach einem Sturz Hitlers mit einer nicht-nationalsozialistischen Regierung Frieden zu schließen und Deutschland gleichzeitig fast alle Eroberungen Hitlers zu belassen. Zu diesem Zwecke verhandelte Hassell im Februar 1940 in der Schweiz mit dem britischen Kontaktmann J. Lonsdale Bryans. Zu diesem Zwecke verhandelte Dr. Josef Müller (»Ochsensepp«) im Vatikan mit englischen Kontaktleuten. Die Bedingungen der deutschen Hitler-Gegner: »Regelung der Ostfrage zugunsten Deutschlands«. William L. Shirer schreibt dazu: »Nachdem der dämonische deutsche Diktator die Regelung im Osten ›zugunsten Deutschlands‹ mit Gewalt zustande gebracht hatte, wollten die deutschen Verschwörer sie aus den Händen der Engländer mit dem Segen des Papstes empfangen!«

Ebenso einfältig war auch der Plan des Himmlerschen Geheimdienstes unter Walter Schellenberg, mit Hilfe des Herzogs von Windsor, des ehemaligen Königs Eduard VIII., die Stimmung in England zugunsten Deutschlands zu ändern. Man wußte, daß der Ex-Monarch beim englischen Volk beliebt war. Über einen alten Freund des Herzogs, Miguel Prio de Rivera, den Führer der spanischen Falange, boten die deutschen Geheimdienstler dem Ex-König an, ihn nach einem Friedensschluß mit England bei einer Rückkehr auf den Thron zu unterstützen. Der Herzog von Windsor erwiderte verstört, daß dies nach der englischen Verfassung doch gar nicht möglich sei. Im Auftrag der Deutschen meinte Rivera, daß der Verlauf des Krieges auch in der englischen Verfassung Änderungen hervorrufen könne. Kopfschüttelnd reiste der Herzog aus Lissabon ab, trat seinen neuen Posten als Gouverneur der Bahamas an und unterrichtete den britischen Geheimdienst von den seltsamen deutschen Angeboten.

Rudolf Heß kannte den Herzog von Windsor gut. Nach seiner Abdankung hatte dieser mit der Herzogin, der ehemaligen Mrs. Wallis Simpson, Deutschland besucht und war auch Gast in der Heßschen Villa in Harlaching gewesen.

Ilse Heß wurde Zeugin deutsch-englischer Vertraulichkeiten: »Während ich mich mit der Herzogin unterhielt, war mein Mann mit dem Herzog plötzlich verschwunden. Als sie nach einer Stunde noch immer nicht in den Salon zurückgekehrt waren, machte ich mich auf die Suche. Ich fand die beiden in einer der Dachstuben, wo mein Mann einen großen Tisch mit einer Sammlung von Wiking-Modellen sämtlicher Schiffe der deutschen und englischen Flotten des Ersten Weltkriegs hatte. Mein Mann und der

Herzog waren ins Spiel mit den Schiffsmodellen vertieft. Sie hatten die Skagerrak-Schlacht aufgebaut und diskutierten angeregt. Mein Mann hatte über diese Seeschlacht eine ganze Fachbibliothek gesammelt.«

Der Herzog von Windsor wäre ein englischer König nach dem Herzen von Rudolf Heß. Er hat immer gezeigt, daß er Deutschland freundlich gesinnt ist. Er ist ein Duzfreund des früheren deutschen Botschafters von Hoesch.

Heß ist überzeugt: 1936 hat Eduard VIII. Europa den Frieden gerettet! Als Deutschland den Vertrag von Locarno brach und seine Truppen in die entmilitarisierte Zone des Rheinlandes einmarschieren ließ, war höchste Gefahr. Damals hat Rudolf Heß von Fritz Hesse, dem Londoner Vertreter des Deutschen Nachrichtenbüros (DNB) erfahren, Eduard VIII. habe seinem Premierminister Baldwin eine fürchterliche Szene gemacht, als dieser sich für Sanktionen gegen Deutschland aussprach. Baldwin gab nach.

Aber nicht Europa, sondern Hitler war damals gerettet worden. Es wäre ein sehr kurzer Krieg geworden. Die deutsche Wehrmacht war zu diesem Zeitpunkt überhaupt nicht kriegsbereit. Hitler hätte sofort Frieden schließen müssen und wäre dann aller Wahrscheinlichkeit nach in der Rumpelkammer der Weltgeschichte verschwunden.

Auch das weiß Heß. Er erinnert sich an die Angst, die nackte Angst in Hitlers Augen, als dieser am 7. März 1936 kurz vor 13 Uhr die Rednertribüne in der Berliner Kroll-Oper, der Tagungsstätte des Reichstags, betrat. Niemals wird Heß dem Herzog von Windsor vergessen, was er damals als König von England – unbewußt – für den Führer getan hat.

Und wieder ist es Zeit, daß England den Führer retten muß. England muß Frieden schließen, bevor Hitler Rußland angreift. Heß weiß, daß Hitler Frieden mit England will. Sein Plan, Englands Hoffnungen auf Rußland, die einzige neben Deutschland noch bestehende Landmacht, zu zerstören – England gleichsam in Rußland zu schlagen, ist ein verzweifelter Plan. Ein gefährlicher Plan. Wie gefährlich, das hat die Katastrophe Napoleons bewiesen. Auch Göring hat gewarnt: »Ich bin der festen Überzeugung, daß auch die USA früher oder später gegen uns marschieren werden. Im Falle eines Konfliktes mit Rußland greift eine dritte große Weltmacht in den Kampf gegen uns ein – und wir stehen wieder allein gegen praktisch die ganze Welt …«

Am Sonntag, dem 8. September 1940, ruft Heß seinen Berater Albrecht Haushofer ins Rheinhotel Dreesen nach Bad Godesberg. Zwei Stunden dauert das Gespräch unter vier Augen. Auch Albrecht Haushofer kennt die Pläne für einen Angriff auf Rußland. Heß, der von General Warlimont, Mitglied des Operationsstabes des Oberkommandos der Wehrmacht, auf dem laufenden gehalten wird, hat ihm allerdings nicht davon erzählt. Haushofers Quelle ist die deutsche Widerstandsbewegung, vertreten durch die Berliner »Mittwochsgesellschaft«, einen Zirkel prominenter Wissenschaftler und Militärs. Durch seinen Freund Johannes Popitz, den früheren preußischen Finanzminister, ist Albrecht Haushofer zu diesem Kreis gestoßen. Andere prominente Mitglieder: Ulrich von Hassell, ehemaliger deutscher Botschafter in Italien, Dr. Carl Goerdeler, Ex-Oberbürgermeister von Leipzig, Generalmajor Hans Oster von Admiral Canaris' Abwehr, Generaloberst Ludwig Beck, Ex-Stabschef des Heeres, Feldmarschall Erwin von Witzleben, Generalmajor Henning von Tresckow.

Schon im Sommer hat Haushofer für diese Gruppe von Nazigegnern einen Friedensvorschlag ausgearbeitet. Durch einen seiner Schüler, H. W. Stahmer, der als Attaché in Madrid arbeitet, hat er dieses Angebot an den britischen Botschafter Sir Samuel Hoare weiterleiten lassen. Eine Antwort ist nicht erfolgt.

Heß ahnt nichts von dem Doppelspiel seines Schützlings und Beraters, als dieser ihm im Rheinhotel Dreesen gegenübersitzt.

»Sehen Sie irgendeine Möglichkeit, einflußreichen Leuten in England den ernsthaften Friedenswunsch des Führers zu übermitteln?« fragt Heß. »Der Führer hat nie die Zerschlagung des Empire gewollt. Er will auch jetzt England nicht vernichten. Gibt es denn niemanden in England, der zum Frieden bereit ist?«

»Herr Heß, Sie müssen mir erlauben, ganz offen zu sprechen«, antwortete Haushofer. »Nicht nur Juden und Freimaurer, praktisch jeder Engländer, der überhaupt zählt, hält einen vom Führer unterschriebenen Vertrag für einen wertlosen Fetzen Papier.«

»Warum denn?« fragt Heß erstaunt. »Der Führer steht doch felsenfest zu seinen Verträgen.«

Albrecht Haushofer starrt Heß fassungslos an. Glaubt dieser Mann wirklich, was er da sagt?

»Darf ich Sie an die zehnjährige Dauer des Nichtangriffspaktes mit Polen erinnern, an den vor einem Jahr unterschriebenen Nichtangriffspakt mit Dänemark, an die ›endgültige Grenzziehung‹ des Münchner Abkommens?« sagt Haushofer.

»Da kann ich Ihnen widersprechen«, meint Heß lächelnd. »Der polnische Pakt wurde von Polen gebrochen, der Einmarsch in Dänemark erfolgte, um die von England bedrohte Neutralität des Landes zu schützen, der tschechoslowakische Staat brach auseinander und Präsident Hacha bat selbst um den Schutz des Deutschen Reiches.«

Haushofer räusperte sich resigniert. Es hat keinen Sinn. Dann hält er Heß einen geopolitischen Vortrag über die Rolle Englands in der Welt und über die bevorstehende enge Zusammenarbeit mit Amerika.

»Sind Sie der Meinung, daß die bisherigen Friedensfühler des Führers erfolglos blieben, weil nicht die ›richtige Sprache‹ gesprochen wurde?« fragt Heß.

»Allerdings, aber im jetzigen Stadium der Dinge hat das keine große Bedeutung mehr.«

»Warum lehnen eigentlich alle Engländer Herrn von Ribbentrop mit solcher Schärfe ab?« will Heß wissen.

»Nun, Herr von Ribbentrop – und einige andere Persönlichkeiten – spielen in den Augen der Engländer dieselbe Rolle wie Duff Cooper, Eden und Churchill in den Augen der Deutschen. Bei den deutschfreundlichen Engländern kommt noch dazu, daß Herr von Ribbentrop den Führer falsch über England unterrichtet hat und dadurch mitschuldig am Ausbruch des Krieges wurde.«

Dann kommt die Rede auf den Herzog von Hamilton. Albrecht Haushofer sagt, es gäbe vielleicht eine Möglichkeit, daß er den Herzog auf neutralem Boden zu einem Gespräch treffen könnte. Es würde aber außerordentlich schwierig sein, die Verbindung herzustellen, ohne offizielle Stellen hüben und drüben Verdacht schöpfen zu lassen. Immerhin sei der Herzog Offizier der britischen Luftwaffe und könne nicht so einfach als Privatmann nach Portugal, Schweden oder in die Schweiz reisen. »Stellen Sie sich vor, ein deutscher Luftwaffenoberst würde sich ohne Wissen seiner Vorgesetzten in einem Zürcher Hotel mit Lord Dunglass zum Frühstück treffen. Was würde der Reichsmarschall tun, wenn er das herausfände?«

»Er würde den Offizier vermutlich erschießen lassen«, sagt Heß trocken.

»Sehen Sie, Herr Heß, beim Herzog von Hamilton liegt die Sache ähnlich.«

Albrecht Haushofer hat über das Gespräch eine Aktennotiz

angefertigt, in der es zum Schluß heißt: »Das Endergebnis der Unterredung war H's Erklärung, er werde sich das Ganze noch einmal gründlich überlegen und mir Nachricht zukommen lassen, falls ich Schritte unternehmen solle. Ich bat für diesen – höchst heiklen – Fall um genaueste Instruktionen; und für den Fall, daß ich etwa allein eine Reise zu unternehmen hätte, um Richtlinien von alleroberster Stelle. Aus dem ganzen Gespräch hatte ich den starken Eindruck, daß es nicht ohne Vorwissen des Führers geführt wurde und daß ich in der Sache wohl nichts mehr hören werde, ohne daß eine neue Verständigung zwischen diesem und seinem Stellvertreter stattgefunden hat.«

Kurz darauf bekommt Albrecht Haushofer »grünes Licht«: Er soll den Brief an den Herzog von Hamilton schreiben. Heß' Bruder Alfred, Stellvertreter des AO-Chefs Bohle, soll dafür sorgen, daß der Brief durch einen Kurier sicher an Miß V. Roberts in Lissabon gelangt.

Am 23. September schreibt Albrecht Haushofer an Heß: »Sehr verehrter, lieber Herr Heß, ... Es hat alles geklappt, und ich kann Ihnen nun so weit Vollzugsmeldung machen, daß der von Ihnen gewünschte Brief heute früh geschrieben und abgegangen ist. Hoffentlich nützt er mehr, als nüchterne Beurteilung zu hoffen erlaubt! Mit herzlichen Grüßen stets Ihr H.«

Und so lautet die deutsche Übersetzung des Briefes an den Herzog von Hamilton:

»Mein lieber D., auch wenn dieser Brief nur eine kleine Chance hat, Dich zu erreichen – es gibt eine Chance, und ich möchte sie nutzen.

Zuallererst, um Dir ein Zeichen meiner unveränderten und unveränderlichen persönlichen Zuneigung zu geben, was immer die Zeitläufe auch bringen: Ich hörte, daß Dein Vater nach langem Leiden verschieden ist, und ich hörte, daß Dein Schwager Northumberland bei Dünkirchen gefallen ist – selbst unsere moderne Zeit muß es zulassen, über die Grenzen hinweg am Schmerz der Freunde teilzuhaben.

Doch dieser Brief soll nicht nur den Toten gewidmet sein. Du erinnerst Dich sicher an einige meiner letzten Schreiben vor Ausbruch des Krieges. Du – und Deine hochgestellten Freunde – könnten eine Bedeutung darin sehen, daß ich Dir zum gegenwärtigen Zeitpunkt eine Frage stelle: Besteht die Möglichkeit, daß wir uns irgendwo in den Randgebieten Europas, vielleicht in Portugal, treffen und miteinander reden? Ich könnte ohne jede

Schwierigkeit Lissabon innerhalb weniger Tage erreichen, sobald ich Nachricht von Dir bekommen habe. Natürlich weiß ich nicht, ob Du Deinen Vorgesetzten so viel zu verstehen geben kannst, daß sie Dir die Reise erlauben.

Aber zumindest kannst Du vielleicht meine Frage beantworten. Wenn ja, dann bitte in einem doppelten Briefumschlag. Adresse auf dem inneren Umschlag: Dr. A. H. Nicht mehr! Auf dem äußeren Umschlag: Minero Silricola Ltd., Rua do Cais de Santarem 32/1, Lisboa, Portugal.

Mit herzlichen Wünschen für Dein Wohlergehen auch von meinen Eltern, stets Dein ›A‹.«

Bei der Deckadresse handelt es sich um eine Firma, die einem deutschen Mitglied der Auslandsorganisation der NSDAP in Portugal gehört.

Rudolf Heß fährt zum Homöopathen Zeileis nach Gallspach bei Linz zur Kur. Sein Adjutant Alfred Leitgen erinnert sich: »Mehrere Stunden am Tag büffelte Herr Heß dort englische Vokabeln.«

Albrecht Haushofers Brief hat den Herzog von Hamilton nie erreicht. Er ist irgendwo verlorengegangen. Doch eine Photokopie, angefertigt vom Zensor des Secret Service, landet – Monate später – auf dem Schreibtisch von Oberst F. G. Stammers vom RAF Intelligence Corps. Am 26. Februar 1941 erhält Hamilton einen Brief von Stammers: »Wenn Sie demnächst durch London kommen, schauen Sie doch bitte bei mir im Luftfahrtministerium Houghton House, vorbei. Ich möchte mich gern über eine interessante Sache mit Ihnen unterhalten. Vielleicht können wir auch zusammen essen, wenn es Ihre Zeit erlaubt. Herzlichst, Ihr Stammers.« Hamilton wundert sich. RAF Intelligence? Was wollen denn die von mir?

Am 28. April 1941 fährt Albrecht Haushofer im Auftrag von Rudolf Heß nach Genf. Carl J. Burckhardt, Vizepräsident des Internationalen Roten Kreuzes und ehemaliger Völkerbundskommissar für den Freistaat Danzig, ein alter Bekannter Haushofers, hat ihm geschrieben: »Ich habe Ihnen Grüße von guten Freunden in England zu bestellen. Vielleicht hätten Sie Lust, mich einmal in Genf zu besuchen.« Haushofer und Heß sind erregt. Vielleicht eine Nachricht von Hamilton? »Fahren Sie noch heute nach Genf!«, sagt Heß. Aber es kommt nichts heraus. Burckhardt hat tatsächlich nur private Grüße von ein paar Vorkriegsbekannten auszurichten, die man bei seinem letzten Besuch in London an

Albrecht Haushofer aufgetragen hat. Aber was nicht unwichtig ist: Burckhardt bietet sich als Vermittler an. Es würde aber nicht von heute auf morgen gehen. Die Sache braucht Zeit und Geduld.

Inzwischen hat Hitler den 22. Juni als endgültigen Termin für die »Operation Barbarossa« bestimmt. Heß weiß: Wenn man überhaupt noch mit den Engländern verhandeln kann, dann jetzt, fünf Minuten vor zwölf!

Es gibt keinen Zweifel daran, daß Hitler von den Kontaktversuchen in Lissabon und Genf wußte. Ilse Heß schreibt darüber: »Mein Mann versuchte zunächst über Albrecht Haushofer, den Sohn seines besten Freundes, ... – *mit* Wissen Hitlers – Verbindungen zu führenden englischen Kreisen aufzunehmen. Der Umweg über die Schweiz und Spanien (sic!) erwies sich freilich als langwierig und umständlich, und die Möglichkeit, zu greifbaren Ergebnissen zu kommen, schien in nebelhafte Ferne zu rücken. Daher gewann in meinem Mann allmählich der Gedanke Gestalt, durch eine ungewöhnliche, aufsehenerregende Tat die britische, Deutschland gegenüber unversöhnliche Haltung zu beeinflussen. In einem Albrecht Haushofer im Mai 1941 hinterlassenen Brief schreibt er, daß es seiner Meinung nach nur noch möglich sei, ›den gordischen Knoten unseliger Verstrickungen zu zerhauen!‹«

Albrecht Haushofers Reaktion auf Heß' Flug nach England ist überliefert: »Mein Gott, was hat dieser verdammte motorisierte Parsifal angerichtet!«

Wußte Hitler von dem beabsichtigten Alleingang seines Stellvertreters?

Professor Karl Haushofer war bis zu seinem Selbstmord 1946 fest davon überzeugt. »Hitler hat Rudolf geopfert!« bemerkte er böse zur Frau seines besten Freundes.

General der Flieger Karl Bodenschatz, Görings Adjutant und langjähriger Freund seit den gemeinsamen Zeiten in der berühmten Jagdstaffel »Richthofen«, deren Chef Göring nach dem Tod des »Roten Barons« war, bemerkt: »Hitlers Schreck und Überraschung bei der Nachricht von Heß' Flug waren hervorragend gespielt!« Göring hat seinem Freund Bodenschatz nicht widersprochen.

Ilse Heß dagegen war stets überzeugt, daß ihr Mann ohne Wissen Hitlers nach England geflogen ist. Sie schreibt: »Völlig sicher ist ... mein Wissen, daß mein Mann klaren Sinnes, freien Willens und ohne Auftrag oder auch nur Kenntnis Adolf Hitlers ein persönliches *Opfer* bringen wollte, daß sein bewegender Gedanke nichts anders als der *Friede* gewesen ist.« Dem Autor gegenüber räumte sie ein: »Vielleicht hat mein Mann einen derartigen Plan einmal in einem Gespräch mit Hitler beiläufig erwähnt.« Aber dann fuhr sie fort: »Ich bin in diesem Falle sicher, daß Hitler das niemals ernst genommen und als rein ‹akademisch› betrachtet hat.«

Der einzige, der die Antwort darauf wußte, saß in der Zelle Nummer sieben des Spandauer Kriegsverbrechergefängnisses und schwieg. In einer eidesstattlichen Erklärung, die Ernst Wilhelm Bohle dem amerikanischen Ankläger in Nürnberg, Robert M. W. Kempner, gegeben hat, heißt es: »Ich war immer der Ansicht, daß Hitler Bescheid wußte, und ich bin es auch heute noch, kann es aber nicht beweisen. Hitler ist tot, *und Heß wird nie etwas darüber sagen, so wie ich ihn kenne.*« (Hervorhebung durch den Autor.)

Als Lord Simon im Auftrag der britischen Regierung am 9. Juni 1941 Heß in der diesem zur Verfügung gestellten Villa Mytchett Place bei Aldershot besuchte, fragte er ihn: »Können Sie mir sagen oder wollen Sie mir sagen, ob Sie mit oder ohne Kenntnis des Führers hierhergekommen sind?« Heß antwortete laut Geheimprotokoll: »Ohne seine Kenntnis. Absolut.« Hinter dieser Antwort vermerkte der Protokollführer: »Lachen von Rudolf Heß.«

Dann fragte Lord Simon: »Wenn Sie, Herr Heß, wie Sie gesagt haben, ohne Autorisation, Zustimmung oder Kenntnis des Führers gekommen sind, dann erzählen Sie mir doch einmal zunächst über die Friedensbedingungen. Wird denn der Standpunkt, den Sie mir vortragen wollen, auch von anderen Leuten eingenommen? Gibt es in Deutschland wichtige Personen, die den Standpunkt vertreten, den ich anhören soll?«

Heß antwortete: »Die Ideen sind Ideen des Führers. Und die sind ausschlaggebend – einzig und allein ... Ich habe nur ganz selten in meinem Leben ein Ehrenwort gegeben, weil ich es für eine zu heilige Sache halte. In diesem Falle gebe ich mein Ehrenwort, das dieses, was ich hier niedergeschrieben habe, das ist, *was mir der Führer in mehreren Gesprächen gesagt hat.*« (Hervorhebung durch den Autor.)

Warum ist Ilse Heß so sicher gewesen, daß ihr Mann in eigener Verantwortung geflogen ist? Als eine der Stützen für diese persönliche Überzeugung erwähnte sie ein bemerkenswertes Gespräch, das sie mit ihrem Mann führte:

»In den Winterwochen 1940/41 fragte ich meinen Mann einmal nach den Voraussetzungen für die Verleihung des bayerischen Max-Josef-Ritter- und des österreichischen Maria-Theresia-Ritter-Ordens. Zu meinem Erstaunen erwiderte er sehr ernst: ›Beide Orden werden nur für Tapferkeit aus *eigenem* Entschluß verliehen; die Bedingung für die Verleihung des Maria-Theresia-Ritter-Ordens setzt allerdings noch etwas mehr voraus: Wenn man aus eigener Verantwortung und selbständig *gegen* einen klaren Befehl und völlig anders handelt, als von der vorgesetzten Stelle angeordnet, wenn man am Ende *Glück* hat und es gelingt – dann bekommt man den Maria-Theresia-Ritter-Orden. Hat man Pech – nun, dann wird man erschossen!‹ Erst lange nach seinem Abflug kamen mir diese Unterhaltung und der so merkwürdige Ernst meines Mannes wieder ins Gedächtnis, und ich erkannte erschreckt, bis zu welcher letzten Konsequenz er die Folgen seines Handelns bedacht hatte.«

Heß als moderner »Prinz von Homburg« ohne Fortüne?

In seiner eidesstattlichen Erklärung für Robert M. W. Kempner sagte Ernst Wilhelm Bohle: »Ich kann mir kaum vorstellen, daß Heß, der stets übervorsichtig war und sich scheute, große Entscheidungen selbst zu treffen, ein Unternehmen von derartiger Tragweite ohne Befragung Hitlers in Angriff zu nehmen, geschweige durchführen würde.«

12. KAPITEL

Der Flug nach Schottland

In der Pilotenkanzel eines zweimotorigen Messerschmitt-Zerstörers Me 110 blickt ein Mann auf die Karte, die mit einem Riemen auf seinem rechten Oberschenkel befestigt ist. Es ist 4 Uhr nachmittags an einem Märztag 1941. 2000 Meter über dem Kaufunger Wald, östlich von Kassel. Die Wolkendecke ist aufgerissen. Das Thermometer zeigt eine Außentemperatur von 9 Grad minus. Der Mann trägt eine pelzgefütterte Fliegerkombination; darunter eine blaugraue Uniform mit den Rangabzeichen eines Hauptmanns der deutschen Luftwaffe. Er ist groß und schlank. Seine Muskeln sind straff und durchtrainiert. Das wellige Haar über dem hageren, kantigen Gesicht ist dunkelbraun; an den Schläfen von ein paar silbernen Strähnen durchzogen. Die tiefliegenden Augen unter den sehr buschigen und dunklen Brauen blicken ernst.

Der Mann ist allein in dem Flugzeug für zwei Personen. Wieder blickt er auf die Karte. In der linken oberen Ecke klebt ein kleines Notizblatt. Ein Wetterbericht: »8. März. Deutsche Bucht und westliche Nordsee: Geschlossene Wolkendecke in 500 Metern Höhe. Leichte Brise Westnordwest. Windstärke 3.«

Der Pilot runzelt die buschigen Brauen. Mit 500 km/h jagt die Me 110 auf die Norddeutsche Tiefebene zu. Im Norden eine Wolkenbank. Schwarz. Wie eine Mauer. Plötzlich zerrt eine Sturmbö an Tragflächen und Leitwerk. Der Rumpf der Maschine zittert. Die Nase bäumt sich auf. Der Pilot zieht den Steuerknüppel zu sich heran. Die Maschine klettert steil hinauf, bis der Höhenmesser 3000 Meter zeigt. Der Pilot zieht die Me 110 in eine weite Rechtskurve. Er blickt hinunter. Links liegt die Stadt Münster. Er nimmt Kurs nach Südosten.

Ärgerlich reißt er den Zettel mit der Wettermeldung von der

Karte und knüllt ihn zusammen. Leise flucht er vor sich hin. 75 Minuten später, in vorgeschrittener Dämmerung, setzt er auf der Piste des Messerschmitt-Werksflughafens in Haunstetten südlich von Augsburg auf. Er läßt die Maschine ausrollen, schiebt das Kabinendach zurück, streckt sich, schwingt sich auf die Tragfläche, springt ab.

Er geht auf einen Mercedes zu, der mit laufendem Motor und abgedunkelten Scheinwerfern am Rande des Rollfeldes wartet. Er steigt ein. Drei Männer starren ihn mißtrauisch, fast feindselig an. Der Pilot sagt zum Fahrer: »Zurück nach Harlaching, bitte!«

Über die Autobahn geht die Fahrt nach München. Jeder schweigt. Nach einer Stunde hält der Wagen im Münchner Vorort Harlaching vor einer Villa, Harthauser Straße 48.

Rudolf Heß, der Stellvertreter des Führers, ist von seinem zweiten Versuch, mit einer Me 110 nach England zu fliegen, zurückgekehrt. Der erste Versuch am 11. Januar endete bereits mit einer Landung nach einer halben Stunde. Ein Fehler am Höhenruder. Die Maschine hatte keine Höhe gewonnen. Diesmal hat ihm das Wetter einen Strich durch die Rechnung gemacht.

Aber heute ist noch etwas anderes, Gefährliches passiert: Karlheinz Pintsch, sein 29jähriger Adjutant, hat – wie befohlen – vier Stunden nach dem Start einen Brief geöffnet. Fassungslos hat er zu den beiden anderen Männern im Auto, dem Fahrer und dem SD-Mann der Leibwache, gesagt: »Mein Gott, der Chef fliegt nach England und will Frieden schließen!« Deshalb das Mißtrauen, das feindselige Schweigen der drei.

An diesem Abend zieht Rudolf Heß in der Harlachinger Villa seinen Adjutanten ins Vertrauen. Und am nächsten Tag sagt Karlheinz Pintsch zu den beiden anderen Mitwissern: »Die Nachricht war verschlüsselt. Hatte in Wirklichkeit nichts mit England zu tun. Ein geheimer Sonderauftrag des Stellvertreters des Führers. Ich verpflichte Sie zu strengstem Stillschweigen!«

Den SD-Mann kann Karlheinz Pintsch nicht verpflichten. Er ist zwar zum persönlichen Schutz des Führer-Stellvertreters abkommandiert. Aber sein Chef heißt nicht Rudolf Heß. Sein Chef ist Reinhard Heydrich, SS-Obergruppenführer, Chef des Reichssicherheitshauptamtes in der Berliner Prinz-Albrecht-Straße.

Reinhard Heydrich verlangt regelmäßige Berichte von den SD-Leibwächtern der Naziprominenz. Berichte über außergewöhnliche Vorkommnisse. Mehrere solcher Berichte sind schon auf Heydrichs Schreibtisch gelandet. Ihr Tenor: Rudolf Heß fliegt

Messerschmitt-Maschinen. Als Testpilot. Angeblich »zur Entspannung«. Der SD-Mann hat diese Berichte abschicken *müssen*. Um sich selbst abzusichern. Dem Führer-Stellvertreter könnte ja etwas passieren! Er ist verantwortlich dafür, daß ihm nichts passiert! Er wünscht Instruktionen aus der Prinz-Albrecht-Straße. Die Instruktionen lauten nicht: Hindern Sie den Stellvertreter des Führers am Fliegen! Sein Befehl lautet nur: Berichten Sie weiter!

Und er berichtet weiter. Auch über jenen 8. März. Über jenen Brief, den Karlheinz Pintsch ihm zu lesen gegeben hat. Wieder lautet sein Befehl lakonisch: »Wie üblich weiterberichten!« Nichts sonst. Der SD-Mann fühlte sich entlastet. Sollen doch seine Vorgesetzten die Verantwortung tragen. Wenn Heß in der Luft ist, kann er ihn nicht schützen. Das wissen sie. Wenn der Führer-Stellvertreter auf der Erde ist, wird der SD-Mann seinen Auftrag erfüllen: den Führer-Stellvertreter zu schützen, notfalls mit seinem eigenen Leben. Und seinen anderen Befehl wird er auch ausführen: regelmäßig über »außergewöhnliche Vorkommnisse« zu berichten.

Nicht nur der SD-Mann hat »besondere Vorkommnisse« bemerkt.

»Vom Sommer 1940 an mußte ich im Auftrage von Heß geheime Wettermeldungen über die Wetterlage über der britischen Insel und über die Nordsee einholen und an Heß weiterleiten. Die Meldungen bekam ich von einem Hauptmann Busch. Teilweise bekam ich auch Meldungen von Fräulein Sperr, der Sekretärin von Heß bei dessen Verbindungsstab in Berlin.«

Das hat Heß' Sekretärin Hildegard Fath bei ihrer Vernehmung in Nürnberg ausgesagt.

Im Sommer 1940 ist Hildegard Fath 31 Jahre alt. Fast sieben Jahre zuvor, am 17. Oktober 1933, hat der Stellvertreter des Führers die damals 24jährige Südbadenerin als Sekretärin im Braunen Haus in München eingestellt. Ihr Spitzname ist »Freiburg«, nach ihrer Geburtsstadt am Rande des Schwarzwaldes.

Hildegard Fath ist eine tüchtige Sekretärin. Fleißig, loyal, verschwiegen; eine gute Organisatorin. Mitte der dreißiger Jahre wird sie Privatsekretärin des Ministers Heß. Ihren Arbeitsplatz verlegt sie vom Braunen Haus in ein Dachzimmer der Villa in Harlaching. Wenn ihr Chef in München ist, arbeitet er meist zu Hause.

Auf »Freiburg« kann Rudolf Heß sich verlassen. Täglich nimmt sie am Telephon ihres Schreibtisches Wettermeldungen entgegen. Wettermeldungen für geheimnisvolle Orte namens »X« oder »Y«.

Eines Tages ist Frau Ilse Heß zufällig allein im Dachzimmer der Sekretärin, als das Telephon klingelt. Ilse Heß schreibt: »Eine von der fraglosen Annahme ihrer seltsamen Mitteilung völlig überzeugte Stimme gab eine Wettermeldung durch; ich schrieb staunend die mir unverständlichen Nachrichten nieder, merkte aber an der Verwirrung der zurückkehrenden Sekretärin, daß *ich* diese Meldung keineswegs zur Kenntnis nehmen sollte. Sie hat dieses unvorschriftsmäßige Mißgeschick wohl auch meinem Mann mitgeteilt. Künftig nahm ich – sogar auftragsgemäß – noch manchmal diese Wettermeldung entgegen, die so, einsehbar und harmlos mir wie bisher der Sekretärin erklärt, auch für mich jedes verwunderliche Gewicht verlieren sollte.«

Hat Hildegard Fath gewußt, was ihr Chef vorhatte? Sie verneinte es. Sie blieb die loyale, verschwiegene Sekretärin.

Aus Spandau schrieb Rudolf Heß: »›Freiburg‹ wird wohl nichts Konkretes geahnt haben, für so ›verrückt‹ hat sie ihren Brotherrn denn doch nicht gehalten! Sonst hätte sie vielleicht, trotz des ›autoritären Systems‹, *doch* versucht, ihm gut zuzureden, versucht, ihn also abzubringen vom ›Wahnsinn‹.«

1940 unterliegen Wettermeldungen – wie im Kriege üblich – strenger Geheimhaltung. Dem Autor ist es nicht gelungen, einen »Hauptmann Busch« aufzuspüren. Ein anderer Meteorologe des Luftfahrtministeriums im Range eines Majors hat versichert: »Wäre die Sekretärin des Stellvertreters des Führers wegen ständiger Wettermeldungen an mich herangetreten, dann hätte ich routinemäßig einen Bericht darüber gemacht, schon um mich selber abzusichern.«

Anfang September 1940 ist Rudolf Heß' Flugverbot abgelaufen. Er hatte Hitler am 1. September 1939 sein Ehrenwort verpfändet. Für ein Jahr. Sein Ehrenwort ist Rudolf Heß heilig. Nach Ablauf der Frist fühlt er sich frei. Er geht zu Generaloberst Ernst Udet, Generalluftzeugmeister der Luftwaffe in Berlin-Tempelhof. Udet ist ein Jagdflieger-As des Ersten Weltkrieges. Kamerad von Hermann Göring im Richthofen-Geschwader. Auf dem Tempelhofer Flugfeld stehen zwei oder drei Maschinen des neuen Zerstörer-Typs Me 110. Zu Testzwecken.

Heß bittet Udet, ihn das neue Flugzeug ab und zu fliegen zu lassen. »Zur Entspannung vom täglichen Dienstkram«, sagt er. Udet weiß, daß Heß ein guter Flieger ist. Aber er lehnt ab.

»Herr Heß, ich weiß doch, daß Sie Flugverbot haben. Wie alle anderen Minister. Selbst der Reichsmarschall darf nicht fliegen, abgesehen davon, daß er inzwischen zu dick ist, um sich hinter den Steuerknüppel einer Messerschmitt zu setzen. Und der Reichsmarschall ist immerhin der Oberbefehlshaber der Luftwaffe. Wenn Sie mir eine schriftliche Genehmigung des Führers bringen, dann gebe ich Ihnen jede Maschine, die Sie haben wollen. Aber so nicht. Stellen Sie sich vor, Ihnen passiert etwas. Das würde mich meinen Kopf kosten!«

Aus England hat Rudolf Heß anderthalb Jahre nach seinem Flug geschrieben: »Die Genehmigung des Führers, dessen Flugverbot doch *gerade* abgelaufen war, machte der harmlose Mensch zur Bedingung – ebensogut hätte ich mich gleich selbst in Schutzhaft begeben können!«

Zu Udet sagt er: »Sie haben ja recht. Vergessen Sie unser Gespräch.«

Udet vergißt das Gespräch nicht. Vierzehn Tage später sitzt er mit Reichsmarschall Hermann Göring im Berliner Feinschmekkerrestaurant Horcher bei einem Helgoländer Hummer.

»Übrigens, der Heß war bei mir«, sagt er. »Wollte eine Me 110 fliegen. Nur so zum ›Vergnügen‹.«

»Hast du sie ihm etwa gegeben?« fragt Göring.

»Ich bin doch nicht verrückt!« antwortet Udet.

»Na, dann ist ja alles in Ordnung«, meint Göring. »Was hat er denn gesagt, als du abgelehnt hast?«

»Er ist ziemlich traurig weggegangen. Ein paar Tage später hat er dann gehört, daß ich selber beinahe einen ›Storch‹ zerschmissen hätte. Da hat er mir einen sehr spöttischen Brief geschrieben.«

»Unter uns gesagt, Ernst«, sagt Göring. »Der Heß ist ein ausgemachter Spinner. Er ist nie darüber weggekommen, daß er 1918 nicht mehr zum Zuge gekommen ist. Voriges Jahr wollte er ernsthaft als Leutnant in meine Luftwaffe eintreten. Mit 46 Jahren! Heute würde er am liebsten Mölders ausstechen oder Galland.« Göring lachte sein dröhnendes Lachen und schlägt sich auf die Schenkel.

»Was soll ich machen, wenn er wiederkommt?« fragt Udet.

»Schmeiß ihn raus aus Tempelhof!« Göring wiehert vor Lachen.

»Aber wenn er tatsächlich eine Erlaubnis vom Führer bringt?«

»Der wird sich schwer hüten, damit zu Adolf zu gehen. Ich würde es dem Führer ja selber erzählen, sozusagen als Witz. Aber Adolf mag es nicht, wenn ich zu viele Witze über Heß mache. Er hängt eben doch noch sehr an ihm.«

Rudolf Heß ist nicht wieder zu Ernst Udet zurückgekommen.

An einem Oktobertag des Jahres 1940 besucht Heß den 42jährigen Flugzeugkonstrukteur Professor Willy Messerschmitt auf dessen Werksflugplatz Haunstetten bei Augsburg. Heß kennt Messerschmitt seit vielen Jahren. 1927, noch nicht dreißig, war der geniale Flugzeugbauer Chefkonstrukteur der Bayerischen Flugzeugwerke geworden, jetzt ist er Generaldirektor der Messerschmitt-Aktiengesellschaft. Messerschmitt hat die berühmte Me 109 entwickelt. 1939 mit fast 750 km/h der schnellste und wendigste Jäger der Welt. Mit der Me 109 haben die Jagdflieger-Asse Mölders, Galland, Lützow und andere ihre großen Erfolge erzielt.

Heß ist auch ein enger Freund von Theo Croneiss, dem technischen Direktor der Messerschmitt-Werke. Croneiss ist oft Gast in der Harlachinger Villa.

Als Heß sein Interesse an dem neuen zweimotorigen Zerstörer Me 110 zu erkennen gibt, ist Messerschmitt begeistert. Der Flugzeugbauer schätzt das kreative technische Verständnis des Führer-Stellvertreters. »An Ihnen ist ein Ingenieur verlorengegangen«, sagt er oft. Dann denkt Rudolf Heß wehmütig an seine Godesberger Schulzeit. Er wäre so gern Ingenieur geworden. Aber der Vater hatte abgewinkt.

Auch ohne Studium hat Heß seine technische Begabung bewiesen.

Er hat eine Verbesserung der Walther-Pistole erfunden, mit der die Feuerschnelligkeit der Waffe um fast 100 Prozent gesteigert wurde. Er hat auch eine technische Verbesserung für Magnetminen erdacht. Messerschmitt respektiert Heß als Techniker, als Gesprächspartner.

Heß möchte die Me 110 fliegen. Messerschmitt zögert. »Ein kompliziertes Flugzeug, Herr Heß«, sagt er. »Es hat noch seine Mucken. Fliegen Sie doch zunächst einmal mit der Me 108 und der Me 109. Wenn Sie sich eingeflogen haben, unterhalten Sie sich am besten mit Willy Stöhr, meinem Chef-Testpiloten.«

Heß folgt Messerschmitts Rat. Drei Wochen später kommt er zu Stöhr. »Ich möchte es jetzt einmal mit der Me 110 probieren.«

»Herr Minister, die Me 110 ist ein Zweimannflugzeug«, sagt Stöhr vorsichtig. »Sie brauchen einen Begleiter.«

»Ich habe einen Begleiter«, sagt Heß. »Sie kennen doch Herrn Baur?«

Natürlich kennt Stöhr »Käpt'n« Baur, den Privatpiloten des Führers. Stöhr fragt seinen Chef. »Wenn Baur mitfliegt, ist alles in Ordnung«, sagt Messerschmitt.

Mehrmals begleitet Baur den Stellvertreter des Führers in der Me 110. Hans Baur, der Privatpilot Adolf Hitlers persönlich.

Diese Flüge konnten Hitler nicht verborgen bleiben, Baur weiß auch, daß Heß jetzt allein die Me 110 fliegt. »Zur Entspannung«.

Im Herbst 1940 fährt Heß ein- oder zweimal in der Woche nach Augsburg. Er macht kurze Rundflüge. Er besteht darauf, immer dieselbe Maschine zu fliegen. Nach den Flügen unterhält er sich mit den Testfliegern Kaden und Wendel. Er macht Verbesserungsvorschläge. Er plaudert mit Chefpilot Stöhr, »mit schlitzohriger Kameraderie«, wie dieser später sagt.

Im Werkskasino sitzt Rudolf Heß oft bei einer Tasse Kaffee mit Willy Messerschmitt zusammen. Der Flugzeugbauer möchte Heß' Urteil über die Me 110 hören.

»Die Reichweite scheint mir viel zu kurz zu sein«, sagt Heß. »Aber Zusatztanks würden gewiß die Bewegungsfähigkeit beeinträchtigen«, setzt er schlau hinzu. Messerschmitt bestreitet das. Er läßt in jede Tragfläche einen zusätzlichen Tank mit 700 Liter Fassungsvermögen einbauen. Auch eine neue Bordfunkeinrichtung wird installiert. »Ich muß Funkleitstrahlen mit großer Reichweite empfangen können«, sagt Heß. »Warum?« will der Funktechniker Mortsiepen wissen. »Ich will ein paar Bombenangriffe auf England mitfliegen«, sagt Heß. »Ich muß die Leitstrahlen aus Paris und Kalundborg empfangen.«

Mortsiepen berichtet Stöhr von den seltsamen Wünschen des prominenten Amateurtestfliegers. Stöhr gibt die Informationen weiter nach Berlin an Flugkapitän Hans Baur, den Piloten des Führers.

Kurz darauf trifft Heß den Flugkapitän in dessen Büro in der Neuen Reichskanzlei. Heß kommt gerade von Hitlers Mittagstafel.

»Baur, ich brauche dringend eine Karte sämtlicher gesperrten Luftzonen«, sagt Heß. Natürlich besitzt Baur eine solche Karte. Für seinen persönlichen Gebrauch. Die Karte zeigt jene Zonen, über die kein deutsches Flugzeug fliegen darf, und wenn, dann nur mit vorheriger Genehmigung und in genau festgelegten Höhen. Die Einzelheiten der Karte werden ständig ergänzt und verändert. Aus Sicherheitsgründen. Baurs Karte ist deshalb strengstes Staatsgeheimnis.

»Sie können die Karte von Ihrem Adjutanten einsehen lassen, wann immer Sie einen längeren Flug planen«, sagt Baur zögernd. »Aus der Hand geben darf ich die Karte nicht.«

»Das genügt nicht«, sagt Heß. »Ich brauche die Karte. Und alle künftigen Ergänzungen.«

Am nächsten Tag bekommt Heß die gewünschte Karte. Vom Privatpiloten des Führers.

»Mit dieser Karte, mit seinem Training auf der Me 110, mit seinem fleißigen Studium der Geräte und des Blindflugs war Heß in der Lage, aus dem Deutschland der Kriegszeit hinauszufliegen«, hat Baur später berichtet.

Heß macht kein Geheimnis daraus, daß er wieder fliegt. Jeder auf dem Messerschmitt-Werksflughafen von Haunstetten weiß es. Der Chef, die Testpiloten, die Ingenieure, die Leute im Tower. Sie sind geschmeichelt, wenn der Stellvertreter des Führers sich in der Kantine bei einer Tasse Kaffee mit ihnen zusammensetzt und »Shoptalk« macht.

Die Leute im Tower wissen auch, daß er sich manchmal nicht als »Reichsminister Heß« abmeldet, sondern unter dem Namen »Hauptmann Alfred Horn«. Sie haben Heß schon in einer Hauptmannsuniform der Luftwaffe gesehen. Sie wissen: Die Me 110, die Heß zu seinen Rundflügen benutzt, ist eine »Sonderanfertigung«. Wenn sie Fragen stellen, heißt es lakonisch: »Reichsminister Rudolf Heß hat einen geheimen Sonderauftrag des Führers.«

Es ist undenkbar, daß in einer Diktatur, in der es von Agenten und Spitzeln wimmelte – noch dazu im Kriege –, kein Wort von all diesen komplizierten Vorbereitungen Hitler je erreicht haben soll.

Es ist ebenso undenkbar, daß Rudolf Heß, der niemals gewagt hatte, große und weitreichende Entscheidungen in eigener Verantwortung zu treffen, eine Aktion von so außergewöhnlicher Tragweite ohne Hitlers Wissen geplant und durchgeführt hat.

Drei Trage nach dem Englandflug seines Stellvertreters hat Hitler auf dem Berghof vor der Prominenz des Dritten Reiches gesagt: »Rudolf Heß hat mich Anfang dieses Monats in einem Gespräch insistierend gefragt, ob ich noch immer zu meinem in ›Mein Kampf‹ niedergelegten Programm eines Zusammengehens mit England stünde. Ich habe das bejaht. Ich habe allerdings nicht geahnt, was Heß mit seiner Frage bezweckt hatte.«

Für diese Unterredung gibt es einen Zeugen: Heß' Adjutanten Alfred Leitgen. Er berichtet:

»Nach dem Mittagessen ging der Führer mit Herrn Heß im Garten der Reichskanzlei etwa drei Stunden lang auf und ab. Das Gespräch wurde zeitweise von beiden Seiten sehr erregt geführt. Ich stand etwas abseits. Wenn die beiden in meine Nähe kamen, dämpften sie ihre Stimmen etwas. Deshalb hörte ich nur ein paar Fetzen des Gesprächs. Ich hörte die Namen ›Albrecht Haushofer‹ und ›Hamilton‹. Dann hörte ich einen Satz: ›... mit der Maschine überhaupt keine Schwierigkeit ...‹

Hitler sagte einmal: ›Mein Gott, kann das nicht wahnsinnig gefährlich sein?‹ Von Herrn Heß hörte ich dann das Bruchstück eines Satzes: ›... ganz einfach für verrückt erklären lassen! ...‹ Schließlich blieben beide in meiner Nähe stehen. Hitler reichte Heß die Hand. Er hielt Heß' Hand minutenlang in der seinen. Beide schauten einander schweigend in die Augen. Dann wandte sich Hitler abrupt um und ging ins Haus. Herr Heß war sehr blaß, als wir gemeinsam die Straße zum Verbindungsstab überquerten. Er sprach kein Wort.«

Als Hitler Anfang September 1943 dem SS-Hauptsturmführer Otto Skorzeny den Auftrag gibt, den gestürzten italienischen Diktator durch ein Kommandounternehmen aus dem Sporthotel »Campo Imperatore« im Gran-Sasso-Massiv der Abruzzen zu befreien, sagt er: »Sollte das Befreiungsunternehmen mißlingen, dann werde ich sagen, daß es das Werk einiger Hitzköpfe ohne Auftrag und Befehl war. Ich werde mich dann von Ihnen distanzieren, genauso, wie ich mich von meinem Stellvertreter Rudolf Heß distanziert habe, als dessen Unternehmen erfolglos blieb.«

Die Überwindung der britischen Flugabwehr war das Meisterstück eines mutigen und hochbegabten Piloten. Ohne die geringste Frage und Maßregelung die deutsche Sperrkette zu überwinden, dazu bedurfte es einer Order höheren Ortes. Kein Offizier konnte das auf die eigene Kappe nehmen.

Hitler ist tot. Sein Stellvertreter im Spandauer Kriegsverbrechergefängnis schwieg bis ins Grab über den Pakt, den er mit seinem Führer geschlossen hatte.

Wohl oft dachte er an alle jene Gefolgsleute des Führers, die »untreu« wurden. Er dachte an jene, die sich umbrachten, wie Goebbels und Himmler; an jene, die in Nürnberg entweder von nichts wissen wollten, wie Göring, Ribbentrop, Keitel, oder die sich selber anklagten, wie Frank, Schirach und Speer.

Rudolf Heß wußte: Er ist Hitler niemals untreu geworden. Er hat den Pakt gehalten. Wenn es Gefahr gab, ihn zu brechen, dann floh er in eine andere Welt: in die des erinnerungslosen Toren; oder in die des pseudo-schizophrenen Paranoikers. Doch das Geheimnis hat er bewahrt.

Und er wußte: Auch Hitler hat seinen Pakt gehalten. So wie es abgesprochen war. Rudolf Heß hat dafür gesorgt, daß der Führer und Freund niemals »offiziell« von seinen Plänen Kenntnis nehmen mußte; daß der Führer die Freiheit der Entscheidung behalten hat, seinen Stellvertreter verdammen zu können. So war es abgemacht gewesen.

Rudolf Heß wußte: Er hat seinem Führer jenes Opfer gebracht, das keiner der anderen bringen konnte, bringen wollte. Das war sein Geheimnis. Er mußte es mit niemandem teilen.

In der Stunde seines Paktes mit Hitler war er dem Führer näher, als jeder andere es jemals war.

Deshalb konnte er sogar in Spandau lächeln. Und er konnte aus seiner Zelle Nummer sieben schreiben: »Sokrates' Name hätte in der Nachwelt vielleicht nicht ganz den Klang erhalten, den er hat, wenn er … geflohen wäre, sich dem Spruch der Richter entziehend, wie diese es offenbar gern gesehen hätten, auf daß sie aus ihrer Verlogenheit und wohl selbst gefühlten Feigheit erlöst worden wären. Ich habe die Reden des Sokrates teilweise halblaut gelesen …«

Samstag, der 10. Mai 1941 ist ein schöner, sonniger Tag. Frühmorgens ruft Rudolf Heß seinen Adjutanten Karlheinz Pintsch an. »Heute ist der Tag, auf den wir gewartet haben, Pintsch. Wir sehen uns gegen drei Uhr. Früher kann ich nicht. Ich habe einen Gast zum Mittagessen.«

Der Gast ist Alfred Rosenberg. Frau Heß fühlt sich nicht wohl an diesem Tag. Sie hat eine leichte Erkältung. Sie bleibt mit einem Buch im Bett. Sein Titel: »The Pilots of Mount Everest«. Die Autoren: D. F. McIntire und der Marquis of Clydesdale, der jetzt Herzog von Hamilton ist. Englische Freunde haben Heß vor dem Kriege das Buch geschenkt. Die Widmung lautet: »Mit allen guten Wünschen und der Hoffnung, daß aus unserer persönlichen Freundschaft ein wirkliches und dauerhaftes Einverständnis zwischen unseren Völkern wachsen möge.«

»Ich nehme später den Tee in deinem Zimmer«, sagt Rudolf Heß zu seiner Frau. »Zwinge dich nicht, zum Essen herunterzukommen. Rosenberg kommt um zwölf. Lange wird er nicht bleiben.«

Bis zwölf sind noch ein paar Stunden Zeit. Heß holt seinen vierjährigen Sohn Wolf Rüdiger aus dem Kinderzimmer. Durch eine Hintertür des Gartens gelangen sie auf einen Fußweg, der am Isarufer entlangführt. Hand in Hand gehen Vater und Sohn in Richtung des Tierparks Hellabrunn. Die vier Schäferhunde Hasso, Nicki, Nurmi und Hedda begleiten sie. Kein Polizist, kein Leibwächter folgt ihnen. Heß trägt ein Tweedjackett und eine graue Hose. Einige Spaziergänger erkennen den Stellvertreter des Führers. Sie grüßen. Heß grüßt freundlich zurück. Andere Passanten nehmen keine Notiz von dem hochgewachsenen Mann mit dem kleinen Jungen.

Der Butler hat Fleischsalat für Rudolf Heß und seinen Gast Alfred Rosenberg vorbereitet. Gegen 14 Uhr verläßt Rosenberg das Haus. Eine halbe Stunde später steht Heß im Zimmer seiner Frau. Den Abschied erlebte sie so:

»Zu meiner Verwunderung erschien er zum Tee völlig umgekleidet: In blaugrauen Breeches, deren Ungewohnheit ich noch den hohen Fliegerstiefeln, die er trug, zugute hielt, sowie der von ihm nebenbei gemachten Bemerkung, daß er, durch einen Anruf aus Berlin während der Ruhepause abberufen, noch einen kurzen ›Umweg über Augsburg‹ am Abend nach ›oben‹ fahren würde. Höchst verwunderlich dagegen erschien mir ein lichtblaues Hemd mit dunkelblauer Krawatte, eine Farbzusammenstellung, die ich stets – bisher jedoch ohne jeden Erfolg – befürwortet hatte … Erst später fanden wir bei einer Suche nach hinterlassenen Papieren eine (leider unbezahlte!) Rechnung einer Münchner Uniformschneiderei über eine Hauptmannsuniform der Luftwaffe, aus der der Name des Bestellers – und Schuldners! – säuberlich ausgeschnitten war.

Mit lächelnder Miene gab er auf meine staunende Frage nach dem blauen Hemd die charmante Erklärung: ›Um dir eine kleine Freude zu machen!‹ – wie mag es, zwei Stunden vor dem Abflug nach England, *wirklich* in ihm ausgesehen haben? … Ich sehe meinen Mann noch vor mir, als sei es gestern gewesen: Der Tee ist getrunken, nach einem Handkuß steht er an der Tür zum Kinderzimmer, plötzlich merkwürdig ernst, grüblerisch, fast zögernd. ›Wann kommst du zurück?‹ – ›Ich weiß noch nicht genau, vielleicht morgen schon, sicher aber werde ich wohl Montag abend wieder daheim sein.‹ Ich glaubte ihm nicht und sagte es auch – aus

England hat er mir einmal geschrieben, es wäre ihm ›heiß und kalt‹ geworden bei meiner Antwort: ›Morgen schon? Am Montag? Das glaube ich nicht – du kommst nicht so rasch zurück!‹«

Um 18.10 Uhr startet Heß mit seiner silbergrauen Me 110 vom Flugplatz Haunstetten. In einer weiten Linkskurve fliegt er ganz niedrig über eine kleine Gruppe von Männern hinweg, die ihm zuwinken: Adjutant Karlheinz Pintsch, Flughafenleiter Piel, der SD-Mann, der Fahrer. Dann nimmt die Maschine Kurs nach Norden, wird kleiner und kleiner, bis sie ganz verschwunden ist.

Drei Stunden später geschieht auf dem Flugplatz von Haunstetten etwas Merkwürdiges. James Leasor hat die Szene nach den Aussagen des inzwischen verstorbenen Adjutanten Karlheinz Pintsch rekonstruiert:

Kurz nach neun Uhr ging Pintsch in ein leeres Büro des Verwaltungsgebäudes, verschloß die Tür hinter sich, zog sorgfältig die Verdunklungsrollos herunter, machte Licht, setzte sich an einen Schreibtisch und griff zum Telephon. Er bat die Vermittlung um eine im offiziellen Telephonbuch nicht geführte Nummer in Berlin. Es handelte sich um eine Abteilung des Luftfahrtministeriums, die Radioleitstrahlen verteilte, und zwar vorwiegend an die Kommandeure der Bomberverbände in Deutschland und in den besetzten Gebieten.

»Hier spricht Pintsch, Adjutant des Stellvertreters des Führers«, sagte er.

»Ich verbinde.« Es gab ein Klicken in der Leitung. Er und auf der anderen Seite des Drahtes ein Offizier hatten auf einen Knopf gedrückt, der die Leitung nach außen blockierte. Es war jetzt unmöglich, die Leitung anzuzapfen und die Unterhaltung abzuhören.

»Ich spreche im Auftrage des Stellvertreters des Führers«, fuhr Pintsch fort. »Er hat mich gebeten, noch einmal einen Funkleitstrahl anzufordern, und zwar von Augsburg nach Dungavel Hill, einem Punkt ungefähr fünfzehn Kilometer westlich von Glasgow in Schottland. Ist das möglich?«

»Das ist äußerst schwierig«, kam eine metallische, unpersönliche Stimme über den Draht. »Offen gesagt: Ich halte es für unmöglich. Wir haben hier mit einer starken Bomberflotte alle Hände voll zu tun. Sie startet heute abend nach England. Unser größter Angriff bis heute – rund fünfhundert Maschinen. Die brauchen alle Leitstrahlen, die wir haben.«

»Das wußte ich nicht«, sagte Pintsch. Er fragte sich, ob das wohl die Pläne von Heß beeinflussen würde. Der hatte es nämlich auch nicht gewußt. »Für mich persönlich ist das auch peinlich. Ich habe Heß nämlich einen Leitstrahl versprochen, und jetzt ist er schon in der Luft. Ich sitze hier bei Messerschmitt in Augsburg, und es gibt keine Möglichkeit, mit ihm Verbindung aufzunehmen. Das sieht alles sehr ärgerlich aus.«

»Ich will tun, was ich kann, aber ich kann nichts versprechen«, sagte der Mann im Luftfahrtministerium. »Oder wissen Sie was? Wir geben ihm für eine Stunde einen Leitstrahl, bis 22 Uhr, wenn Ihnen damit geholfen ist. Aber dann ist Schluß. Ich habe meine Befehle, mehr kann ich nicht tun. Sie müssen sich an meine Vorgesetzten wenden, wenn Sie mehr wollen. Tut mir leid.«

»Jawohl. Auf jeden Fall erst mal schönen Dank. Auf Wiederhören.«

Der Stellvertreter des Führers erhält vom Luftfahrtministerium ohne große Rückfragen *noch einmal* offiziell einen Funkleitstrahl von Augsburg nach Dungavel Hill in Schottland!

Um 22.08 Uhr meldet das Mädchen vom weiblichen Hilfskorps der RAF an ihrem Radargerät bei Inverness: »Unbekanntes Flugzeug, Planquadrat 1, AC.« Die Männer in den sandsackgeschützten Ausguckständen an der schottischen Ostküste greifen zu ihren Feldstechern. In der zunehmenden Dämmerung erkennen sie ein einzelnes Flugzeug auf Westkurs. »Eine Me 110!« melden sie.

»Tut bloß ein bißchen mehr Wasser in euren Whisky«, brummt der Offizier am anderen Ende der Feldtelephonleitung. Er weiß: Kein Flugzeug dieses Typs hat einen solchen Aktionsradius.

Der Pilot eines Spitfire-Jagdflugzeugs der Küstenpatrouille hat die Me 110 bemerkt. Er versucht, den Gegner zu stellen. Aber die Geschwindigkeit der zweimotorigen Messerschmitt ist einfach zu hoch.

Die Ironie der Geschichte will es, daß der von Rudolf Heß erhoffte Gastgeber in spe, der Herzog von Hamilton, Geschwaderkommodore auf dem Militärflughafen Turnhouse, einen Defiant-Jäger hochschickt, um die geheimnisvolle Me 110 zu verfolgen. Die Defiant kehrt zurück mit der Meldung: »Das deutsche Flugzeug ist abgestürzt!«

1947 hat Rudolf Heß seinen Flug über Schottland in mehreren Briefen an seine Frau beschrieben. Einen Flug, den die offizielle Fliegerzeitung (Journal of the Royal Observer Corps Club) »eine

hervorragende fliegerische Leistung« genannt hat. Hier ist Heß'
eigene Schilderung:

»Ich hatte Glück, daß über England ein Dunstschleier lag, der
in der Abendstrahlung reflektierte, so daß von oben nichts in ihm
zu sehen war. In ihn ›drückte‹ ich natürlich hinein, das heißt, ich
flog mit Vollgas aus ein paar tausend Meter Höhe auf die Küste
hinunter, bekam eine unheimliche Geschwindigkeit. Ihr hatte ich
es zu verdanken, daß die hinter mir herjagende ›Spitfire‹ nicht
aufzuholen und mich in aller Seelenruhe abzuschießen vermochte, da *ich* nach rückwärts nicht sehen konnte: Dazu war ich zu sehr
eingezwängt, auch reflektierte das Kabinendach zu sehr. Ich wäre
also zur Freude der ›Spitfire‹ gemütlich mit normaler Geschwindigkeit weitergegondelt, wenn nicht der tarnende Dunstschleier
mich verführt hätte, auf die ›schiefe Ebene‹ zu gehen.

So aber überquerte ich Schottlands Ostküste etwa um 10 Uhr
nach Sonnenuntergang etwas südlich über ein kleines Städtchen
hinweg, dessen friedliche Bewohner ich sicherlich furchtbar er-
schreckte, als ich mit wohl 750 km/h aus Haushöhe ihnen das
Vollgasgebrüll meiner 2000 PS zum Gruß in die verschlafenen
Gassen hinabsandte. Für den Verfolger verschwand ich, von
oben war sicherlich nichts mehr von mir zu sehen – in der Dunstschicht aber war eine mehrere Kilometer weite Sicht, wie man sie
sich gar nicht schöner hätte wünschen können. Na, ich hütete
mich auch, wieder aufzutauchen. In vielleicht fünf Meter Höhe
oder weniger ging es dahin, über Bäume, Häuser, Viecher und
Menschen hinweg. Der englische Flieger nennt das ›Hecken-
springen‹ (hedge hopping) – und es hat diesen englischen Fliegern
anscheinend auch imponiert …

Vater Baur behauptete ja sowieso immer, ich flöge am liebsten
in Scheunentore hinein –, so steuerte ich denn auf diese ›Scheu-
nentor‹-Weise den Cheviot-Hill als vorher schon festgelegten
Richtungspunkt an, der sich aus der abendlichen Dunstschicht
heraushob. Wenige Meter über dem Boden kletterte ich buchstäblich den Hang hinauf, so schnell bin ich noch niemals bergge-
stiegen. Dann, nach Kursänderung um wenige Grad nach rechts,
ebenso auf der anderen Seite wieder hinunter. Einige Zeit ging es
über die Ebene, wieder wurden Häuser und Bäume vergnüglich
›hupfend‹ genommen, Menschen wurde zugewinkt – und schon
zeigte das Variometer wieder laufend aufwärts, bis ich plötzlich
über dem Richtungspunkt war, einem kleinen Stausee in einer
schmalen Bergkette mit dem Broad-Lav als höchstem Gipfel.

Hier kam nunmehr ein Knick nach links in den Kurs.

Mit der Karte brauchte ich mich nicht abzugeben, denn ich hatte ihre wichtigsten Einzelheiten auf den in Frage kommenden Kursen samt Kompaßzahlen, Entfernungen usw. auswendig gelernt ...

Etwa zwanzig Minuten vor 23 Uhr befand ich mich über Dungavel, dem Landsitz des Herzogs von Hamilton, meinem ahnungslosen ›Gastgeber in spe‹. Um aber jeden Irrtum auszuschließen, flog ich die paar Minuten weiter bis zur Westküste. Vom aufgehenden Vollmond beschienen lag das spiegelglatte Meer da; etwa 500 Meter aus ihm aufsteigend, ohne Küstenübergang, ein Inselberg, prachtvoll rötlich angestrahlt – so schön und friedlich im Gegensatz zu meinem doch etwas gewagten und aufregenden Unternehmen, kurz vor dem ersten Fallschirmabsprung meines Lebens – ich werde dieses Bild niemals vergessen.

An der Küste flog ich ein paar Kilometer nach Süden, bis ich eine Ortschaft überbrauste, deren auch auf meiner Karte eingetragene Landzunge mit allen Bauwerken – oder ist es ein Wellenbrecher mit Leuchtturm? – unverkennbar war. Hinsichtlich der Richtigkeit meiner Ortung beruhigt, wandte ich mich wieder nach Osten, erkannte die Bahnlinie, die bei Dungavel einen Bogen macht, und sah den auf der Karte verzeichneten See südlich des Landsitzes, an dem die Straße nach Dungavel vorbeiführt.

Nun kurvte ich für den Fallschirmabsprung auf die Sicherheitshöhe von 2000 Meter hinauf, stellte die Zündung der Motoren ab und die Propellerblätter auf den Anstellwinkel Null, damit die Rotation trotz des Fahrtwindes aufhören und ich dazwischen fallen konnte, ohne zu Hackfleisch zu werden; wie sich später erwies, eine höchst überflüssige Vorsichtsmaßregel, denn eher drückt man sich durch eine Betonwand, als daß man auch nur einen Millimeter nach vorn gegen den ungeheuren Luftdruck stürzen könnte. Im übrigen dachte der eine Motor vorerst gar nicht daran stehenzubleiben, sondern bumste und drehte heiter weiter, weil er sich wohl aus den glühend heißen Zylindern entzündete und sich daher keineswegs daran kehrte, daß die elektrische Zündung ausgeschaltet und sein Verhalten also vollkommen regelwidrig war...

Schließlich aber entschloß der Motor sich doch, Vernunft anzunehmen – oder war es das Gegenteil? Denn diese Vernunft besiegelte ja endgültig seinen bevorstehenden Tod.

Nun schnallte ich mich los, öffnete das Kabinendach und

wollte – diesem neuartigen Erlebnis gegenüber leicht neugierig und skeptisch, aber immerhin frohgemut – ›aussteigen‹! Aber es war kein Drandenken. Der unvorstellbare Luftdruck, der selbst noch bei der Mindestfahrt einer solchen Maschine herrscht, preßte mich so fest gegen die Rückwand, daß ich wie festgeschmiedet war. Nach *allem* hatte ich mich in Augsburg bei meinen guten Messerschmitt-Leuten mit dem harmlosesten Gesicht erkundigt, nur nicht *danach*, wie man abspringt. Ich hielt es wohl für zu einfach.

Wenn ich jetzt zurückdenke, so wundere ich mich eigentlich, daß ich erstaunlicherweise auch nicht auf den Gedanken kam, die Fahrt durch Auswinkeln der Landeklappen herabzusetzen. Motorlos segelte ich immer tiefer bei meinen vergeblichen Experimenten. Dann fiel mir ein, daß ich von Greim (Generaloberst Ritter von Greim, später Feldmarschall und nach Absetzung von Göring letzter Oberbefehlshaber der Luftwaffe) einmal gehört hatte, man müsse die Maschine auf den Rücken legen und sich dann herausfallen lassen. Ich begann also in die Rückenlage zu rollen – aber so viele Kunstfiguren ich geübt hatte: *diese* ausgerechnet nicht. Es war mein Glück! Denn so zog ich instinktiv wie beim halben Looping das Höhensteuer, anstatt es für den Waagerechtflug einzustellen. Ich schoß in der Kurve nach unten, die Zentrifugalkraft hielt mich, obwohl der Kopf nach unten hing, drin. Wäre ich nur ein Geringes ausgerutscht, hätte der Luftdruck mir Genick und Kreuz gebrochen. Aber die bei einer solchen Maschine riesige Zentrifugalkraft hatte auch zur Folge, daß mir das Blut aus dem Kopf herauszentrifugiert wurde, vor den Augen erschienen die von Jagdfliegern so gefürchteten ›Sterne‹ – zugleich dachte ich noch: ›Ich bin knapp über dem Boden und fliege senkrecht nach unten – gleich muß es krachen! Sieht so das Ende aus?‹

Dann wurde mir schwarz vor Augen, und ich verlor das Bewußtsein.

Ich saß also angeschnallt, aus Rückenlage erdwärts rasend, vollkommen ohnmächtig am Steuer! Eine verzweifelte, ja absolut hoffnungslose Lage. Kurz darauf aber erwachte ich wieder, erwachte zu augenblicklicher, hellster Klarheit, den Blick starr auf den Geschwindigkeitsmesser gerichtet: der Zeiger stand auf Null! Ich auf und raus war eins – im gleichen Moment stürzte die Maschine lotrecht ab!

Ich zog den Fallschirmgriff, die Gurte strafften sich, ich schwebte – ein unbeschreiblich herrliches und siegreiches Gefühl in dieser Lage! Ich hatte bewußtlos getan, was ich bei Bewußtsein hätte tun sollen: Mit Schwung flog ich aus dem Halblooping kommend schließlich so lange fast senkrecht nach oben, bis die Schwungkraft verbraucht war und die Maschine im Scheitelpunkt, kurz vor dem Absturz, auf Null-Fahrt kam – in *dieser* Stellung floß auch das Blut in den Kopf zurück.

Eine Sekunde später erwacht, wäre der Tod gewesen – Kismet!

So baumelte ich also bei Nacht und Nebel, der vom kaum durchdringenden rötlichen Vollmond nur spärlich erhellt war, am Fallschirm. Da Körper plus Blut schon eine gewisse Fallgeschwindigkeit hatten, der Körper aber plötzlich gebremst wurde, das Blut jedoch vorerst nicht, schoß dieses wieder aus dem Kopf, in welchem es ohnehin vom vorhergehenden Ereignis her nur mehr spärlich vorhanden war, den Beinen zu mit dem prompten Ergebnis, daß ich vornüber kippte und es wiederum zappenduster um mich wurde – kurz: ich verlor erneut die Besinnung. Dieses Mal kam sie nur sehr langsam zurück – wäre es in der Maschine so langsam gegangen, wäre es zu Ende gewesen. Alles kreiste um mich – dann aber erwachte ich endgültig, vermutlich mit einem Gesichtsausdruck wie der aus einem Erdbrocken erschaffene Adam, als er zum Bewußtsein der Welt erwachte. Ich hatte zuerst absolut keine Ahnung, was eigentlich mit mir geschehen war und wo ich sei. Erst allmählich wurde mir klar, daß ich am Ziel und zugleich wieder an einem Anfang war – ach, mehr ›Anfang‹, als ich ahnte!«

Als Rudolf Heß am 10. Mai 1941 um 23.07 Uhr in Schottland mit dem Fallschirm landete, trifft bei Albrecht Haushofer in Berlin ein Telegramm ein. Es ist von H. W. Stahmer, Sekretär der deutschen Botschaft in Madrid und ehemaliger Schüler des jungen Haushofer. Der Inhalt: »Kontakt mit britischem Botschafter Sir Samuel Hoare erfolgreich aufgenommen. Treffen mit Botschafter in Madrid jederzeit möglich. Erbitte weitere Anweisungen.« Haushofers lange Bemühungen haben Erfolg gehabt.

Aber jetzt ist es zu spät!

13. KAPITEL

Botschafter ohne Auftrag

Um 23.07 Uhr am 10. Mai 1941 landet der Stellvertreter des Führers mit dem Fallschirm auf einer Wiese der Floor's Farm in der Nähe des Städtchens Eaglesham südlich von Glasgow. Die Me 110 zerschellt ein paar hundert Meter weiter.

Heß ist nie in seinem Leben mit dem Fallschirm abgesprungen. Beim Aufprall verstaucht er sich den linken Knöchel. Der Fallschirm schleift ihn meterweit mit. Nach etwa zehn Minuten kann er sich befreien.

Der erste Mensch, dem Heß in Schottland gegenübersteht, heißt David McLean. Er ist im gleichen Alter wie der Führer-Stellvertreter. Im Ersten Weltkrieg hat auch er bei Arras in Flandern gekämpft – auf der anderen Seite. Heute ist der Junggeselle Vorarbeiter auf Floor's Farm.

McLean wohnt mit Mutter und Schwester in einem kleinen, weißgetünchten Häuschen mit einem Vorgarten, in dem Obst, Gemüse und Blumen wachsen.

Wenig später kommt ein anderer Mann dazu, der 68jährige Landarbeiter William Craig.

»Hier ist ein Deutscher«, sagt McLean trocken. »Geh und hol ein paar Soldaten!«

Dann hilft er dem hinkenden Heß ins Haus, bietet ihm Platz an in einem großen ledernen Lehnsessel.

Als Mutter McLean im Morgenrock und Pantoffeln die Stube betritt, erhebt sich Heß, klappt die Hacken zusammen und verbeugt sich vor der alten Frau.

»Sind Sie Deutscher?« fragt sie.

»Ja, Madam, ich bin Deutscher«, antwortet Heß.

»Mein Gott«, seufzt Annie McLean, »was für ein Leben!«

Dann tut sie das, was zwischen Inverness und Dover jede Haus-

193

frau in Großbritannien tut, wenn plötzlich ein unerwarteter Gast im Hause ist: Sie geht in die Küche und kocht Tee.

»Mein Name ist Hauptmann Alfred Horn von der deutschen Luftwaffe«, sagt Heß zu McLean. »Ich habe eine wichtige Botschaft für den Herzog von Hamilton. Bringen Sie mich bitte gleich zu ihm!«

»Die Soldaten werden gleich hier sein«, antwortet McLean ausweichend. »Sie werden sich um alles kümmern.« Hoffentlich kommen sie bald und nehmen mir die Verantwortung ab, denkt er. Seine Blicke gleiten über den deutschen Flieger. Er wundert sich über die maßgeschneiderte Uniform aus feinstem Tuch, die weichen pelzgefütterten Stiefel aus geschmeidigem Leder, über die teure, flache goldene Armbanduhr am linken Handgelenk, die feine Goldkette am rechten.

McLean ist ein guter Beobachter. Er weiß: Dieser Mann muß nahe an die fünfzig sein. Er hat gefangene deutsche Piloten gesehen. Es sind schon mehrere über Schottland abgesprungen. Sie waren viel jünger. Sie waren zwar gut gekleidet, aber viel weniger elegant. Dies ist kein normaler deutscher Pilot, denkt der Schotte. Wie entspannt, wie ruhig er dort im Sessel sitzt, wie lässig er seinen Tee trinkt! Wie selbstverständlich er nach dem Herzog von Hamilton fragt, so als gehe er täglich mit Herzögen und Prinzen um! Diese Überlegenheit, diese freundliche Arroganz kann nur ein »hohes Tier« haben!

Der Deutsche spricht ein gutes Englisch, aber etwas geziert, wie eingelernt. McLean mit seinem schottischen Akzent spricht langsam, damit der Fremde ihn verstehen kann.

Die Unterhaltung gerät ins Stocken. McLean, der kleine Landarbeiter, fühlt sich befangen vor dem Fremden.

Der Deutsche öffnet seine Brieftasche, reicht dem Schotten das Photo eines kleinen Jungen. »Mein Sohn«, sagt er. »Heute morgen habe ich ihn noch gesehen. Ich weiß nicht, wann ich ihn wiedersehen werde.«

»Ein hübsches Kind«, sagt McLean höflich. »Ja, ja, der Krieg ist ein großes Unglück. Besonders für die Frauen und die Kinder. Viele verlieren jetzt ihre Männer und Väter.«

Wenige Minuten später kommen die Soldaten. Zwei Mann von der Nachrichtentruppe, Elektronikspezialisten, bebrillte Magister der Naturwissenschaften, die man für die Dauer des Krieges in Uniform gesteckt hat. Dazu der Ingenieur und Hilfspolizist Williamson und der Milizmann Clark. Williamson trägt zum Zivil-

anzug einen Stahlhelm mit der Aufschrift »Police«, Clark Zivil-
hosen mit »Home Guard« auf den Schulterklappen seines Hemdes. Sein Stahlhelm ist mit Gummiband unter dem Kinn befestigt.

Das ist das Empfangskomitee für den Stellvertreter des Führers.

Die Männer sind unbewaffnet, bis auf Clark, der mit einem riesigen Webley-Revolver aus dem Ersten Weltkrieg herumfuchtelt.

»Clarks Revolver machte mir die meisten Sorgen«, sagt Williamson später aus. Es ist kurz vor Mitternacht am 10. Mai 1941.

Am Nachmittag, bei einem letzten Spaziergang an einem Park-
platz der Autobahn München-Augsburg, hatte Heß zu seinem
Adjutanten Pintsch gesagt: »Wenn alles gut geht, sitze ich um
Mitternacht vielleicht am Kamin des Herzogs von Hamilton, und
sein Butler serviert uns Tee.«

Statt dessen findet sich Heß eine halbe Stunde nach Mitternacht im leeren und kahlen Wachraum der Unterkunft der Home
Guard von Busby bei Glasgow, eines ehemaligen Pfadfinder-
heims.

Es ist alles ganz anders, als Heß es sich vorgestellt hat. Enttäuschung und Zorn steigen in ihm auf. Hinzu kommt die körperliche
und seelische Reaktion auf die ungeheure Spannung des Fluges
und des Absprungs. Er muß sich entspannen.

Und Heß weiß, wie er sich am besten entspannt. Er hat es als
Junge gelernt. Von arabischen Kameltreibern in Ägypten. Die
legten sich nach anstrengenden Reisen einfach in den Sand und
verbannten konzentriert alle Gedanken aus ihrem Hirn. Nach
wenigen Minuten standen sie erholt auf. Heß hat dieses einfache
Rezept – eine simple Art des autogenen Trainings – oft mit Erfolg
erprobt, vor Reden, vor Konferenzen, vor Parteiversammlun-
gen. Später wird er es auch in Nürnberg und in Spandau exerzie-
ren, zum besorgten Erstaunen der Wächter und der Ärzte.

Der Stellvertreter des Führers legt sich flach auf die fleckigen
Holzdielen im Wachraum des Heimwehrquartiers von Busby.
Schweigend starrt er in die schmutzig-gelbe, nackte Glühbirne.

Die Heimwehrleute sehen ihn so liegen. Ist der deutsche Offizier krank? denken sie. Ist er ohnmächtig geworden? Sollte man
nicht einen Arzt holen? Ein gutmütiger Schotte greift zu einer
Flasche Milch, öffnet den Verschluß, reicht sie mitleidig dem Gefangenen zur Erfrischung.

Kurz darauf treffen mehrere Offiziere der britischen Armee
und Luftwaffe ein. Sie haben inzwischen die Trümmer der abge-

stürzten Me 110 untersucht. Und sie haben dabei eine bemerkenswerte Entdeckung gemacht: Die Mündungen der Maschinengewehre, die aus den Kanten der Tragflächen herausragen, sind dicht mit Fett zugeschmiert. Es hat keine Explosion von Munition gegeben. Im Umkreis der Absturzstelle ist keine Patrone zu finden. Der Mann, der mit diesem Flugzeug gekommen ist, wollte nicht schießen! Nicht einmal zur Verteidigung.

Als die Offiziere eintreten, steht Heß trotz seiner Knöchelverletzung behende auf, klappt die Hacken zusammen, verbeugt sich. Die Offiziere grüßen mit der Hand an der Mütze zurück.

»Ich bin Hauptmann Alfred Horn«, sagt Heß. »Ich habe eine dringende Mitteilung für den Herzog von Hamilton, die ich ihm nur persönlich übergeben darf.«

»Gestatten Sie zunächst, daß wir Sie untersuchen«, entgegnet einer der Offiziere. Heß hebt gehorsam die Arme.

Der Inhalt seiner Taschen wird auf einen kleinen Tisch gelegt: Ein Briefumschlag, adressiert an den Herzog von Hamilton, eine Leica, ein paar Familienfotos von seiner Frau und seinem Sohn, eine Visitenkarte von Professor Karl Haushofer, eine andere von Albrecht Haushofer.

Dazu: eine kleine Injektionsspritze und eine große Dose voller Arzneimittel. Heß hat für alles vorgesorgt. In der Dose sind: Opiumpräparate gegen Schmerzen im Falle von Verletzungen; Aspirin gegen Kopfschmerzen und Erkältung; Atropin gegen Koliken; Pervitin gegen Ermüdungserscheinungen; Barbiturate gegen Schlaflosigkeit nach Einnahme von Pervitin; Salzlösung gegen Verstopfung; Kohletabletten gegen Durchfall. Außerdem einige homöopathische Präparate und ein Gallenelexier, das nach Heß' Aussage von einem tibetanischen Lama zubereitet wurde.

Im Gutachten eines medizinischen Gremiums, das Heß später in London untersucht hat, heißt es: »Wenn er die Wirkungsweise aller dieser Medikamente kannte, dann wäre er ein brauchbarer praktischer Arzt geworden.«

Dieser Ansicht ist auch sein ehemaliger Adjutant Alfred Leitgen: »Herr Heß hatte nicht nur ein ausgeprägtes Interesse an Fragen der Medizin, sondern auch große Kenntnisse auf diesem Gebiet, die um so erstaunlicher sind, wenn man bedenkt, daß Herr Heß niemals Medizin studiert hat.«

Zu den Freunden der Familie Heß zählte eine Reihe angesehener Ärzte. Aus der britischen Gefangenschaft schrieb Heß 1942 an seine Frau: »Ich muß viel an meine medizinischen Unterhaltungen mit Professor G. denken, vor allem an seine Gedanken zur Krebsbekämpfung, die mir immer so sehr am Herzen lag und die mit einem Kollegen voranzutreiben noch kurz vor meinem Abflug sein Anliegen war. Ich war damals – leider! – viel zu sehr mit meinem Flug beschäftigt, als daß ich mich genügend diesem wichtigen und gegebenenfalls für die Menschheit segensreichen Gedanken gewidmet hätte. Jetzt, wo ich mehr Zeit habe, über solche Probleme nachzudenken, tut es mir sehr leid.«

Gegen 2 Uhr morgens am 11. Mai wird Rudolf Heß alias Hauptmann Horn in die Maryhill-Kaserne in Glasgow gebracht.

Graham Donald, stellvertretender Ortskommandant von Busby, der mit anderen Offizieren zurückbleibt, macht ein nachdenkliches Gesicht. »Wissen Sie«, sagt er, »ich war 1936 in Deutschland, bei den Olympischen Spielen. Ich habe dort Rudolf Heß, Hitlers Stellvertreter, ganz aus der Nähe gesehen. Je mehr ich darüber nachdenke, desto mehr glaube ich, daß dieser Luftwaffenhauptmann Rudolf Heß ist.«

Die anderen lachen schallend. Einer meint grinsend: »Mein Zigarrenhändler hat dauernd Ärger, weil er wie Hitler aussieht. Dabei ist der arme Kerl obendrein noch Jude.«

In der Maryhill-Kaserne kommt »Hauptmann Horn« ins Krankenrevier. Man kümmert sich um seinen verstauchten Knöchel, macht ihm Umschläge, stellt einen Posten mit Gewehr vor sein Zimmer. Rudolf Heß ist ungeduldig. Immer wieder drängt er: »Ich muß unbedingt mit dem Herzog von Hamilton sprechen. Es ist dringend!« Der diensthabende Offizier und der Sanitäter beruhigen ihn: »Der Herzog ist schon verständigt. Er wird zu Ihnen kommen. Versuchen Sie inzwischen, ein wenig zu schlafen.«

Tatsächlich hat der Herzog eine Meldung erhalten: Der Pilot jener geheimnisvollen Me 110 sei ein gewisser Hauptmann Horn, und der wolle den Herzog unbedingt sprechen.

Hamilton denkt angestrengt nach. Hauptmann Horn? Er kennt keinen Deutschen namens Alfred Horn. Er weiß nicht, wer dieser Mann ist, was er von ihm will.

Dann fällt ihm jene Unterredung ein, die er im März in London mit Oberst F. G. Stammers hatte, dem Abwehroffizier der Air Force. Stammers hatte ihm jene Photokopie eines Briefes seines deutschen Freundes Albrecht Haushofer gezeigt, eines Briefes, den er nie erhalten hatte. Stammers hatte gesagt, die Abwehr sei an diesem Kontakt interessiert. Er hatte gefragt, ob er, Hamilton nicht nach Lissabon fliegen wolle, um sich mit Haushofer zu tref-

197

fen, ihn auszuhorchen. Hamilton hatte abgelehnt. Etwas angewidert. Er war Flieger, kein Geheimdienstler. Aber die Abwehr hatte gedrängt. Er solle Informationen aus Haushofer herausquetschen, soviel wie möglich. Ende April war er nochmals nach London bestellt worden. Die Sache würde jetzt drängen. Er hatte gesagt, er würde es nur auf Befehl tun. Man hatte verschnupft erwidert, für solche Art von Aufgaben kämen nur Freiwillige in Frage. Einen Befehl könne der Geheimdienst ihm nicht erteilen. Seitdem hatte er nichts mehr von der Abwehr gehört.

Sollte zwischen jener Sache und diesem geheimnisvollen Fallschirmspringer ein Zusammenhang bestehen? Alfred Horn nannte sich der Flieger? Die gleichen Anfangsbuchstaben wie Albrecht Haushofer. Könnte es sein, daß Albrecht ...? Aber dazu kannte er Albrecht als einen viel zu vorsichtigen Mann.

Der Herzog beschließt, am nächsten Morgen den Vernehmungsoffizier zur Maryhill-Kaserne zu begleiten. Dann legt er sich schlafen.

Am 11. Mai um 10 Uhr morgens steht der Herzog von Hamilton mit einem Vernehmungsoffizier vor dem Bett des deutschen Luftwaffenhauptmanns. »Hauptmann Horn« liegt unter einem Laken und einer roten Wolldecke. Sein Fuß ist bandagiert.

»Ich muß Sie allein sprechen, bitte!« sagt der Deutsche zum Herzog mit einem entschuldigenden und verständnisverheißenden Blick auf den Vernehmungsoffizier. Dieser grüßt und verläßt das Zimmer.

»Nun, was haben Sie mir zu sagen?« fragt der Herzog kühl.

Der Gefangene richtet sich auf. »Ich bin Reichsminister Rudolf Heß!«

Der Herzog ist fassungslos. Er setzt sich auf die Kante des Bettes. Aber gleich darauf hat er sich wieder gefangen. Nach einer Pause sagt er mit unbewegtem Pokergesicht: »Ich habe keine Möglichkeit, nachzuprüfen, ob das stimmt.«

Heß wird lebhaft. »Ich kann meine Identität beweisen«, sagt er. Reicht Hamilton ein Photo. »Hier, eine Aufnahme von mir.«

Der Herzog betrachtet das Bild, dann den Deutschen. »Schön«, sagt er. »Das ist augenscheinlich ein Photo von Ihnen.« Nach einer Pause fährt er fort: »Aber wie wollen Sie mir beweisen, daß es ein Photo von Rudolf Heß ist?«

Heß sinkt zurück in die Kissen. »Daran hatte ich nicht gedacht«, flüstert er. »Bei allen meinen Vorbereitungen – *daran* hatte ich nicht gedacht!«

Erschöpft schließt er die Augen. Seit fast 12 Stunden ist er jetzt in Schottland. Nichts hat er bisher erreicht. Mit erstickter Stimme stammelt er: »Ich bin gekommen, um Frieden zu stiften ... Der Führer möchte den Kampf beenden ... Er will die Vernichtung Englands nicht ... Ich bin als Missionar der Menschlichkeit gekommen ...«

In der Erregung, im Zustand verzweifelter Erschöpfung wird sein Englisch schlecht. Der Herzog kann ihn kaum verstehen. Er ist froh, eine Entschuldigung zu finden, und sich zu verabschieden.

»Ich besorge einen Dolmetscher«, sagt er aufmunternd. »Dann unterhalten wir uns weiter.« Heß nickt zustimmend.

Draußen überlegt er: Angenommen, der Mann ist Heß. Warum kann er sich nicht legitimieren? Ein Mann in seiner Stellung kann doch nicht so naiv sein, mich mit einem simplen Phototrick hereinlegen zu wollen. Ist er vielleicht ein präpariertes Double der deutschen Abwehr, hergeschickt, um Verwirrung zu stiften? Ein richtiger Geheimdienstprofi wiederum wäre nicht so naiv wie dieser Mann. Er hätte vermutlich einen hervorragend gefälschten Ausweis des »echten« Heß dabei. Also doch Heß? Oder ein Abwehrmann, der bewußt auf naiv macht?

Dem diensthabenden Offizier des Krankenreviers deutet Hamilton an, daß es sich möglicherweise um einen wichtigen Gefangenen handeln könnte. Die Kaserne mitten in Glasgow sei zu unsicher für seinen Aufenthalt. »Hauptmann Horn« wird in das Militärhospital Buchanan Castle in dem Glasgower Vorort Drymen gebracht.

Als der Herzog in Turnhouse eintrifft und ein dringendes Gespräch mit dem Außenministerium verlangt, ist es Mittag geworden.

Heß' Adjutant Karlheinz Pintsch steht um diese Zeit in der Halle von Hitlers Berghof auf dem Obersalzberg und wartet auf den Führer. In der Tasche hat er einen versiegelten Briefumschlag.

Um 7 Uhr früh ist er in Berchtesgaden eingetroffen. Vom Bahnhof aus hat er Hitlers Adjutanten Albert Bormann, den Bruder Martin Bormanns, angerufen. Der hat ihm seinen Wagen geschickt.

Als Pintsch auf dem Berghof eintrifft, sagt er zu Albert Bormann: »Ich habe einen versiegelten Brief von meinem Chef für den Führer. Ich habe Befehl, ihn nur persönlich zu übergeben.«

»Ich werde zusehen, daß sich das machen läßt«, sagt Bormann. Dann gibt er Pintsch einen kameradschaftlichen Rippenstoß. »Sag mal, Pintsch, fliegt dein Chef immer noch in der Gegend 'rum?« Pintsch wundert sich. Woher weiß der persönliche Adjutant des Führers, daß Rudolf Heß fliegt?

Seit acht Uhr morgens nun wartet Pintsch in der Halle des Berghofes. Er weiß, daß Warten zum Lebensstil des Berghofes gehört. Hitler geht nie vor vier oder fünf Uhr morgens zu Bett. Oft schläft er bis mittags.

Kurz nach zwölf sieht Pintsch den Führer die Treppe in die Halle hinunterkommen. Er drängt sich vor die anderen Wartenden. »Mein Führer«, sagt er, »ich habe eine dringende Nachricht von Reichsminister Heß, die ich Ihnen persönlich übergeben muß.«

Hitler mustert den jungen Adjutanten mit hochgezogenen Brauen. »Sie sehen doch, Pintsch, daß hier noch andere Herren warten. Kommen Sie später, dann habe ich Zeit für Sie.«

Pintsch läßt nicht locker. »Mein Führer, Reichsminister Heß hat mir aufgetragen, daß die Sache von allergrößter Dringlichkeit ist!«

»Also gut, Pintsch, kommen Sie in mein Arbeitszimmer.«

Hitler öffnet den Brief, setzt sich umständlich eine Brille auf und beginnt zu lesen.

Nach einer Weile blickt er Pintsch an. »Wo ist Reichsminister Heß jetzt?« fragt er ruhig.

»Er ist gestern abend um 18 Uhr nach Schottland geflogen, um mit dem Herzog von Hamilton zu sprechen.«

Hitler sagt langsam: »Bei der augenblicklichen Kriegslage kann das eine äußerst gefährliche Eskapade sein.«

Der Führer liest weiter. Minuten später ruft er eine Ordonnanz. »Stellen Sie fest, wo der Reichsmarschall und Außenminister Ribbentrop sind. Wenn Sie die beiden Herren erreicht haben, bitten Sie sie sofort zu mir hierher!«

Wieder nimmt Hitler die Lektüre auf. Es ist ein langer Brief.

Bei der Durchsicht hinterlassener Papiere im Safe der Harlachinger Villa hat Frau Ilse Heß eine Kopie jenes Briefes gefunden. Leider ging sie verloren, als das Haus gegen Ende des Krieges durch Brandbomben zerstört wurde. Den Inhalt rekapitulierte sie so: »Ich erinnere mich deutlich, daß der Gedanke, Hitlers alter Idee eines Bündnisses mit England zu dienen und damit dauernde Befriedung zumindest Europas herbeizuführen, im Mittelpunkt dieses Abschiedsbriefes stand. Einen anderen Satz habe ich fast wortgetreu im Gedächtnis behalten, den Schlußsatz: ›Und sollte, mein Führer, mein – wie ich zugeben muß – mit sehr wenig Gewinnchancen belastetes Vorhaben scheitern, sollte das Schicksal gegen mich entscheiden, so kann es für Sie wie für Deutschland keine üblen Folgen haben: Sie können sich jederzeit von mir absetzen – erklären Sie mich für *verrückt*.‹«

Der Stellvertreter hat seinem Führer ein Stichwort gegeben, er hat ihm eine Brücke gebaut.

Hitler faltet den Brief sorgfältig und steckt ihn in die Tasche seiner Uniformjacke. Dann bittet er Pintsch zum Essen an seiner Tafel im Speisesaal. Pintsch fühlt sich ausgezeichnet.

Es gibt Suppe, ein einfaches Fleischgericht, zum Nachtisch Obst. Nach dem Essen erhebt sich Hitler, küßt Eva Braun die Hand und geleitet sie zur Tür. Dann kehrt er zurück und läßt Karlheinz Pintsch von zwei Offizieren seiner Leibstandarte festnehmen und abführen. Seit dem Abflug von Rudolf Heß sind 20 Stunden vergangen. Es fehlt jedes Lebenszeichen von ihm.

Während Pintsch von Hitlers Leibwächtern ins Arrestquartier gebracht wird, gelingt es dem Herzog von Hamilton, Jock Colville, den persönlichen Referenten Churchills, ans Telephon zu bekommen. Abends, nach dem Dinner, trifft der Herzog in Ditchley Park ein, einem Landsitz nördlich von Oxford, wo der Premierminister das Wochenende verbringt. Ditchley Park ist nur ein paar Meilen von Churchills Geburtshaus Blenheim Palace, dem Stammsitz der Herzöge von Marlborough, entfernt.

Hamilton berichtet dem Premier. Er zeigt ihm Photos, die »Hauptmann Horn« ihm mitgegeben hat.

Churchill blickt den Herzog an, als sei dieser verrückt geworden. »Wollen Sie allen Ernstes damit sagen, daß der stellvertretende Führer hier bei uns in Großbritannien gelandet ist? Daß er in Glasgow in einem Hospital liegt und ein Friedensangebot machen will?« fragt er ungläubig. Dann brummt er: »Also jetzt lassen wir zunächst Heß einmal Heß sein, ich schau' mir die Marx Brothers an.«

Um Mitternacht ist der Film »The Marx Brothers Go West« zu Ende. Hamilton hat nichts davon gesehen. Er hat den Film erschöpft in einem Sessel verschlafen. Er erwacht, als Churchill in seinem drachenbesetzten Mandarinmantel vor ihm steht und sich eine Zigarre anzündet. »Irgendwo ist da der Wurm drin«, sagt der Premier und winkt Hamilton, ihm in sein Arbeitszimmer zu folgen.

»Vor allem müssen wir herausfinden, ob es der echte Heß ist oder ob man uns ein Double unterschieben will«, sagt Churchill. Jemand, der Heß gut kennt, muß ihn identifizieren. »Wenn der Kerl in Glasgow wirklich Heß ist, dann kann das für uns eine verdammt peinliche Sache werden.«

Churchill wußte, warum. In seinem Buch »Botschafter ohne Auftrag« schreibt James Leasor:

»Zur damaligen Zeit wäre ein Friedensvorschlag – allem zum Trotz, was heute an Gegenteiligem gesagt werden mag – in vielen Teilen Großbritanniens auf starke Gegenliebe gestoßen. Nach 20 Monaten Krieg war Großbritannien in Frankreich, Griechenland und Nordafrika zurückgeschlagen. Viele der größten und stolzesten Städte und zahlreiche historische Bauwerke waren verkohlte, rauchende Trümmer, und auf manchen Ruinen wucherte schon das Sommerkraut … Abend für Abend krochen Tausende von Menschen in feuchte Luftschutzunterstände, die sie sich im Garten hinter dem Haus gebaut hatten. Oder sie gingen in Keller, die durch Eisenbahnschwellen abgestützt wurden, oder in die Londoner Untergrundbahnhöfe mit den endlosen Reihen von Schlafstellen. Andere fuhren mit dem Fahrrad hinaus aufs Land. Sie wollten lieber unter freiem Himmel schlecht schlafen, als die Schrecken des schier endlosen Bombenkrieges ertragen … Wenn damals bekannt geworden wäre, daß Heß mit Macht und Vollmacht gekommen war, ein gültiges Abkommen abzuschließen – diese Nachricht wäre durch Großbritannien gelaufen wie Feuer über trockenes Heidekraut. Das Arbeitstempo in den Fabriken wäre gesunken, der Widerstandswille erlahmt. Warum hätte man sich noch für einen Krieg anstrengen sollen, wenn man den Frieden so leicht haben konnte? Unter diesen Umständen wäre es für Churchill schwierig, wenn nicht unmöglich gewesen, das Bewußtsein nationaler Existenzbedrohung wiederherzustellen – selbst wenn sich später das Friedensgerücht als falsch herausstellte. Auch wenn die Regierung erklärte, Heß sei völlig ohne Vollmacht gekommen, auch wenn sich sein Vaterland von ihm distanzierte – die öffentliche Meinung würde weiterhin glauben, daß ›irgend etwas dran gewesen sein‹ müsse. Es schien doch unglaublich töricht, gegen einen so überwältigend mächtigen Gegner weiterzukämpfen, wenn dieser Feind selber den Frieden anbot.«

Als Churchill und Hamilton in Ditchley Park zu Bett gehen, ist es zwei Uhr morgens am 12. Mai 1941. Rudolf Heß ist seit 27 Stunden in Schottland.

Seit den Mittagsstunden des 11. Mai herrscht auf Hitlers Berghof eine fieberhafte Aktivität. Der französische Admiral Darlan, der zu Besuch erschienen ist, wird nur so kurz empfangen, wie es nach den Gesetzen der Höflichkeit unbedingt nötig ist. Ribbentrop ist da, nachmittags erscheinen Göring, Udet und Keitel.

Mit wachsender Ungeduld wartet Hitler auf eine Nachricht seines Stellvertreters aus England. Das tödliche Schweigen macht ihn immer nervöser. »Kann er es überhaupt schaffen?« fragt Hitler den Reichsmarschall immer wieder. Göring und Udet sind überzeugt, daß Heß über der Nordsee abgestürzt sei.

»Sie kennen Heß nicht so gut wie ich«, sagt Hitler. »Er kommt meistens, wohin er will!«

Generalfeldmarschall Milch, der 1947 in Nürnberg inhaftiert war und dort mit Heß auch mehrfach spazierenging, hat dem Ex-Stellvertreter von dieser Szene berichtet. Aus Nürnberg schrieb Heß daraufhin nicht ohne Stolz an seine Frau: »Im übrigen habe Udet im Namen der Luftwaffe die Versicherung abgegeben, es sei ganz *ausgeschlossen*, daß ich ankomme. Der Führer aber habe erwidert: Er kenne mich; wenn ich mich in so etwas verbissen hätte, täte ich es mit einer solchen Hingabe und im vorliegenden Falle unter Aufwand aller mir in erheblichem Maße zur Verfügung stehenden technischen und mathematischen Fähigkeiten, daß *er* überzeugt sei, ich käme an. So nebenbei habe er sich hinterher, als politisch alles ›gut‹ vorüber war, doch wieder über die Leistung gefreut, vor allem aber auch darüber, daß er recht behalten habe! vvvvvv« (Das vvvvvv ist die in Heßschen Briefen übliche »Lachlinie«. Sie wurde Heß in Spandau verboten, da die Zensoren fürchteten, er könne sie als verschlüsselte »Code« benutzen. Seitdem ersetzte er die »Lachlinie« durch das Wort »Lacher«.)

Als am Abend des 11. Mai noch immer keine Nachricht da ist, weiß Hitler: Heß' Mission ist gescheitert. Churchill wird nicht verhandeln! Nicht zu Heß' – und damit Hitlers – Bedingungen.

Jetzt schlägt Hitlers Nervosität in Angst um. Was ist, wenn Churchill den Flug von Heß zu Propagandazwecken ausnutzt? Wahrscheinlich sitzt er gerade jetzt mit seinen Beratern zusammen, um die Strategie für einen tödlichen Propagandaschlag auszuknobeln. Deshalb offenbar das beängstigende Schweigen. Was wird Mussolini sagen, wenn er hört, daß Heß in England ist? Er wird annehmen, daß Hitler hinter seinem Rücken einen Separatfrieden mit England aushandeln will! Hitler kennt das Mißtrauen des Duce und besonders das dessen Außenministers Graf Ciano gegenüber den Deutschen. Und noch schlimmer: Was ist, wenn die Engländer Heß unter Drogen setzen? Wenn sein Stellvertreter Geheimnisse ausplaudert, besonders das Geheimnis über den bevorstehenden Angriff auf die Sowjetunion? Wenn England nun Rußland warnt? (Was Hitler nicht weiß: Die Pläne für den Angriff auf Rußland sind dem britischen Geheimdienst längst bekannt. Am 3. April bereits hat Churchill eine Warnung an Stalin gesandt. Der sowjetische Diktator freilich hat sie nicht beachtet.)

Göring und Bormann raten dem Führer, auf jeden Fall ein Kommuniqué vorzubereiten. Bis zur Morgendämmerung des Montag landen Dutzende von Entwürfen im Papierkorb. Keitel hat in Nürnberg berichtet, wie Hitler mit der Hand vor der Stirn auf und ab lief und über Formulierungen nachdachte, die er sofort wieder verwarf.

Noch immer zögert Hitler, die Brücke zu betreten, die sein Freund und Stellvertreter ihm selber gebaut hat: »Erklären Sie mich einfach für verrückt!«

Aber wenn er das tut, was soll die deutsche Bevölkerung denken? Der Stellvertreter des Führers geisteskrank? Sind andere Prominente der Partei vielleicht auch nicht ganz richtig im Kopf? Könnte es sein, daß sogar der Führer selber an einer ähnlichen Krankheit leidet?

James Leasor schreibt: »Alle aus Görings Umgebung, die heute noch leben, sind überzeugt, daß Hitler nicht nur hoffte, mit dem Westen Frieden schließen zu können, er glaubte auch, man könne vielleicht die britische Regierung überreden, sich dem deutschen Angriff auf Rußland anzuschließen. Hitlers Bestürzung in Berchtesgaden war, so meinen sie, der Furcht zuzuschreiben, daß sein Plan mißlungen sein könnte.«

Am Montag, dem 12. Mai, wird in London der Mann gefunden, der den Stellvertreter des Führers einwandfrei identifizieren kann. Er heißt Ivone Kirkpatrick und ist Leiter des Europadienstes der staatlichen britischen Rundfunkgesellschaft BBC. Von 1932 bis 1938 war er Legationsrat an der britischen Botschaft in Berlin. Kirkpatrick gilt als einer der besten Kenner Deutschlands und der Parteiprominenz. Rudolf Heß kennt er persönlich sehr gut.

Um 17 Uhr starten Kirkpatrick und Hamilton in einer altertümlichen »Flamingo« von London nach Schottland. Wegen des starken Gegenwindes verbraucht die Maschine viel Treibstoff. Sie müssen auf dem Airforce-Flughafen von Catterick zum Auftanken zwischenlanden. Aber der Flughafenkommandant will ihnen kein Benzin geben. Man nimmt die beiden Männer nicht ganz ernst, die da eben mit einem unmöglichen Flugzeug gelandet sind und von denen der eine behauptet, ein Herzog zu sein, während der andere sich als hoher Beamter des Außenministeriums ausgibt.

Erst nach vielem Hin und Her und mehreren langwierigen Telephonaten können sie wieder starten. Kurz nach 22 Uhr treffen sie in Turnhouse ein.

Und da berichtet man ihnen von einer Radiomeldung, die vor wenigen Minuten in den 10-Uhr-Nachrichten über alle deutschen Sender ausgestrahlt wurde:

»Die Nationalsozialistische Deutsche Arbeiterpartei gibt offiziell bekannt, daß Parteigenosse Heß, dem wegen einer mehrere Jahre zurückliegenden Krankheit jede weitere aktive Flugtätigkeit strengstens untersagt worden war, sich entgegen den Befehlen des Führers in den Besitz eines Flugzeuges setzen konnte.

Am Sonnabend, dem 10. Mai, startete Rudolf Heß zu einem Flug von Augsburg aus. Bisher ist er nicht zurückgekehrt. Ein zurückgelassener Brief zeigt durch seine Unklarheit bedauerlicherweise Hinweise auf geistige Umnachtung. Es muß befürchtet werden, daß er ein Opfer von Halluzinationen wurde.

Unter diesen Umständen muß damit gerechnet werden, daß Parteigenosse Heß entweder aus dem Flugzeug gesprungen oder einem Unfall zum Opfer gefallen ist.«

Um 23.20 Uhr gibt der britische Informationsminister Duff Cooper eine kurze Meldung an die Presseagentur heraus: Rudolf Heß, Stellvertreter Adolf Hitlers und Chef der NSDAP, sei mit dem Fallschirm in Schottland gelandet. Zur Zeit werde er in einem Hospital bei Glasgow wegen eines verletzten Knöchels ärztlich behandelt. Ein Beamter des Außenministeriums sei auf dem Wege zu ihm. Am nächsten Morgen interpretiert der Deutschlandfunk der BBC die Meldung dahingehend, Heß sei offenbar vor der Gestapo geflohen und wolle in Schottland um Asyl ansuchen.

Als Kirkpatrick mit Hamilton nach Mitternacht in Buchanan Castle eintrifft, erkennt er Heß sofort. Der Stellvertreter des Führers ist erfreut, den Diplomaten zu sehen, und begrüßt ihn herzlich. Er denkt: Die Briten haben einen Diplomaten zu mir geschickt. Ein Zeichen, daß sie mit mir verhandeln wollen.

Was Heß noch nicht weiß: Selbst wenn die britische Regierung mit ihm verhandeln wollte, er ist gar kein Verhandlungspartner mehr. Zwei Stunden vor dem Zusammentreffen mit einem offiziell beauftragten Vertreter der britischen Regierung hat Adolf Hitler seinen Freund und Stellvertreter vor der Weltöffentlichkeit für verrückt und deshalb für seine Handlungen nicht verantwortlich erklären lassen!

Am 13. Mai wiederholen die deutschen Zeitungen die Meldung aus den 10-Uhr-Nachrichten vom Abend zuvor. In Berlin wird das Ereignis sofort zum Gegenstand politischer Flüsterwitze wie diesem: »Zwei Freunde begegnen sich im Konzentrationslager. ›Warum bist du hier?‹ fragt der eine. ›Ich habe am 9. Mai gesagt, Heß sei verrückt. Und du?‹ – ›Ich habe heute morgen gesagt, Heß sei *nicht* verrückt.‹«

Hitler ist über die Brücke gegangen, die sein Stellvertreter ihm gebaut hat. Und an dieser Brücke darf nun nicht mehr gerüttelt werden. Im Gegenteil: Ihre Pfeiler müssen jetzt zementiert werden.

Am Nachmittag des 13. Mai werden die Gauleiter auf dem Berghof vergattert, am 15. Mai die Generalität. Anschließend gibt das Braune Haus im Auftrage Hitlers die folgende Presseerklärung heraus, die nachweislich das Markenzeichen von Heß' erbittertem Rivalen Martin Bormann trägt:

»Rudolf Heß, der seit Jahren, wie in der Partei bekannt war, körperlich schwer litt, nahm in letzter Zeit ständig Zuflucht zu den verschiedensten Hilfen, Magnetiseuren, Astrologen und so weiter. Inwieweit auch diese Personen eine Schuld trifft an der Herbeiführung einer geistigen Verwirrung, wird zu klären versucht. Es wäre aber auch denkbar, daß Heß am Ende von englischer Seite bewußt in eine Falle gelockt wurde.

Soweit die bisher vorgenommene Durchsicht der von Rudolf Heß zurückgelassenen Papiere ergibt, scheint Heß in dem Wahn gelebt zu haben, durch einen persönlichen Schritt bei einem ihm von früher her bekannten Engländer doch noch eine Verständigung zwischen Deutschland und England herbeiführen zu können. Tatsächlich ist er auch, wie unterdessen durch eine Mitteilung aus London bestätigt wurde, in Schottland in der Nähe des Ortes, den er aufsuchen wollte, vom Flugzeug abgesprungen und wurde dort anscheinend verletzt aufgefunden.

Die ganze Art seines Vorgehens bestätigt die Tatsache, daß er unter Wahnvorstellungen gelitten hat. Er kannte die zahlreichen,

aus ernstem Herzen gekommenen Friedensvorschläge des Führers besser als irgendein anderer. Anscheinend lebte er sich nun
in die Vorstellung hinein, durch ein persönliches Opfer einer Entwicklung vorbeugen zu können, die in seinen Augen nur mit der
vollkommenen Vernichtung des britischen Imperiums enden
würde.

Heß, dessen Aufgabenbereich wie bekannt ausschließlich in
der Partei lag, hat daher auch, soweit es aus seinen Aufzeichnungen hervorgeht, irgendeine klare Vorstellung über die Durchführung oder gar über die Folgen seines Schrittes nicht gehabt.

Die nationalsozialistische Partei bedauert, daß dieser Idealist
einer so verhängnisvollen Wahnvorstellung zum Opfer fiel. An
der dem deutschen Volk aufgezwungenen Fortführung des Krieges gegen England ändert sich dadurch nichts. Er wird so lange
geführt, bis – wie der Führer auch in seiner letzten Rede erklärte –
die britischen Machthaber gestürzt beziehungsweise friedensbe-
reit sind ...«

Ribbentrop wird nach Rom gesandt. Er soll Mussolini erklären, daß alles, was unter Heß' Namen erklärt oder gedruckt werden könnte, nur den Phantasien eines Geisteskranken entsprungen sei.

Über die Gauleiterversammlung auf dem Berghof am 13. Mai
1941 hat Hitlers Pressechef Otto Dietrich nach dem Kriege berichtet: »Bei dieser Gelegenheit wurde zur Sprache gebracht, daß
auch schon früher in der Familie Heß Fälle von Geistesstörung
vorgekommen seien.«

Tatsache ist, daß ein Onkel von Rudolf Heß unter ungeklärten
Umständen Selbstmord begangen hat und daß die Schwester
seines Vaters längere Zeit in einem Sanatorium psychiatrisch behandelt werden mußte. Heß hat einer seiner Sekretärinnen gegenüber bemerkt, er glaube, seine Tante sei deshalb gemütskrank, weil sein Großvater bei ihrer Zeugung betrunken gewesen
sei. Ein typischer Volksaberglaube, der jeder wissenschaftlichen
Grundlage entbehrt. Geistige Störungen eines Kindes können
nur bei chronischem Alkoholismus der Eltern auftreten, nicht
aber, wenn der Vater am Tage der Zeugung einmal etwas zu tief
ins Glas geschaut hat. Ein chronischer Alkoholiker aber war
Großvater Christian Heß, der erfolgreiche und angesehene Fir-
mengründer in Alexandria, nachweislich nicht. Interessant ist,
daß die Angaben über geistige Unausgewogenheiten in der Fami-
liengeschichte säuberlich in Heß' geheimem Dossier vermerkt

waren und nun bei passender Gelegenheit Hitler von Bormann wie »Kai aus der Kiste« als »Beweismittel« präsentiert wurden. Aus unglücklichen Zufälligkeiten, von denen wohl selten eine Familie verschont bleibt, wurde hier eine Legende von »erbbedingter« Geisteskrankheit planmäßig aufgebaut, um den Stellvertreter des Führers öffentlich zu diskreditieren.

Am genußvollsten griff Goebbels das Motiv »geistige Zerrüttung« auf. In einer der Mitarbeiterkonferenzen des Propagandaministeriums, von deren Ergebnissen die Chefredakteure der deutschen Zeitungen zwecks »Lenkung« vertraulich informiert wurden, sagte Goebbels nach einem Bericht seines Referenten Rudolph Semmler unter anderem: »Ich habe schon immer gewußt, daß Heß verrückt ist. Man braucht doch nur in diese wilden, starrblickenden und tiefliegenden Augen zu schauen; dann weiß man, daß der Mann nicht ganz dicht ist.«

Mit dem Gespür des hervorragenden Werbefachmanns erfand Goebbels sensationelle und saftige Geschichten, um Heß in den Augen der Öffentlichkeit herabzusetzen. Mit genießerischem Zungenschlag tischte er Einzelheiten aus dem Privatleben des in Ungnade gefallenen Führer-Stellvertreters auf, die ebenso geschmacklos wie erlogen waren, aber einleuchtend schienen.

Doch Goebbels hatte auch Angst. Angst davor, was die Engländer propagandistisch aus der Sache machen könnten. Erst am 19. Mai konnte er erleichtert in seiner Mitarbeiterkonferenz verkünden:

»Die Engländer haben« nicht das getan, was ich zuerst befürchtete. Ich muß heute gestehen, daß ich ein paar schlaflose Nächte gehabt habe, wenn ich mir vorstellte, was die Engländer aus dem Fall hätten machen können und zu welcher schweren Schädigung unseres internationalen Ansehens das dann hätte führen können. Aber die Engländer haben sich, wie in allen für sie wirklich zügigen Angelegenheiten, als plump und kurzsichtig erwiesen. Die Sache ist meiner Ansicht nach ziemlich ausgestanden.«

Unter Astrologen, Naturheilkundigen und Anthroposophen setzte eine Verhaftungswelle ein. Die Rudolf-Heß-Krankenhäuser für »Ganzheitsmedizin« wurden umbenannt, ihre Leiter festgenommen, verhört oder entlassen. Die anthroposophischen Rudolf-Steiner-Schulen – von Heß bisher geschützt – wurden geschlossen. Schilder von Straßen und Plätzen in deutschen Städten, die den Namen des Führer-Stellvertreters trugen, wurden entfernt. Aus den Handbüchern, Kalendern und historischen Beschreibungen der Partei wurde der Name Heß getilgt. Selbst in den Neuauflagen von »Mein Kampf« verschwand sein Name. Heß war zur Unperson im Sinne von Orwells »1984« geworden.

Aber was geschah mit denen, die ihm nahestanden? In der Pressemitteilung des Braunen Hauses vom 15. Mai hieß es ganz zum Schluß: »Dr. Karl Haushofer, Leiter des Geopolitischen Instituts, Willy Messerschmitt, Frau Heß und andere wurden festgenommen.«

Dieser Satz entsprang dem Wunschdenken Bormanns, doch er ist nicht wahr.

Ilse Heß und Professor Haushofer wurden kurz vernommen – zu Hause. Hitler gab ausdrückliche Anweisung, daß Ilse Heß in keiner Weise zu belästigen sei. Sie solle die übliche Pension eines kriegsgefangenen Ministers beziehen. Zwar versuchte Martin Bormann, die Frau seines früheren Chefs mit kleinlichen Schikanen aller Art zu malträtieren – gegen Hitlers Befehl war er machtlos. Als Ilse Heß im März 1943 den Vorschlag machte, die Harlachinger Villa, die ihr für sich und ihren kleinen Sohn allein zu groß schien, in ein Genesungsheim für verwundete Soldaten umzuwandeln, erhielt sie von Heinrich Himmler den folgenden Brief:

»Sehr verehrte Frau Heß! ... Die Entscheidung in der Sache Ihres Hauses von seiten des Führers ist eine ganz klare. Sie sollen das Haus in Harlaching behalten und nicht verkaufen. *Alle Kosten, die zur Erhaltung des Hauses notwendig sind, können Sie anfordern*, so daß Sie auf jeden Fall in der Lage sind, wirtschaftlich den wertvollen Besitz unbelastet durchzubringen. (Hervorhebung durch den Autor.) Die Verwendung des Hauses in Harlaching als Erholungsheim wünscht der Führer nicht. Mit freundlichem Gruß und Heil Hitler! Ihr sehr ergebener Heinrich Himmler.«

Messerschmitt wurde einmal von Göring pro forma vernommen. Der Flugzeugbauer hat diese Szene in ihrer gespenstischen Komik einem Reporter der »Frankfurter Neuen Presse« geschildert:

»Göring zeigte mit seinem Marschallstab auf meinen Bauch und brüllte: ›Also, wenn es nach Ihnen ginge, kann offenbar jeder mit einer Messerschmitt losfliegen!‹ Ich fragte ihn, was er meine, worauf Göring antwortete: ›Sie kennen diesen Burschen Heß sehr gut!‹ Ich erwiderte: ›Aber Heß ist doch nicht irgendein x-beliebiger!‹ Göring, der sich langsam beruhigte, meinte: ›Sie hätten

Nachforschungen anstellen sollen, ehe Sie einem solchen Mann eine Maschine zur Verfügung stellten.‹ Ich antwortete: ›Wenn Sie in mein Werk kommen und eine Maschine verlangen, soll ich dann erst den Führer um Erlaubnis fragen, ob ich sie Ihnen geben darf?‹ Das machte Göring wieder wütend, und er entgegnete scharf: ›Das ist schließlich ein Unterschied, ich bin Luftfahrtminister.‹ Ich entgegnete: ›Und Heß ist des Führers Stellvertreter!‹ Göring antwortete: ›Aber Sie sollten bemerkt haben, Messerschmitt, daß dieser Mann verrückt war‹ – worauf ich nur trocken erwidern konnte: ›Wie soll *ich* schließlich annehmen, daß ein Wahnsinniger eine so hohe Stellung im Dritten Reich bekleiden kann? Sie hätten ihn halt zum Rücktritt bewegen sollen, Reichsmarschall!‹ Göring lachte laut: ›Sie sind unverbesserlich, Messerschmitt! Fahren Sie zurück und bauen Sie Ihre Flugzeuge weiter. Ich verspreche Ihnen, daß ich Ihnen aus der Patsche helfe, wenn der Reichsführer (Reichsführer SS Himmler) versuchen sollte, Ihnen Unannehmlichkeiten in dieser Angelegenheit zu machen.‹«

Auch Ernst Wilhelm Bohle blieb unbehelligt, von einem Verhör abgesehen. Dem amerikanischen Ankläger in Nürnberg, Robert M. W. Kempner, hat er folgendes erklärt:

»In der Internierung (nach dem Krieg) erfuhr ich von SD-Leuten, daß der Verhaftungsbefehl fertiggestellt war, ebenso selbstverständlich meine Absetzung, daß aber Hitler sie nicht unterschrieben habe. Ich hatte schließlich, auch wenn ich von dem Flug an sich nichts wußte, erheblich mehr mitgewirkt, als die Sekretärinnen, Chauffeure, Diener und andere, die einige Zeit eingesperrt waren. Ich kann dafür keine andere Erklärung finden, als die, daß Hitler von meiner Mitwirkung wußte und von Heß gebeten worden war, mich nicht zu bestrafen, falls die Sache schiefginge und er, Hitler, genötigt sei, Heß zu desavouieren. Ich wurde am 14. Mai 1941 auf der Gestapo von Heydrich und seinem Vertreter, Müller, eingehend vernommen, aber nicht verhaftet.«

Im Gegensatz zu Heß' Bruder Alfred, der als Vertreter Bohles abgesetzt wurde und eine Zeitlang inhaftiert blieb, wurde Bohle nicht einmal seines Amtes als Chef der Auslandsorganisation enthoben.

Albrecht Haushofer mußte in Gestapo-Begleitung in einem Sonderflugzeug von Berlin auf den Berghof kommen und dort unter Aufsicht einen seitenlangen Bericht über seine – Hitler bekannten – Kontaktversuche mit britischen Prominenten schreiben und seine Meinung über die Erfolgsaussichten von Friedensgesprächen zu Papier bringen. Haushofer verfaßte sein Memorandum mit dem Tenor eines vorsichtigen Pessimismus. Obgleich Albrecht einen ganzen Tag lang auf dem Berghof war, hielt Hitler es nicht für nötig, ihn überhaupt selber zu empfangen. Anschließend kam er zu weiteren Verhören ins Gestapo-Gefängnis in der Berliner Prinz-Albrecht-Straße. Nach drei Monaten wurde er plötzlich entlassen und durfte sowohl seine Lehrtätigkeit als auch die Redaktion seiner Zeitschrift wieder aufnehmen. Erst drei Jahre später, nach dem 20. Juli 1944, kam er wegen Verdachts der Beteiligung an dem mißglückten Putsch wieder in Haft und wurde kurz vor Kriegsende ohne Gerichtsurteil erschossen.

Von allen, die Rudolf Heß nahestanden, wurden nur die beiden Adjutanten, Alfred Leitgen und Karlheinz Pintsch, schwer bestraft. Beide kamen in Konzentrationslager. Pintsch wurde 1944 »zur Bewährung« in ein Strafbataillon abkommandiert. Er geriet in russische Gefangenschaft, wo er elf Jahre verbrachte. Er wurde vom russischen Geheimdienst fürchterlich gefoltert – wir werden noch sehen, warum. Vor wenigen Jahren ist Pintsch als schwerkranker Mann gestorben.

Alfred Leitgen verließ das Konzentrationslager mit einem Herzschaden, der dem hünenhaften, früher vor Gesundheit strotzenden Mann lange Zeit zu schaffen machte.

Bei seinem Abflug nach England hatte Rudolf Heß für Heinrich Himmler einen Brief hinterlassen. Er bat den SS-Chef darin, »seinen Männern« (gemeint waren die beiden Adjutanten) nichts zuleide zu tun. Seine Bitte war vergebens. Himmler selbst hätte die Bitte vielleicht noch erfüllt, aber Bormann, dessen Rachegelüste von Hitler frustriert worden waren, brauchte zumindest die »Kleinen« als Sündenböcke, nachdem er erkannt hatte, daß der Führer die »Großen« schützte.

In England erfuhr Heß durch einen Brief seiner Frau vom Schicksal »seiner Männer«. Er schrieb zurück:

»Durch Eure letzte Nachricht wurde doch einiges in ein anderes Licht gerückt, als wie ich es vorher in meiner Harmlosigkeit gesehen hatte. Mit dem Ergebnis, daß ich mehrere Tage hintereinander stundenlang, wahrhaft fauchend vor Wut, in meinem Zimmer auf und ab raste und im Verlauf einer leider etwas einseitigen Aussprache in sehr klarer und deutlicher Weise meine Meinung äußerte und grundsätzliche Erklärungen abgab. Sicherlich aber nicht dem intellektuell für einige besondere Details Verantwortlichen gegenüber, der bestimmt nicht die Entschuldigung der erregten Augenblickshandlung bei seinen ›Ausführungsbestimmungen‹ für sich hat – nach dieser Seite hin ist ein luftleerer Raum entstanden, der für immer luftleer bleiben wird!« Diese Bemerkung bezog sich Ilse Heß zufolge einwandfrei auf Martin Bormann.

14. KAPITEL

Das Scheitern der Mission

Als Ivone Kirkpatrick und der Herzog von Hamilton Rudolf Heß in jener Nacht vom 12. auf den 13. Mai 1941 in dem kleinen Dachzimmer des Militärhospitals von Buchanan Castle fröstelnd und übermüdet gegenübersitzen, weiß der Stellvertreter des Führers noch nicht, daß sein Idol, sein intimer Freund und Führer, sich vor aller Welt von ihm losgesagt hat. Er weiß nur: Vor ihm sitzt ein offizieller Vertreter des britischen Außenministeriums.

Strahlend vor Freude, sprühend vor Energie nach mehreren Stunden erholsamen Schlafs, zieht er unter seinem Kopfkissen ein ganzes Bündel von Notizen hervor und beginnt zu reden.

Er redet vier Stunden lang. Es ist kein Gespräch, es ist ein Monolog. Er spricht deutsch, denn Ivone Kirkpatrick versteht und spricht diese Sprache perfekt.

Nach einer halben Stunde ist der Herzog von Hamilton, der kein Deutsch versteht, auf seinem unbequemen Holzstuhl eingenickt. Kirkpatrick läßt den Redefluß höflich über sich ergehen.

Gegen halb zwei Uhr nachts wird Kirkpatrick von der Oberschwester ans Telephon gerufen. Ein Blitzgespräch aus der Downing Street; Anthony Eden, der Außenminister, ist am Apparat.

»Nun, Kirkpatrick, wie kommen Sie voran?« fragt er.

»Ich kann Ihnen mit Sicherheit sagen, daß der Gefangene tatsächlich Rudolf Heß ist«, erwidert Kirkpatrick.

»Schön, aber was sagt er? Warum ist er hergekommen? Nun sagen Sie's doch schon!« fragt Eden voller Ungeduld.

»Es tut mir leid, aber ich weiß es noch nicht«, antwortet Kirkpatrick gähnend. »Heß hat jetzt anderthalb Stunden lang geredet. Er gibt mir Geschichtsunterricht. Bei Queen Victoria und Gladstone hat er angefangen. Inzwischen ist er bei Eduard VII. und Kaiser Wilhelm II. angelangt. Gerade hat er mir erzählt, daß König Eduard den Kaiser völlig mißverstanden hat. Was er von uns will, das hat er mir bis jetzt noch nicht verraten. Ich rufe Sie an, sobald ich's rausgefunden habe.«

Als Ivone Kirkpatrick ins Krankenzimmer zurückkehrt, wartet Heß bereits mit Ungeduld darauf, seine Ansprache fortsetzen zu können. Er rekapituliert die deutsch-britischen Beziehungen vom Anfang des Jahrhunderts an. Er behauptet mit Nachdruck, Deutschland sei immer im Recht, England dagegen immer im Unrecht gewesen. Das habe sogar der britische Historiker Farrar in seinem Buch »England's Foreign Policy under Edward VII« behauptet.

Gegen drei Uhr morgens fällt der todmüde Kirkpatrick dem redseligen Gefangenen ins Wort: »Herr Heß, ich habe mir jetzt drei Stunden lang historisch-politische Belehrungen von Ihnen angehört. Ich bin seit den frühen Morgenstunden auf den Beinen, um Sie hier zu besuchen. Ich möchte jetzt endlich von Ihnen hören, warum Sie zu uns nach Großbritannien gekommen sind und was für Vorschläge Sie mitgebracht haben. Wenn Sie nicht zur Sache kommen, muß ich die Unterredung abbrechen.«

Heß blättert verdrießlich und gekränkt in seinen Notizen. Dann sagt er: »Ich bin gekommen, um die britische Regierung davon zu überzeugen, daß Ihr Land keine Chance mehr hat, den Krieg zu gewinnen. Es ist ein Gebot der Vernunft, Friedensverhandlungen zu führen.«

»Was macht Sie so sicher?« fragt Kirkpatrick.

»Wir haben die britische Armee vom Kontinent vertrieben. Ihr Heer ist gar nicht mehr stark genug, wieder zurückzukehren. Unsere Luftwaffe wird die britischen Städte immer schwerer und häufiger bombardieren. Sie haben gar keine Vorstellung davon, wie stark unsere Luftwaffe ist. Ich kenne Herrn Messerschmitt und andere deutsche Flugzeugbauer sehr gut. Ich kenne die Produktionsziffern. Unsere U-Boot-Waffe wird in Kürze die stärkste der ganzen Welt sein. Wir werden in der Lage sein, jedes Schiff, jeden Geleitzug zu versenken. Sie werden keine andere Wahl als die bedingungslose Kapitulation haben. Und wenn Ihre Regierung von Kanada aus den Krieg fortsetzen will, dann werden wir die Britischen Inseln von sämtlichen Nachschubquellen abschneiden. Ihre Bevölkerung wird verhungern! Ich kann Ihnen auch versichern, daß die deutsche Bevölkerung in blindem Gehorsam hinter ihrem Führer Adolf Hitler steht.«

»Wird Hitler eine Invasion starten?« fragt Kirkpatrick.

»Das ist gar nicht nötig«, antwortet Heß und entblößt die Schneidezähne zu einem bocksartigen Lächeln. »Wenn wir England besetzen, müssen wir ja die Bevölkerung ernähren. Für den Führer ist es viel einfacher, die Städte und Fabriken Englands zu zerstören und die Bevölkerung auszuhungern.« Ein befriedigtes Lächeln spielt um den schmalen Mund des Führer-Stellvertreters.

Das erwartete Erschrecken in den Zügen der beiden Briten bleibt aus. Kirkpatricks Gesicht ist wie eine undurchdringliche Maske. Er beginnt, diesen großsprecherischen Deutschen zu verachten. »Und was schlagen Sie unter diesen Umständen vor?« fragt er.

Heß richtet sich auf und sagt langsam, mit Betonung: »Ich genieße das volle Vertrauen des Führers. Ich kann deshalb auch mit allen Vollmachten sprechen. Der Führer hat Großbritannien und dem Empire immer die höchste Achtung entgegengebracht. Eine Vernichtung Englands wäre seinem ganzen Denken zuwider. Deshalb will der Führer England gegenüber seinen Großmut beweisen. Er ist bereit, sofort Frieden zu schließen, und zwar unter folgenden Bedingungen: England muß die deutsche Vormachtstellung auf dem Kontinent anerkennen und sich künftig jeder Einmischung enthalten. England muß Deutschland die Kolonien zurückgeben, die dem Reich im Versailler Diktat geraubt wurden. Als Gegenleistung garantiert Deutschland die Vormachtstellung Englands in seinem überseeischen Empire – mit einer Ausnahme: England muß sich aus dem Irak zurückziehen, denn Deutschland unterstützt die antibritischen Kräfte unter Raschid Ali.«

Kirkpatrick hörte diese »Friedensbedingungen« mit unbewegtem Gesicht. Er sagt kein Wort.

Heß räuspert sich und fährt fort: »Ich bitte Sie, Ihrer Regierung meinen Friedensvorschlag unverzüglich zu übermitteln, damit Verhandlungen sofort aufgenommen werden können. Zu gegebener Zeit werde ich Ihnen den Namen eines deutschen Kriegsgefangenen nennen, den ich zur Vorbereitung der Friedenskonferenz als Adjutanten und persönlichen Referenten benötige. Noch eines«, sagt Heß, als Kirkpatrick sich erhebt, »dem Führer kann verständlicherweise nicht zugemutet werden, mit Mr. Churchill zu verhandeln. Er ist der Exponent der Kriegspartei und der Hetzer gegen Deutschland. Sie müßten einen anderen Premierminister wählen, der für den Führer akzeptabel ist!«

Es ist sechs Uhr morgens, als Kirkpatrick und Hamilton auf den

Flughafen von Turnhouse zurückkehren. Zwei Stunden später gibt Kirkpatrick den absurden Friedensvorschlag, der praktisch der Forderung nach einer bedingungslosen Kapitulation Englands gleichkommt, telephonisch nach London durch.

»Reden Sie weiter mit Heß«, fordert Eden. »Vielleicht können Sie einiges über die Absichten Hitlers aus ihm herausholen.« Kirkpatrick empfindet den Auftrag als »infinitely boring« (unendlich langweilig).

Beim nächsten Besuch zeigt der Stellvertreter des Führers bereits Anzeichen schlechter Laune. Er ist ärgerlich darüber, daß noch immer keine offiziellen Verhandlungen eingeleitet worden sind; daß er sich noch immer mit einem untergeordneten Beamten zufriedengeben muß; daß der Herzog von Hamilton noch keine Audienz beim König für ihn arrangiert hat, der nach Heß' Meinung die Richtlinien der britischen Politik bestimmt. »Der Führer ist nicht der Mann, der mit sich spaßen läßt«, droht er verdrießlich.

»Heß war ein überheblicher Narr«, hat Kirkpatrick später geschrieben, »dem es einfach nicht einleuchten wollte, daß die Engländer an einem solchen ›Friedensangebot‹ nicht interessiert sein konnten.« Und der Herzog von Hamilton hat in einem Brief an Churchill geschrieben: »Es ist in der Tat verblüffend, wie wenig die Nazis uns verstehen.«

Um aus seinen Unterhaltungen mit Heß wenigstens etwas Positives mitzubringen, fragt Kirkpatrick bei seinem dritten und letzten Besuch: »Wie ist eigentlich Ihre Ansicht zum deutsch-russischen Nichtangriffspakt? Gibt es Anhaltspunkte dafür, daß Hitler Rußland angreifen könnte?«

»Das kommt überhaupt nicht in Frage«, antwortet Heß im Brustton der Überzeugung. »Der Führer hält unbeirrt an seinen Verträgen fest!«

Kirkpatricks eisige Miene kann seine Verachtung kaum noch verbergen. Entweder ist dieser Mann strohdumm oder ein zynischer Lügner.

Heß spürt, daß das Klima frostiger geworden ist. Er flüchtet sich in Vorwürfe über die Behandlung, die er von den Engländern erfährt.

»Mr. Kirkpatrick«, sagt er schmollend, »ich möchte Ihnen mitteilen, daß ich mit meiner Unterbringung hier durchaus nicht zufrieden bin. Ich habe den Eindruck, daß mein Status nicht genügend respektiert wird. Immerhin bin ich Reichsminister und Stellvertreter des deutschen Staatsoberhauptes. Die Wachsoldaten vor meiner Tür tragen genagelte Stiefel. Ihr Getrampel stört mich. Ich habe den Eindruck, sie tun das absichtlich, um mich zu ärgern. Die elektrische Birne in diesem Zimmer ist viel zu grell. Sie bereitet mir Kopfschmerzen. Gestern wurde ich ärztlich untersucht. Das Laken, auf das ich mich legen mußte, war mir nicht rein genug.«

Dann bittet er Kirkpatrick, den König zu ersuchen, ihm »Urlaub auf Ehrenwort« zu geben, damit er sich selbst nach einem geeigneteren Quartier umsehen könne. Seine Stimme wird pathetisch: »Ich bin unbewaffnet und als Parlamentär zu Ihnen gekommen. Ich wünsche, als Parlamentär behandelt zu werden.«

Kirkpatricks Antwort ist trocken: »Haben Sie eine beglaubigte Verhandlungsvollmacht als Sonderbotschafter Ihrer Regierung? Wenn Sie mir eine solche Vollmacht vorweisen können, wird meine Regierung Ihre Vorschläge zur Kenntnis nehmen und Sie anschließend als Parlamentär über das neutrale Ausland in Ihre Heimat zurückreisen lassen. Da Sie aber nach Ihren eigenen Worten ohne eine solche Vollmacht gekommen sind, werden Sie vorerst gemäß den Bestimmungen der Genfer Konvention als Kriegsgefangener behandelt.«

Jetzt spürt Heß, daß seine Mission keine Aussicht auf Erfolg mehr hat. Es wird ihm klar, daß sein Flug vergeblich war. Und in seiner Enttäuschung läßt er die Maske des Gentleman fallen. Zornig sagt er zu Kirkpatrick: »Wenn Sie die Chance, die ich Ihnen mit meinem Flug hierher gegeben habe, nicht nutzen, dann beweist mir das, daß Sie gar keine Verständigung mit dem Deutschen Reich wollen. In diesem Falle ist der Führer nicht nur berechtigt, sondern sogar verpflichtet, England zu vernichten und das englische Volk für immer zu unterwerfen!«

Nach diesem Ausbruch infantilen Trotzes verabschiedet Kirkpatrick sich höflich und kühl. Eden teilt er mit, daß er weitere Gespräche mit dem Stellvertreter des Führers für sinnlos hält.

Es ist heute hohe Zeit, eine zähe Legende auf den Kehrichthaufen der Geschichte zu werfen: Jene gern geglaubte Legende nämlich, Rudolf Heß sei ein »einsamer Missionar der Menschlichkeit« gewesen, dessen »bewegender Gedanke nichts als der Friede war«, der nur deshalb scheiterte, weil seine hehren Absichten in England »auf eine Mauer des Unverständnisses« stießen.

Ein Mensch, der die Blumen in meinem Vorgarten zertrampelt, meine Katze prügelt und meine Freunde terrorisiert; der mir dann das Angebot macht, ich dürfe in meinem Hintergarten nach Lust und Laune Nelken, Radieschen oder Blumenkohl pflanzen, wenn ich ihm garantiere, daß er weiterhin meinen Vorgarten zertrampeln, meine Katze prügeln und meine Freunde terrorisieren kann – ein solcher Mensch ist kein »Friedensengel«, sondern ein ebenso arroganter wie naiv-zynischer Erpresser.

Aus der Zelle Nummer sieben in Spandau hat Rudolf Heß sich in einem Brief an seinen Flug nach Schottland erinnert. »Damals«, so schrieb er, »glaubte ich, (meine Gefangenschaft) würde sieben Stunden dauern: Sobald ich mich dem Herzog zu erkennen und meine Mission als Parlamentär bekanntgeben würde – wenn auch als Parlamentär aus eigener Vollmacht –, setzte ich voraus, wie ein Parlamentär behandelt zu werden. Als es sich zeigte, daß ich mich diesbezüglich getäuscht hatte, rechnete ich mit sieben Tagen – bis zu einer offiziellen Verhandlung.«

Heß war sehr sicher, daß sein Aufenthalt nur von ganz kurzer Dauer sein würde. In seinem Reisegepäck hatte er weder Wäsche zum Wechseln mitgebracht noch ein Stück Seife oder andere Toilettenartikel – nicht einmal eine Zahnbürste.

Diese naive Sicherheit, dieser Glaube, man würde in England den roten Teppich für ihn auslegen, war das Ergebnis einer völlig falschen Beurteilung der britischen Mentalität. »Sie wissen wahrscheinlich«, sagte der britische Lordkanzler Sir John Simon (der spätere Lord Simon) in einer Unterredung zu Heß, »daß unser Volk eine Menge Mut hat. Drohungen haben wir gar nicht gern!« Später schrieb Sir John: »Das Ausmaß seiner Unkenntnis des britischen Charakters war enorm.«

Rudolf Heß, der als Junge in einer – britisch geprägten – internationalen Handelsmetropole aufwuchs, war erschreckend ungebildet, was Geist und Lebensart anderer Völker betrifft. Er war ein Prototyp des vernagelten deutschen Nationalisten, provinziell-engstirnig und ignorant. Verbunden mit seinem intellektuellen Provinzialismus war die selbstgefällige Arroganz und Dreistigkeit des selbsternannten »Herrenmenschen«. Und zu allem hinzu kam die infantile Wehleidigkeit des Egozentrikers, der sich darüber beklagt, daß die rangierenden Züge auf einem nahen Bahnhof ihn am Schlafen hindern, während die Bevölkerung der Hauptstadt seines Gastlandes jede Nacht vom Krachen deutscher Bomben am Schlafen gehindert wurde.

Der absurde »Friedensvorschlag« des »motorisierten Parsifal«, wie Albrecht Haushofer Heß spöttisch nannte, war nicht, wie Churchill meinte, »dem Hirn eines wohlwollenden Irren« entsprungen. Sein Friedensvorschlag trug den Stempel provinziell-zynischer Verschlagenheit. Als der Zeitungsverleger Lord Beaverbrook, damals Minister für Flugzeugproduktion in Churchills Kriegskabinett, Heß besuchte, erklärte ihm der gefangene Führer-Stellvertreter: Wäre es zu Verhandlungen gekommen, dann hätte er, Heß, sämtliche von England gestellten Bedingungen akzeptiert unter der Voraussetzung, daß England sich mit Deutschland gegen Rußland verbündet hätte.

Als Churchill Beaverbrook nach dem Besuch fragte, ob er den Eindruck habe, Heß sei verrückt, antwortete der Produktionsminister: »Ganz sicher nicht. Heß redet völlig klar und vernünftig. Es kann sein, daß er über medizinische Fragen und über Adolf Hitler etwas ungewöhnliche Ansichten hat. Aber ein Irrer ist er nicht.«

Beaverbrook hat Stalin von seiner Unterredung mit Heß berichtet. Wir werden sehen, daß hier einer der Schlüssel für die unerbittliche Haltung der Russen Heß gegenüber liegt.

Am 13. Mai 1941 gibt Winston Churchill die folgende Anweisung für die Behandlung des Führer-Stellvertreters heraus:

»1. Im ganzen gesehen dürfte es angemessen sein, wenn wir ihn als Kriegsgefangenen behandeln, ihn also unter die Aufsicht des Kriegsministeriums und nicht des Innenministeriums stellen. Gleichzeitig aber sollten wir ihn auch behandeln wie jemand, gegen den schwere politische Anklagen vorgebracht werden können. Dieser Mann ist wie andere Naziführer ein Kriegsverbrecher. Er und seine Mitkämpfer werden wahrscheinlich nach Kriegsende verurteilt werden. In diesem Falle würde ihm Reue eine günstige Ausgangsposition verschaffen.

2. Inzwischen muß er in einem geeigneten Haus untergebracht werden, das nicht zu weit von London entfernt liegt. Er muß streng isoliert werden. Man soll sich bemühen, seine Mentalität ausgiebig zu studieren und alles Wissenswerte aus ihm herauszubekommen.

3. Es muß dafür gesorgt werden, daß er gesund und bequem untergebracht wird. Er soll ausreichend Nahrungsmittel, Bücher, Schreibmaterial und Erholungsmöglichkeiten erhalten. Er darf keinen Kontakt zur Außenwelt aufnehmen. (Briefe an seine Familie waren natürlich davon ausgenommen.) Besucher darf er

nicht empfangen, es sei denn, sie seien ihm vom Außenministerium geschickt. Zeitungen darf er nicht lesen, auch darf er keinen Rundfunk hören. (Diese Bestimmung wurde im Juni 1941 aufgehoben.) Er soll mit Würde behandelt werden, etwa, als sei er ein wichtiger General, der in unsere Hände gefallen ist.«

Die Engländer sind bestrebt, den prominenten Gefangenen so perfekt wie möglich zu schützen. Wenn Heß etwas zustößt, wenn er in der Gefangenschaft stirbt, wenn er umgebracht wird, dann könnte das unabsehbare Folgen für Tausende von britischen Soldaten in deutscher Gefangenschaft haben. Man ist sich in England darüber im klaren: Die Deutschen sind mit Repressalien nicht kleinlich. Man fürchtet sogar, Hitler könne versuchen, seinen Stellvertreter durch ein Kommandounternehmen zu befreien. Rund um das Lazarett von Buchanan Castle in Drymen bei Glasgow geht ein ganzes Bataillon in Stellung. Laufgräben werden ausgehoben, Stacheldrahtverhaue gelegt.

Am 16. Mai wird Heß im Schlafwagen nach London transportiert. Vier Tage lang wohnt er im Tower – im selben Haus, das der irische Rebell Sir Roger Casement 1916 vor seiner Hinrichtung bewohnte.

Am 21. Mai trifft er in jenem Haus ein, das ihm über ein Jahr als ständige Residenz dienen soll: Mytchett Place in der Nähe des Truppenübungsplatzes Aldershot. Das Haus ist eine viktorianische Villa, etwas heruntergekommen. Sie wäre eine ideale Kulisse für einen Hitchcock-Film.

Die Bewacher des Führer-Stellvertreters: Offiziere und Soldaten der Scots Guards und der Coldstream Guards. Heß' Eitelkeit ist geschmeichelt. Scots Guards und Coldstream Guards gehören zur Leibgarde des Königs! Der König hat ihm also seine persönliche Leibwache zur Verfügung gestellt. Seitdem Adolf Hitler, sein Idol, sich von ihm losgesagt hat, seitdem er allein in einem fremden, feindlichen Land ist, beginnt Georg VI. für den Führer-Stellvertreter eine seltsame Rolle zu spielen, die dem König, hätte er Kenntnis davon, gewiß etwas peinlich wäre: Georg VI. wird zur neuen »Vaterfigur«. Der König wird für Heß zum Inbegriff von Ehrenhaftigkeit und gleichzeitig zum Gegenstand des Mitgefühls: Er ist von der Partei der Kriegstreiber seines eigenen Landes in seiner Handlungsfreiheit beschränkt. Sonst hätte er Heß doch längst empfangen und mit ihm über den Frieden gesprochen. Den Gardeoffizieren traut Heß. Sie sind vom König zu seinem Schutz abkommmandiert worden.

Den anderen Menschen seiner Umgebung mißtraut er. Den drei Offizieren des Intelligence Corps und dem Psychiater, der Heß gegenüber allerdings als ganz normaler »Hausarzt« in Erscheinung tritt. Alle sprechen fließend deutsch. Für Heß' Geschmack zu fließend! Vielleicht sind es jüdische Emigranten? Stein für Stein baut der Stellvertreter des Führers sich ein Gebäude aus bizarrem Wahn, gegen den Professor Bondis Horrorkabinett zu einem gemütlichen Biedermeierstübchen verblaßt.

Über eine mögliche »Befreiung« ihres Gefangenen hätten die Engländer sich keine Sorgen zu machen brauchen. Hitler war nicht daran interessiert, seinen Freund und Stellvertreter heimzuholen ins Vaterland. In einem seiner Tischgespräche sagte der Führer: »Sollte Heß nach Deutschland zurückkehren, dann bliebe ihm nur die Wahl zwischen Erschießung oder Irrenhaus. Ich will ihn auch nach dem Krieg nicht sehen. Er muß sich dann schon im Ausland eine neue Existenz aufbauen.«

Allerdings war der Ex-Stellvertreter in den ersten Tagen nach seinem Alleinflug das Thema eingehender Unterredungen zwischen Himmler, Heydrich und dem Vizechef des SS-Geheimdienstes Walter Schellenberg. Man kam zu dem Ergebnis, daß ein toter Heß ein besserer Heß wäre.

Am Abend des 19. Mai 1941 fliegt die Luftwaffe einen ihrer schwersten Angriffe gegen London und Städte der Umgebung. Die Männer und Frauen der Flak, der Feuerwehren, der Ambulanzen sind in pausenlosem Einsatz, können sich um nichts anderes kümmern.

In der Nähe von Luton, 50 Kilometer nördlich von London, schweben zwei Fallschirmspringer zur Erde. Ganz zufällig werden sie vom Kegel eines Scheinwerfers erfaßt und bei der Landung festgenommen. Es sind SS-Männer. Mit Pistolen bewaffnet. Bei ihrer Vernehmung schweigen sie. Aber sie haben eine Karte bei sich. Der Wohnsitz des Herzogs von Hamilton – Dungavel Hill – ist mit Rotstift eingekreist. Und Dungavel Hill ist die Adresse, die Rudolf Heß seinem Führer hinterlassen hat. Die beiden SS-Männer werden nach dem Kriegsrecht als Spione erschossen. Sie waren in Zivil. Der Mann, zu dem sie offenbar wollten, hatte bei seinem Absprung wenigstens Uniform getragen.

Die britische Regierung will kein Risiko eingehen. Sie hält den Aufenthaltsort des Führer-Stellvertreters streng geheim. In der Korrespondenz des Kriegsministeriums firmiert Mytchett Place als »Camp Z«. Heß trägt den Code-Namen »Jay« (Eichelhäher). Nach außen hin soll auch jeder Anschein vermieden werden, daß die Regierung offizielle Gespräche mit dem Gefangenen führen könnte. Als Lordkanzler Sir John Simon und Ivone Kirkpatrick Heß am 10. Juni in Mytchett Place besuchen, werden sie mit falschen Papieren ausgestattet, um die Wachen zu täuschen. Sir John wird zum »Psychiater Dr. Guthrie«, Kirkpatrick tritt als sein Kollege »Dr. Mackenzie« auf. Lord Beaverbrook findet drei Monate später als »Psychiater Dr. Livingstone« Einlaß in Mytchett Place.

In seiner Spandauer Zelle hat Rudolf Heß sich an Mytchett Place erinnert. Er schrieb: »Ich wurde zu einer Villa ... bei Aldershot gefahren, die mir für über ein Jahr zum Quartier dienen sollte. Duftende schwere Glyziniendolden umrankten sie, herrlicher Rhododendron in allen Farben blühte gerade im Garten. Wäre es nicht trotzdem ein Gefängnis gewesen mit viel Stacheldraht und Posten, um mich ›vor feindseligem Publikum zu schützen‹, hätte ich durchaus zufrieden sein können. Der Speiseraum und das Musikzimmer gingen wie in Harlaching zu ebener Erde in den Park. Der ›Kommandant‹, von Beruf in friedlichen Zeiten Kunstmaler, eine wirkliche Künstlernatur, spielte wunderschön zart Mozart, draußen warme Sommernächte ...«

Seine Erinnerungen an den nächsten Aufenthaltsort – Maindiff Court Hospital bei Abergavenny in Wales – nahmen sich ebenso freundlich, fast idyllisch aus:

»Über die eigene Schönheit dieser Gegend schrieb ich einmal von dort, vor allem auch über den erstaunlichen Wechsel der Farben auf Hügeln und Bergen, der immer wieder sich wandelnden Beleuchtung.

Die mich dort betreuenden Ärzte waren menschlich besonders nette Typen. Der eine ein hochgebildeter, zierlicher Sonderling, der andere ein wenig robuster, auch sehr vielseitig interessiert, mit denen ich gescheite Unterhaltungen hatte ...

Von Abergavenny aus machte ich größere und kleinere Spaziergänge, zum Teil auch Autofahrten in die weitere Umgebung.

Die Menschen, denen ich auf meinen Wanderungen begegnete, verhielten sich – von ganz wenigen Ausnahmen abgesehen – einwandfrei. In den Dörfern und kleinen Städten, durch die ich manchmal meinen Weg nahm, liefen sie wohl schon um der Sensation des am Fallschirm zu ihnen gekommenen Deutschen willen vor die Türen, vielfach zeigten sie sich direkt freundlich ...«

Im krassen Gegensatz zu diesen beschaulichen Schilderungen stehen die Klagen, die Heß während seines Aufenthalts in Abergavenny in einem langen, umständlichen, krausen und bizarren Bericht niedergelegt hat. Nach diesem Bericht müssen sowohl Mytchett Place als auch Maindiff Court wahre Schreckenskammern, die Ärzte und Wächter sadistische Folterknechte gewesen sein. Heß hat diesen Bericht in einem versiegelten Paket mit nach Nürnberg genommen. Erhalten ist nur die englische Übersetzung. Hier ein paar Auszüge in deutscher Rückübersetzung:

»Meinem Essen und den Medikamenten waren täglich Gifte beigefügt, die mein Gedächtnis zerstörten und zu Harnverhaltung führten, so daß ich tagelang kein Wasser lassen konnte.«

»Man salzte mein Essen übermäßig stark, um eine Nierenentzündung herbeizuführen.«

»Drei Jahre lang erhielt ich in meinem Essen Mittel, die meine Darmtätigkeit völlig lähmten. Gleichzeitig waren dem Essen starke Abführmittel beigegeben, so daß ich mehrmals täglich fürchterliche Leibschmerzen hatte. Stuhlgang hatte ich nur im Abstand von mehreren Tagen.«

»Die Ärzte weigerten sich, mir Tabletten gegen Schmerzen zu geben. Sie gaben mir statt dessen Medikamente, die entweder nichts nützten oder die Schmerzen noch verstärkten.«

»Meine Augen wurden so schlecht, daß ich weder schreiben noch lesen konnte. Sie sonderten eine Flüssigkeit ab, die die Augen völlig verklebte. Als ich dies dem Arzt sagte, nahm sein Gesicht den Ausdruck dämonischer Befriedigung an.«

»An den Büschen in der Nähe des Hauses hatten meine Bewacher Pfeifen angebracht, die sie nachts in Tätigkeit setzten, um mich aus dem Schlaf zu schrecken.«

»Doktor Jones in Abergavenny war verantwortlich für die immer stärkeren Hirn- und Herzgifte in meiner Nahrung. Seine Augen zeigten den gleichen Ausdruck wie die der anderen Menschen in meiner Umgebung. Man hatte sie durch eine bisher unbekannte Chemikalie in einen abnormen Geisteszustand gebracht und willenlos gemacht.«

»In Abergavenny wurde ich drei Wochen lang am Stuhlgang gehindert.«

»Sie taten ätzende Säure ins Essen. Die Haut meines Gaumens hing in Fetzen herunter.«

»Das Essen schmeckte immer nach Seife, Spülwasser, Dung, verfaultem Fisch oder Karbolsäure. Das Schlimmste waren die

Drüsensekrete von Kamelen und Schweinen. Im Gemüse waren Splitter von Knochen, Glas oder Steinen.«

»An einem heißen Sommertag in Abergavenny war die Luft von Leichengeruch erfüllt. Man hatte einen ganzen Waggon mit verfaultem Fisch in der Nähe meiner Unterkunft abgestellt.«

»Neben der schattigen Bank, die ich oft zum Lesen aufsuchte, lag eines Tages ein verwesender Stier mit durchschnittener Kehle.«

»Als ich zum Zeitvertreib ein Buch aus dem Englischen ins Deutsche übersetzte, begannen die Seiten des Wörterbuches, das ich dazu benutzte, plötzlich zu verfaulen. Ich erklärte dann offiziell, ich habe mit der Übersetzung aufgehört, arbeitete aber heimlich weiter. Da bemerkte ich diese Erscheinungen nicht mehr.«

»Als ich Zahnschmerzen hatte, mußte ich wochenlag auf den Zahnarzt warten. Die Füllungen, die er mir schließlich machte, enthielten ein Nervengift, so daß ich vor Schmerzen fast den Verstand verlor. Als ich zur Schmerzlinderung Wasser trank, wurde dem Wasser das gleiche Gift beigegeben.«

»Meine Ärzte waren von kriminellen Elementen wahnsinnig gemacht worden und mißbrauchten ihre wissenschaftlichen Kenntnisse auf Befehl zu den raffiniertesten Foltern.«

Der Bericht, der viele Seiten umfaßt und in dem solche und ähnliche Anschuldigungen ad nauseam wiederholt werden, ist ein einwandfreies Zeugnis schweren Verfolgungswahns.

Aus Spandau hat Rudolf Heß – fast 25 Jahre nach seinem Englandaufenthalt – einen Brief geschrieben, der Napoleons Haft auf St. Helena zum Thema hat. Dieser Brief klingt wie eine späte, verschlüsselte Entschuldigung für die bizarren Anklagen, die Heß damals gegen seine englischen Ärzte und Bewacher vorbrachte:

»Wie sich aber auch unter noch so milde gehandhabter Haft und selbst bei einer so mutigen und überlegenen Persönlichkeit Gefängnispsychose einstellt, beweist, daß Napoleon die ganzen Jahre hindurch bis an sein Ende unter der ›tief in seinem Geist eingewurzelten Vorstellung‹ litt, man wolle ihn ermorden. Und Lowe (der Kommandant von St. Helena) sei der ›vom englischen Ministerium abgesandte Erdolcher und Vergifter‹. Dieser Gedanke war ›der gewöhnliche Gegenstand seiner Klagen und die Ursache seiner Schrecken, die ihn bis zum Überdruß marterten‹.«

Zweifellos hat es Heß geschmeichelt, sich mit Napoleon vergleichen zu können – und sei es nur im Hinblick auf die Haftpsychose.

War Heß' Verfolgungswahn in England gespielt? Die Psychiater verneinen das. Sie sagen, Heß sei eine von Grund auf psychopathische Persönlichkeit, die zu hysterischen Reaktionen und zu einer Dramatisierung seiner Gefühle neige. Er sei aber nicht geisteskrank im legalen Sinne. Heß selbst hat einmal einem Psychiater gegenüber behauptet, er habe den Verfolgungswahn »gespielt«, in der Hoffnung, als Schwerkranker repatriiert zu werden, so, wie es bei anderen Kriegsgefangenen ja auch des öfteren der Fall war. Er hat in England auch einmal den Vorschlag gemacht, zur Wiederherstellung seiner Gesundheit einen »Urlaub auf Ehrenwort« in der Schweiz anzutreten, was von den britischen Behörden allerdings abgelehnt wurde.

Tatsache ist, daß der Stellvertreter des Führers sich in England als »Versager« empfand und schwer darunter litt. Sein Freund und Idol Adolf Hitler hatte sich von ihm losgesagt; in Deutschland wurde die Erinnerung an ihn planmäßig ausgelöscht. Sein Name wurde nicht mehr erwähnt. Die britische Regierung akzeptierte ihn nicht als Verhandlungspartner, wollte nichts mit ihm zu tun haben. Die Berichte über seinen sensationellen Flug waren längst von anderen Nachrichten verdrängt worden. Die Offiziere seiner Umgebung empfanden ihn als »Langweiler«. Mit dem Trotz eines beiseitegeschobenen Kindes versuchte der Egozentriker Heß, sich wieder in den Mittelpunkt der Aufmerksamkeit zu rücken.

Zunächst entwarf er Pläne für Häuser, die er sich nach dem Kriege bauen wollte, eines in Deutschland, eines in der Grafschaft Sussex, eines in Schottland. Man läßt den »Spinner« mit freundlicher Nachsicht gewähren, zeigt aber kein übermäßiges Interesse für den Speisesaal, in dem 180 Personen Platz haben sollen.

Am 15. Juni 1941 macht Heß in voller Uniform einen pathetischen Selbstmordversuch. Er springt über ein Treppengeländer und bricht sich das Bein. Während der mehrwöchigen Behandlung lebt er seelisch auf. Er ist wieder Mittelpunkt. Er kann Ärzte und Pfleger herumkommandieren, zu jeder Stunde rufen oder fortschicken, sie anschnauzen. In Gips führt Heß das Leben einer Diva.

Dann ist das Bein geheilt. Und schon beginnen wieder die

»Verfolgungen«. Eine internationale jüdische Verschwörung habe sich ihn, den Stellvertreter des Führers, zum Opfer erkoren. Ärzte, Offiziere, Soldaten, alle seien von einer geheimnisvollen Clique hypnotisiert, durch Hirndrogen willenlos gemacht worden, um ihn, Rudolf Heß, zu foltern und zum Wahnsinn zu treiben. Natürlich sei auch Churchill ein unwissendes Opfer dieser Verschwörung. Warum hätte der Antikommunist sich sonst mit Rußland verbündet? Sogar der Schweizer Gesandte Dr. Frölicher, der Heß regelmäßig besucht, mit ihm plaudert und ihm Bücher besorgt, ist eines Tages hypnotisiert. Heß hatte ihm Proben von Nahrungsmitteln und Medikamenten mitgegeben, um diese auf Giftstoffe hin testen zu lassen. Als der Gesandte die Nachricht bringt, die Proben seien alle als einwandfrei ermittelt worden, steht für Heß fest: Dr. Frölicher steht unter dem Einfluß der Hirndroge. »Er hatte plötzlich so glasige, abwesende Augen.«

Mit der »jüdischen Verschwörung, die im Besitz einer geheimnisvollen Hirndroge ist,« läßt sich alles erklären. Sogar die Greuel in deutschen Konzentrationslagern, von denen Heß in englischen Zeitungen gelesen hat. Seine Erklärung: »Um Propagandamaterial gegen Deutschland zu sammeln, sind die Juden sogar so weit gegangen, daß sie sich die Wachmannschaften der deutschen Konzentrationslager gefügig gemacht haben. Diese haben unter dem Einfluß der Hirndroge die Gefangenen dann in einer Art und Weise behandelt, wie es nur bei der sowjetischen GPU üblich ist.«

Natürlich ist die jüdische Verschwörung auch dafür verantwortlich, daß der englische König seine Briefe nicht beantwortet; daß der Herzog von Hamilton plötzlich erklärt, er wolle mit dem Fall Heß nun nicht mehr befaßt werden.

»Die Juden haben die Macht, Menschen ohne deren Wissen zu hypnotisieren«, erklärt er am 5. Februar 1945 dem Psychiater Oberstleutnant H. V. Dicks, der ihn in Mytchett Place betreut hatte und ihm in Abergavenny einen Besuch macht. Er stellt eine Liste mit Namen von Leuten auf, die auf solche Art hypnotisiert worden seien. Die Liste enthält: den König von Italien und Marschall Badoglio; die Attentäter des 20. Juli 1944; Winston Churchill; General von Paulus (Chef der 6. Armee, der in Stalingrad kapitulierte); Anthony Eden; Brigadier Rees (Chefpsychiater der britischen Armee) und andere. Sie enthält auch den Namen von Rudolf Heß.

Später am Tage bittet Rudolf Heß den Wachtposten um ein

Brotmesser, um sich Toast zu bereiten. Er geht in sein Schlafzimmer, zieht seine Luftwaffenuniform an und sticht sich das Messer in die linke untere Brustseite.

Es ist eine harmlose Wunde. Mit zwei Stichen kann sie genäht werden. Aber Heß steht wieder im Mittelpunkt des Interesses. Man fragt ihn nach dem Grund für seinen »Selbstmordversuch«. Im Tagebuch der Ärzte Dr. Jones und Dr. Phillips heißt es: »Patient erklärt, das Messer sei ihm von Juden in die Hand gegeben worden, damit er Selbstmord begehe. Er sei der einzige Mensch, der die geheime Macht ihrer Hypnose kenne. Deshalb wollten die Juden ihn vernichten.«

Hat Rudolf Heß diesen gigantischen Unsinn wirklich geglaubt? Wenn man sich an seine Herkunft erinnert, kann man das nicht ganz ausschließen. In der Thule-Gesellschaft von 1919, zu deren begeisterten Anhängern der junge Heß gehörte, in anderen »völkischen« Sekten und Grüppchen, einschließlich des Kreises um die streitbar-hysterische Mathilde Ludendorff, wurde von »gebildeten« deutschen Provinzlergehirnen der gleiche Blödsinn verzapft – und geglaubt.

Rees hat im Sommer 1941 über Heß die folgende Diagnose abgegeben: »Meiner Meinung nach ist Heß ein Mann von unsteter Wesensart, die er sicher schon seit seiner Jugend hat. Soweit ich ihn bisher kenne, müßte ich ihn in der Fachsprache als Psychopathen bezeichnen, und zwar als Schizoiden, das bedeutet, er tendiert zur Persönlichkeitsspaltung. Er ist, wie die meisten Menschen dieser Art, leicht beeinflußbar und neigt zu hysterischen Reaktionen. Auf Grund seiner Anlagen und seiner Lebensführung befindet er sich gegenwärtig in einer gewissen Gefahr: Er zeigt ausgeprägt depressive Reaktionen, weil er von sich selber enttäuscht ist, sich als Versager empfindet.«

Die Spukwelt des Paranoiden, erfüllt von Horrorgestalten, die seine Einbildung produziert, ist in England für Heß zuweilen unerträglich. Dann flüchtet er sich in die Amnesie, in die Erinnerungslosigkeit.

Am 4. Dezember 1941 behauptet er zum ersten Mal, sein Gedächtnis sei völlig zerstört. Bald darauf steht es ihm wieder zur Verfügung. Einer der Offiziere bringt das Gespräch auf Adolf Hitler. Und Heß beginnt zu schwärmen, bis er plötzlich merkt, daß er das doch gar nicht darf, wenn er sich an nichts erinnern kann.

Im Herbst 1943 flieht er erneut in die Nacht des Gedächtnisverlustes. Er kann sich an nichts erinnern. Weder an seine Jugend in Alexandria noch an seine Stellung in Deutschland, weder an seine Familie noch an seinen Freund und Mentor Karl Haushofer.

Die Diagnose des Psychiaters Major Ellis Jones lautet so: »Heß leidet an einer hysterischen Amnesie. Sie ist mit jener Form der Amnesie vergleichbar, die viele Soldaten unter starken Belastungen im Kriege entwickeln. Es ist aber auch dieselbe Art der Amnesie, die Zivilisten in Friedenszeiten entwickeln, wenn sie einer Situation gegenüberstehen, mit der sie nicht fertigwerden. Der Erinnerungsverlust gehört dabei zum Mechanismus der Selbstverteidigung.«

Bemerkenswert ist, daß nach den Aussagen der Psychiater Heß' Verfolgungswahn während der Perioden der Amnesie in den Hintergrund trat. Sobald Heß aber wieder über sein Gedächtnis verfügte, nahmen die Spukgestalten seines Horrorwahns wieder schärfere Konturen an.

Heß hat behauptet, er habe seinen Erinnerungsverlust in England ganz bewußt simuliert. Auch seiner Frau gegenüber habe er ihn notwendigerweise vortäuschen müssen, da alle Briefe durch die Zensur gingen.

Am 15. Januar 1944 schrieb er an seine Frau:

»Nun sitze ich schon seit Stunden – buchstäblich – und sinne nach, was ich Euch schreiben soll, und komme nicht weiter. Das hat – leider! – seinen besonderen Grund.

Da Ihr es ja doch über kurz oder lang merken oder erfahren müßt, schreibe ich es Euch: Ich habe mein Gedächtnis völlig verloren, alles Vergangene verschwimmt wie hinter einem grauen Nebel; selbst an die selbstverständlichsten Dinge kann ich mich nicht mehr erinnern. Woher das kommt, weiß ich nicht. Der Arzt gab mir eine lange Erklärung, aber selbst diese ist inzwischen dem Gedächtnis entschwunden. Er versichert aber jedenfalls, es würde einmal alles wieder gut. Hoffentlich hat er recht!

Aber das ist der Grund, warum ich Euch tatsächlich keinen vernünftigen Brief schreiben kann: Dazu braucht man das Gedächtnis mehr, als man glaubt. Was anderes ist es noch, wenn man Briefe zu beantworten hat, die einem Stoff und Anregung geben. Den letzten Brief von Euch erhielt ich aber am 13. September vorigen Jahres! ...«

Sechs Wochen später war noch immer kein Brief von zu Hause da. Nach dem Krieg hat sich herausgestellt, daß die Gründe für die Verzögerung der Post weder bei den englischen noch bei den deutschen Stellen lagen, sondern daß manche Briefe monatelang durch das Versehen eines Beamten beim Internationalen Roten Kreuz in Genf liegenblieben.

Am 26. Februar 1944 schrieb Heß an seine Familie:

»Schreibt doch wieder einmal. Seit September habe ich keinen Brief von Euch bekommen. Wenn Ihr nicht schreibt, kann ich auch nicht schreiben; denn ich brauche eine Anregung zum Schreiben. Ohne Brief von Euch weiß ich wirklich nicht, von was und über was ich berichten sollte. Denn ich habe, wie ich schon in meinem letzten Brief schrieb, mein Gedächtnis völlig verloren – wenn auch nur vorübergehend, wie der Arzt mir versichert. Schreibt mir doch wenigstens, wie es dem Jungen in der Schule gefällt.«

Immerhin weiß er, daß er einen Sohn hat, der inzwischen zur Schule geht.

Am 10. März 1947 – ein halbes Jahr nach seiner Verurteilung – berichtete Heß dann in einem ausführlichen Brief, er habe seinen Erinnerungsverlust nur vorgetäuscht, um als Schwerkranker auf dem Austauschwege nach Deutschland repatriiert zu werden. In den Zeilen kommt eine kindlich-stolze Eitelkeit darüber zum Ausdruck, daß es ihm gelungen sei, eine ganze Reihe angesehener Psychiater hinters Licht zu führen. Hier der Brief im Wortlaut:

»Daß zeitweise meine Briefe aus England so spärlich flossen, hängt mit dem vorgetäuschten Gedächtnisschwund zusammen. Denn es ist *sehr* schwer, Briefe zu schreiben, wenn man angeblich kein Gedächtnis mehr besitzt. Zumindest ist die Gefahr sehr groß, daß man Fehler unterlaufen läßt, die zur Entlarvung führen. Behauptungsweise wußte ich zeitweise ja gerade noch, eine Familie zu haben – mehr nicht. Deren Adresse war mir auch ›entschwunden‹. Zwar stand sie auf dem einen oder anderen Eurer Briefe, doch hatte ich ›vergessen‹, solche in Besitz zu haben. Erst neue Briefe, die ich von daheim erhielt, gaben Anlaß, nach älteren mit der Anschrift zu forschen. Die neuen Briefe von Euch enthielten dann auch immer einiges, durch das ich scheinbar angeregt werden konnte, darüber zu schreiben – ohne daß das Gedächtnis in verdächtiger Weise bemüht zu werden brauchte. Kurz, ich mußte immer auf Briefe von Euch warten, bis ich selbst einmal wieder einen schreiben konnte ...

Zum Schluß ging dieses Theater so weit, daß ich mir sogar Injektionen gegen den Gedächtnisschwund geben ließ. Es blieb mir auch, nach anfänglichem Sträuben, nichts anders übrig, wollte ich nicht den von meiner Umgebung lange gehegten Verdacht, daß ich zumindest übertriebe, verstärken. Zum Glück sagte man gleich voraus, daß es nicht sicher sei, ob durch die Einspritzungen die Erinnerungen wieder auftauche. Das Schlimmste aber war: Mit der Prozedur war eine Narkose verbunden, in der mir ›zur Wiedervereinigung von Ober- und Unterbewußtsein‹ Fragen gestellt werden sollten. Und so stand ich nicht nur der Gefahr gegenüber, Dinge auszusagen, die von meinem deutschen Standpunkt aus ›geheim‹ waren – was wahrscheinlich im Sinne der Erfinder dieser Injektionen war! –, sondern auch der weiteren, daß in diesem Zustand mein eigener Schwindel aufkommen würde.

Aber, wie gesagt, es blieb mir auf die Dauer nichts anderes übrig, als einzuwilligen. Es gelang mir dann, unter Aufwand allen mir zur Verfügung stehenden Willens, das Bewußtsein voll zu bewahren – obwohl man mir sogar mehr von dem Zeug einspritzte, als normal geschieht –, zugleich aber mimte ich den Bewußtlosen.

Dabei antwortete ich selbstverständlich auf alle Fragen: ›Das weiß ich nicht‹, mit Pausen zwischen den Worten, leise, tonlos, geistesabwesend. Nur meines Namen entsann ich mich endlich, den ich im gleichen Ton herausbrachte. Schließlich entschloß ich mich, wieder zu ›erwachen‹, mit erstaunten Augen langsam in die Welt zurückkehrend. Es war ein großes Theater – und ein *voller* Erfolg! Nun glaubte man unbedingt an mein entschwundenes Gedächtnis.

Freilich, meine damit verbundene Hoffnung, daß ich nun endlich auf dem Austauschwege heimbefördert würde, erfüllte sich nicht. Dabei deutete man mir inzwischen an, ich würde der ›Drottningholm‹ – so hieß, glaube ich, das schwedische Lazarettschiff – auf der nächsten Fahrt mitgegeben. Du kannst Dir vorstellen, *wie* es in mir aussah! Aber dann fuhr sie ohne mich hinüber, das nächste Mal und alle anderen Male auch.

Wie sehr meine Ärzte auf Grund des Experimentes mit der Narkose überzeugt waren, daß der Gedächtnisverlust echt sei, geht daraus hervor, daß später, als ich es aus einem bestimmten Grunde für richtig hielt, mein Täuschungsmanöver aufzudecken – schon in England einmal! –, die Herren Ärzte es vorerst einfach nicht glauben wollten. Erst als ich ihnen alle Fragen aufsagte, die man mir während der ›Bewußtlosigkeit‹ gestellt hatte, als ich das ›Schauspiel‹ meines ›Erwachens‹ wiederholte, Redeweise und Tonfall von damals einschaltete, gaben sie zu, daß ich sie furchtbar an ihren ›legs gepullt‹ hätte – dem englischen Ausdruck, der etwa ›Zum-Narren-Halten‹ und ›Frotzeln‹ in einem bedeutet. Insgesamt habe ich also damals wirklich alles getan, um für die Heimkehr nach Deutschland die ›Arme der Götter herbeizurufen‹. Die Götter aber hatten es anders beschlossen – und wohl besser...«

Tatsächlich hatte der Psychiater Oberstleutnant Dicks zusammen mit Dr. Ellis Jones am 7. Mai 1944 eine Evipan-Narkose bei Heß vorgenommen, eine Methode, die sich in anderen Amnesiefällen als erfolgreich erwiesen hatte. Das Protokoll dieser Narkose stimmt in den wesentlichen Punkten mit Heß' brieflicher Aussage überein. Brigadier Rees ist jedoch der Ansicht, daß Heß seinen Erinnerungsverlust nur teilweise wirklich simuliert hat. Er meint, daß es sich zum Teil um eine »echte« Amnesie auf hysterischer Grundlage gehandelt habe.

Auf jeden Fall wollte Heß ein zweites Narkoseexperiment unter allen Umständen vermeiden. Am 6. Juni 1944 notierte er:

»Keine Injektionen mehr! Die erste Injektion (sic!) hat das Gedächtnis in keiner Weise gebessert, dafür größte Nervosität hervorgerufen. Die Beantwortung der während des Experiments gestellten Fragen hat bewiesen, daß das Gedächtnis noch vorhanden und nur vorübergehend gestört ist. Die Ärzte sind überzeugt, daß es in Deutschland wiederkehrt. Also keine Sorge und Aufregung, wenn das Gedächtnis augenblicklich noch so schlecht ist und Du sogar Personen nicht wiedererkennst, die Du vorher schon einmal gesehen hast. Auf alle Fälle: Keine 2te Injektion!« Dies hat sich Heß als »Erinnerungsstütze« an die Wand geheftet.

Am 4. Februar 1945 – kurz vor seinem zweiten »Selbstmordversuch« – behauptet Rudolf Heß, sein Gedächtnis sei nun wieder völlig in Ordnung.

Sobald er im Sommer erfährt, daß er auf der Liste der Kriegsverbrecher steht und vor ein internationales Militärgericht gestellt werden soll, kommt es wieder zu einer totalen Amnesie.

Am Morgen des 10. Oktober 1945 packt er in Maindiff Court seine Sachen, darunter unzählige Päckchen mit Nahrungsmittelproben, die er als »Beweismaterial« mitnehmen will. Von der Wand seines Zimmers nimmt er die Bilder seines Sohnes und seiner Frau. Das große Photo seines Idols Adolf Hitler, das den besten Platz schmückte, bleibt hängen.

Nachmittags landet er in Begleitung des Psychiaters Dr. Ellis Jones, eines Sanitäters und eines Sergeanten auf dem Flughafen der Ruinenstadt Nürnberg, wo er früher auf den Parteitagen vor Tausenden Braunhemden immer den Führer angekündigt hatte.

Rudolf Heß ist blendender Laune. Er glaubt, seine Gefangenschaft gehe ihrem Ende entgegen. Er weiß: Er ist ein psychiatrischer Fall. Nach dem Prozeß wird man ihn gewiß freilassen.

15. KAPITEL

Die Sieger sitzen zu Gericht

Zwanzig Zellen im Gefängnisblock des Justizpalastes sind an diesem 10. Oktober 1945 schon von Mitangeklagten des Führer-Stellvertreters besetzt. Als wenige Tage später der ehemalige Großadmiral Raeder aus Rußland eintrifft, ist die Zahl der 22 Angeklagten komplett. Zwei Männer, die auch auf der Liste der Hauptkriegsverbrecher stehen, fehlen allerdings: Martin Bormann gilt als vermißt. Gegen ihn soll in Abwesenheit verhandelt werden. Gustav Krupp von Bohlen und Halbach liegt schwerkrank, senil und von Schlaganfällen gelähmt auf seinem Besitz Schloß Blühnbach. Er wird später als haft- und verhandlungsunfähig erklärt.

Colonel B. C. Andrus, der amerikanische Gefängniskommandant, empfängt Rudolf Heß im Dienstraum des Zellenblocks. Heß trägt seine Luftwaffenuniform ohne Rangabzeichen, seine schwarzen Fliegerstiefel aus weichem Leder, darüber einen englischen Dufflecoat. Dr. Douglas M. Kelley, der amerikanische Gefängnispsychiater, schreibt: »Heß befand sich körperlich in guter Verfassung, obgleich er mager war. Durch seine Steifheit und sein dauerndes Hackenzusammenklappen wirkte er so militärisch, wie er es durch ein ganzes Aufgebot an Rangabzeichen nicht hätte erreichen können.«

Heß schlägt vor Colonel Andrus nicht nur die Hacken zusammen. Er grüßt auch stramm mit erhobenem rechten Arm und wundert sich, daß die Pose Gelächter hervorruft.

Als Andrus ihm eröffnet, er müsse mit Ausnahme von Schreibutensilien, Familienphotos und Toilettenartikeln alles persönliche Eigentum in Verwahrung geben, protestiert Heß zornig: »Ich bin hoher Beamter, Offizier und Kriegsgefangener. Ich verlange, daß sämtliche persönliche Effekten in meine Zelle gebracht wer-

den!« Besonderen Wert legt er auf eine große Anzahl von Päckchen, die »Beweismittel« enthalten: Nahrungsmittelproben und
Medikamente, die er aus England mitgebracht hat. Ein unpartei-
ischer Chemiker soll sie untersuchen.

Schließlich ist er einverstanden, daß die kostbaren Mitbringsel
in seiner Anwesenheit inventarisiert, verschlossen und versiegelt
werden.

Nach dem relativen Komfort von Mytchett Place und Maindiff
Court ist der Nürnberger Zellenbau für Heß eine herbe Enttäuschung. Er kommt in eine karge Zelle, 12 Quadratmeter groß.
Die Einrichtung: ein eisernes Feldbett, ein einfacher Stuhl, ein
kleiner Tisch, ein Waschtisch mit Schüssel. In einer Ecke ein
Wasserklosett ohne Deckel und Brille. Eine Klappe in der schweren Holztür ist ständig geöffnet. Vor der Tür steht Tag und Nacht
ein Posten. Das Licht in der Zelle wird nicht ausgeschaltet, in den
Nachtstunden nur etwas gedämpft.

Der inzwischen verstorbene deutsche Gefängnisarzt Dr. Ludwig Pflücker sagt in seinen hinterlassenen Aufzeichnungen:

»Ich wurde bereits in der ersten Nacht wiederholt zu Heß gerufen, weil er Krämpfe habe. Ich sah ihn jedesmal mit verzerrten
Zügen und krampfhaften Bewegungen der Arme im Bett liegen.
Der ganze Körper wurde bei diesen Krämpfen geschüttelt. In
einer Pause untersuchte ich den Patienten und fand in der Gegend
des Magens und der Gallenblase keinerlei krankhaften Befund.«

Interessant ist eine andere Stelle: »Die körperlich sehr anstren-
gende Form seiner Krämpfe änderte sich übrigens bald, nachdem
ihnen keine Beachtung geschenkt wurde ...«

Am Donnerstag, dem 18. Oktober, wird dem ehemaligen Stellvertreter des Führers von dem britischen Major Airey Neave die
Anklageschrift des Internationalen Militärtribunals »gegen Hermann Wilhelm Göring und andere« zugestellt. Sie umfaßt 25 000
Worte und ist nach vier Hauptpunkten gegliedert:

Verschwörung: Die Angeklagten haben einen gemeinsamen Plan
zur Eroberung unumschränkter Macht verfolgt und waren einig im Begehen aller weiterer Verbrechen.

Verbrechen gegen den Frieden: Die Angeklagten habe in 64 Fällen
36 internationale Verträge gebrochen, Angriffskriege begonnen und einen Weltkrieg entfesselt.

Kriegsverbrechen: Die Angeklagten haben ein ungeheures Blut-
bad angerichtet, Massenmord, Folterungen, Sklavenarbeit
und wirtschaftliche Ausplünderung befohlen oder geduldet.

234

Verbrechen gegen die Menschlichkeit: Die Angeklagten verfolgten politische Gegner, rassische und religiöse Minderheiten und machten sich der Ausrottung ganzer Bevölkerungsgruppen schuldig.

Rudolf Heß ist nach allen vier Punkten angeklagt.

Am Abend erscheint der amerikanische Gefängnispsychologe Dr. G. M. Gilbert in jeder Zelle und bittet die Naziprominenten, ihm auf seiner eigenen Kopie der Anklageschrift ihre erste Reaktion zu geben. Heß schreibt auf englisch: »I can't remember« (Ich kann mich nicht erinnern).

Wieder ist Rudolf Heß in die Erinnerungslosigkeit geflüchtet. Dr. Kelley schreibt: »Er behauptete, sich nicht mehr an sein Geburtsdatum, an seinen Geburtsort, an das Datum seines Fluges nach England oder an irgendeine Tatsache oder Einzelheit aus seinem früheren Leben zu erinnern, was sich während seiner Gefangenschaft in England zugetragen habe und auch der Flug nach Nürnberg sei ihm nur unbestimmt gegenwärtig.« Er hatte auch die Einzelheiten seiner Aufnahme im Gefängnis vergessen – mit einer Ausnahme: »Er fragte erneut nach seinen Paketen und wollte immer wieder die Bestätigung haben, daß sie sich an sicherer Stelle befanden, wo sie vor Unbefugten geschützt waren.«

Jeden Vorschlag Kelleys, den Gedächtnisschwund durch Hypnose mit Unterstützung von Amytalnatrium oder Pentotal zu behandeln, lehnt Heß strikt ab. Andere Versuche, sein Erinnerungsvermögen zu beleben, bleiben erfolglos. Er zeigt keine Reaktion auf Wochenschauen, in denen er eine Rolle spielt. Er behauptet, Göring, Professor Haushofer, Ernst Wilhelm Bohle, den Leiter seiner Auslandsorganisation, nicht wiederzuerkennen. Man bringt ihn mit seinen Sekretärinnen, Hildegard Fath und Ingeborg Sperr, zusammen. Er kann sich der beiden Damen nicht erinnern. Starr blickt er vor sich hin, während Hildegard Fath ihm von seiner Familie, von seinem Haus in Harlaching erzählt. Als Ingeborg Sperr seine Erinnerung mit Familienphotos auffrischen will, geschieht etwas Merkwürdiges. Dr. Kelley berichtet: »Heß winkte mit der linken Hand hastig zu Fräulein Sperr und flüsterte: ›Ich will keine Hilfe!‹ Er hat das zwar später abgeleugnet, aber es war ganz augenscheinlich, daß er kein Risiko eingehen wollte, sich zu verraten.«

Der Gerichtsvorsitzende, Lordrichter Lawrence, beauftragt ein multinationales Psychiatergremium, Heß zu untersuchen. Folgende Fragen soll das Gremium beantworten:

»1. Kann der Angeklagte zur Anklageschrift Stellung nehmen?
2. Ist der Angeklagte geistig gesund oder nicht? Über diesen Punkt will der Gerichtshof erfahren, ob der Angeklagte genügend Verständnis besitzt, um den Verhandlungsverlauf zu erfassen, um sich richtig zu verteidigen, um einen Zeugen zu befragen, gegen den er Einwendungen zu erheben hat, und um Einzelheiten der Beweisführung zu verstehen.«

Das Gremium, dem drei amerikanische, drei englische, ein französischer und drei russische Psychiater angehören, kommt übereinstimmend zu folgendem Ergebnis: »Gegenwärtig ist er nicht geisteskrank im engeren Sinne dieses Wortes. Sein Gedächtnisschwund hält ihn nicht vollständig vom Verstehen der Ereignisse um ihn ab, behindert jedoch seine Fähigkeit, seine Verteidigung zu führen oder Einzelheiten der Vergangenheit zu verstehen, die als Tatbestand hier von Bedeutung sein könnten.« Die amerikanischen Psychiater setzen allerdings hinzu: »Weiterhin besteht eine bewußte Übertreibung seines Gedächtnisschwundes und die Neigung, dies zu seinem Schutze gegen Untersuchungen auszunutzen.« Weiterhin sagen die amerikanischen Ärzte: »Das gegenwärtige hysterische Gebaren des Angeklagten ist zum Teil Gewohnheit geworden und wird so lange dauern, wie er unter der Bedrohung der Bestrafung steht. Trotzdem kann es eine normalere Form der Verteidigung beeinträchtigen.«

Lordrichter Lawrence beschließt, in einer besonderen Sitzung am 30. November zu entscheiden, ob der Angeklagte Rudolf Heß verhandlungsfähig ist oder nicht. Der Prozeß soll aber, wie vorgesehen, am 20. November um 10 Uhr morgens beginnen.

Zur Verhandlung erscheint Rudolf Heß in einem schlechtsitzenden grauen Zivilanzug, der noch in Abergavenny für ihn gekauft wurde. Das Oberhemd ist dem abgemagerten Mann am Kragen ein bis zwei Nummern zu weit. Heß sitzt auf dem »zweiten Platz«, wie immer in seinem Leben. Sogar in Nürnberg hat Göring ihn um die Rolle des »Ersten« gebracht. Rechts von dem Stellvertreter des Führers sitzt der Ex-Reichsmarschall, links von ihm Ribbentrop, der ehemalige Außenminister.

Kurz bevor der Gerichtsmarschall Oberst Charles W. Mays sein »Attention! The Court!« ruft, flüstert Heß seinem Nachbarn Göring zu: »Sie werden sehen, diese Geistererscheinung wird verschwinden, und Sie werden binnen eines Monats der Führer von Deutschland sein!« Göring winkt ab. Anschließend hat er zu Dr. Gilbert gesagt: »Jetzt bin ich sicher, daß Heß verrückt ist.«

Während die Anklageschrift verlesen wird, setzt Heß ostentativ seine Kopfhörer ab, schlägt ein Buch auf und beginnt zu lesen. Seine Lektüre: »Der Jagerloisl« von Ludwig Thoma. Wenn er an eine lustige Stelle kommt, lacht er laut und ungeniert.

Der Journalist R. W. Cooper hat seine Eindrücke vom ersten Prozeßtag beschrieben: »Alles an Heß war in unbestimmter Weise ›sonderbar‹ – seine finstere, schroffe Gestalt, sein kaninchenhaftes Grinsen; er gab sich – ob echt oder gespielt –, als nähme er nicht das entfernteste Interesse daran, was um ihn herum vorging. Ohne Kopfhörer saß er da, vergraben in einen bayerischen Roman. Manchmal wanderten seine stechenden Augen im Gerichtssaal umher, blickten mit sardonischem Lächeln zur Presse- und Besuchertribüne hinauf.«

Nachmittags bekommt Heß wieder Magenkrämpfe und darf mit Erlaubnis des Vorsitzenden in seine Zelle zurück.

Tags darauf werden die 21 Angeklagten (Robert Ley hatte sich am 25. Oktober in seiner Zelle erhängt) aufgefordert, einzeln zu erklären, ob sie sich schuldig oder nicht schuldig bekennen. Heß tritt vors Mikrophon und sagt »Nein!«. Der Vorsitzende: »Dies wird als ›Nicht schuldig‹ protokolliert.«

Am 29. November wird ein Dokumentarfilm gezeigt, den amerikanische Kameraleute in eben befreiten deutschen Konzentrationslagern aufgenommen haben. Dr. Gilbert hat die Reaktion der einzelnen Angeklagten auf diese Beweise entsetzlicher Greueltaten genau beobachtet und registriert. Seine Notizen über Heß:

»Er starrt auf die Leinwand, sieht mit seinen eingesunkenen Augen aus wie ein Ghul (ein leichenfressender Dämon) ... Heß blickt verwirrt, als Berge von Leichen in einem Lager gezeigt werden ...«

Nach dem Film schweigen alle erschüttert. In der Stille hört man plötzlich deutlich die Stimme von Heß, der sich zu Göring wendet: »Ich glaube das nicht!« Göring zischt ihn an, er solle den Mund halten. Als Dr. Gilbert Heß am Abend in seiner Zelle besucht, sagt dieser nur vier Worte: »Ich verstehe das nicht ...«

Am Nachmittag des 30. November sitzt Heß ganz allein in der Anklagebank. Sein Anwalt, Dr. Günther von Rohrscheidt, bittet das Gericht, seinen Mandanten für verhandlungsunfähig zu erklären. Er verweist auf die psychiatrischen Gutachten, die im Hinblick auf ihre rechtliche Bedeutung eingehend diskutiert werden. Der amerikanische Chefankläger Robert H. Jackson erklärt scharf: »Ich möchte höflich bemerken, daß niemand, der vor Gericht steht, behaupten kann, sein Gedächtnisschwund mache ihn verhandlungsunfähig, wenn er gleichzeitig harmlose medizinische Mittel ablehnt, die seinen Zustand mit großer Sicherheit bessern könnten!«

Dr. von Rohrscheidt besteht darauf, daß das Verfahren gegen Heß vertagt werden müsse, weil sein Mandant den Verhandlungen nicht folgen könne.

Lordrichter Sir Geoffrey Lawrence möchte Heß selber dazu hören. Dr. von Rohrscheidt ist einverstanden.

Langsam erhebt sich Heß, blickt mit schmalem Lächeln zur Pressetribüne. Während Soldaten ein Mikrophon an seinem Platz aufstellen, wippt er auf den Zehenspitzen, wendet den Blick zur Decke befeuchtet die Lippen. Ein Journalist schrieb: »Man hatte den Eindruck, er würde gleich anfangen, ein Liedchen zu pfeifen.« Dann sagt Heß mit näselnder Stimme:

»Herr Präsident, ich möchte das folgende sagen: Zu Anfang der Verhandlung heute nachmittag gab ich dem Verteidiger einen Zettel, auf dem ich meine Meinung dahingehend ausdrückte, daß die Verhandlung abgekürzt werden könne, würde man mir zu sprechen gestatten. Was ich zu sagen wünsche, ist das folgende: Um vorzubeugen, daß ich für verhandlungsunfähig erklärt werde, obwohl ich an den weiteren Verhandlungen teilzunehmen und mit meinen Kameraden gemeinsam das Urteil zu empfangen wünsche, gebe ich dem Gericht nachfolgende Erklärung ab, obwohl ich sie ursprünglich erst zu einem späteren Zeitpunkt des Prozesses abgeben wollte:

Ab nunmehr steht mein Gedächtnis auch nach außen hin wieder zur Verfügung. Die Gründe für das Vortäuschen von Gedächtnisschwund sind taktischer Art. Tatsächlich ist lediglich meine Konzentrationsfähigkeit etwas herabgesetzt. Dadurch wird jedoch meine Fähigkeit, der Verhandlung zu folgen, mich zu verteidigen, Fragen an Zeugen zu stellen oder selbst Fragen zu beantworten, nicht beeinflußt. Ich betone, daß ich die volle Verantwortung trage für alles, was ich getan, unterschrieben oder mitunterschrieben habe. Meine grundsätzliche Einstellung, daß der Gerichtshof nicht zuständig ist, wird durch obige Erklärung nicht berührt. Ich habe bisher auch meinem Offizialverteidiger gegenüber den Gedächtnisverlust aufrechterhalten. Er hat ihn daher guten Glaubens vertreten.«

Heß setzt sich ruckartig und macht ein zufriedenes Gesicht.

Auf der Pressetribüne bricht ein Pandämonium los. Die Journalisten stürzen hinaus an die Telephone. Lordrichter Lawrence beschränkt sich auf vier Worte: »Die Verhandlung ist vertagt!«

Hatte Rudolf Heß seinen Erinnerungsverlust wieder simuliert? Hatte er zehn international angesehene Psychiater und dazu Dr. Kelley und Dr. Gilbert durch seine Schauspielkunst so täuschen können, daß sie ihm die Amnesie glaubten? Eine amerikanische Zeitung trug am nächsten Tag die Balkenüberschrift: »Ein Waterloo für die Psychiatrie!« Ein französischer Journalist hat damals geschrieben: »Ein Mensch, der das alles simuliert, kann nicht normal sein.«

Dr. Kelley hält sowohl den, wie er glaubt, zeitweise tatsächlich bestehenden Gedächtnisverlust Rudolf Heß' wie auch die plötzliche Rückkehr des Erinnerungsvermögens für die typischen Reaktionen eines hysterischen Psychopathen. Er schreibt: »Seine hysterische Veranlagung ist am besten aus der Tatsache zu erkennen, daß er sich in den Mittelpunkt des öffentlichen Interesses stellte, indem er seinen Gedächtnisschwund abstritt, so verhängnisvoll ein solcher Schritt auch für ihn sein konnte, statt durch ständiges Leugnen einen Freispruch zu erzielen. Solche Reaktionen trifft man häufig bei Hysterikern …«

Durch seine »Bombe« im Gerichtssaal hat sich Heß an diesem 30. November 1945 wieder in den Mittelpunkt des Gerichtes, seiner Mitangeklagten, des gesamten Weltinteresses gestellt. Als Dr. Kelley und Dr. Gilbert ihn in seiner Zelle besuchen, kann er alle Fragen präzise beantworten. Über seine Gefangenschaft in England, seinen Flug dorthin, seine Rolle in der NSDAP, sogar über seine Kindheit und Jugend in Alexandria, die er vorher völlig »vergessen« hatte.

»Na, wie war ich?« fragt er in bester Laune und voll fröhlicher Eitelkeit. »Gut, nicht wahr?«

»Die Aufmerksamkeit, die er durch sein Theater erregte, schmeichelte seiner Eitelkeit«, schrieb Dr. Kelley.

Es gibt aufgrund seiner Unterhaltungen mit den Psychiatern eindeutige Hinweise darauf, daß Heß gefürchtet hat, durch seinen möglichen Ausschluß von den weiteren Verhandlungen eine Randfigur zu werden, die man rasch vergessen haben würde. Das aber ließ seine Rolle als Stellvertreter seines Führers nicht zu.

Die Eitelkeit des egozentrischen Hysterikers kommt auch in den vielen Sonderwünschen zum Ausdruck, mit denen Heß den deutschen Gefängnisarzt Dr. Pflücker täglich auf kleinen Zettelchen bombardiert: »Die Würstel sind geradezu irrsinnig scharf. Können Sie mir etwas anderes dafür verschaffen?« »Kann ich statt Ei etwas anderes bekommen? Marmelade o. dergl., auch Zucker?« »Heutiges Brot ist anscheinend aus verdorbenem Mehl gebacken. Für meinen Magen ungenießbar. Kann ich etwas anderes bekommen?« »Der Käse ist mir zu scharf. Haben Sie etwas anderes für mich?«

Zu dieser Zeit hungert das deutsche Volk im ganzen Land. Menschen brechen mitten auf der Straße mit Schwächeanfällen zusammen. Kinder sterben an Unterernährung.

Aber Rudolf Heß hat ständig Angst, seine Lebensmittel könnten »vergiftet« sein, mit Drogen angereichert, obgleich Dr. Pflükker ihm versichert, daß kein Arzt sich hier für so etwas hergeben würde. Wie korrekt man handle, hätte er doch am besten daran sehen können, daß man ohne sein Einverständnis nicht einmal gewagt hätte, seinen Gedächtnisschwund mit erprobten und ungefährlichen Methoden zu behandeln. Heß antwortet mit sardonischem Lächeln: »Lieber Doktor, Sie wissen nicht, was ich weiß!« Er nimmt kein Brot an, das man ihm vorlegt, sondern wählt sich von dem Tablett, das man ihm in die Zelle reicht, die am entferntesten liegende Portion.

Seine Mahlzeiten in Nürnberg nimmt er grundsätzlich auf dem Boden seiner Zelle liegend ein. Beim Reinigen führt er den Besen mit der Hand, die andere steckt in der Tasche. Er geht mit seltsam abgezirkelten, steifen und gespreizten Schritten. An die Wände seiner Zelle, an die Tür, sogar auf den Tisch schreibt er mit dickem Stift die Worte: »Ruhe bewahren!«

Für die Vorbereitung seiner Verteidigung tut er weniger als irgendeiner der anderen Angeklagten. Statt dessen zeichnet er Pläne für ein neues Haus, für einen gigantischen neuen »Führerbau«, für ein Denkmal zu Ehren der Männer, die nach Ende des Prozesses vermutlich hingerichtet werden, für ein homöopathisches Krankenhaus, das er nach seiner »Befreiung« gründen will.

Dr. Pflücker schreibt: »Er beschäftigte sich dauernd mit Verordnungen für das bald wieder zu erwartende Dritte Reich ... und erließ in Ermangelung eines größeren Kreises Kundgebungen an seine Mitgefangenen. So ließ er ihnen am letzten Dezembertag 1945 mitteilen, sie sollten guten Mutes sein, noch in diesem Jahre schlage die Stunde der Befreiung. Als ich ihm darauf sagte, ›dann haben Sie aber nur noch ein paar Stunden Zeit‹, verbesserte er sich und sagte: ›Ich meine natürlich im nächsten Jahr!‹«

Seiner Frau teilt er in einem Brief mit, was er vom Prozeß hält: »Der Prozeß ist teils gräßlich, teils langweilig, dazwischen aber auch einmal interessant. Auf alle Fälle eine nicht alltägliche Erinnerung fürs Leben! vvvvvv«

Manchmal allerdings ist Heß nach den Sitzungen sehr deprimiert. Einmal gesteht er Dr. Gilbert, daß ihn manche Dinge, die während des Prozesses ans Licht gekommen seien, desillusioniert hätten. Gilbert fragt ihn: »Sie sagen immer, Sie hätten den Frieden gewollt. Haben Sie nie versucht, Hitler vom Krieg abzubringen?« Heß denkt eine Weile nach. Dann antwortet er mit schleppender Stimme: »Ich möchte im Augenblick nicht darüber reden.«

Ende Januar bricht er mit seinem Anwalt Dr. von Rohrscheidt, weil dieser der »New York Herald Tribune« ein Interview gegeben hat, was Heß als groben Vertrauensmißbrauch und als Verletzung des Anwaltsgeheimnisses betrachtet. Da Rohrscheidt ihn ohnehin nicht weiter verteidigen kann, weil er sich bei einem Unfall ein Bein gebrochen hat, erhält Heß den jungen Münchner Anwalt Dr. Alfred Seidl, der auch den Ex-Gouverneur von Polen, Dr. Hans Frank, verteidigt.

Obgleich Heß mit Seidl einen der fähigsten Anwälte des ganzen Prozesses gewonnen hat, möchte er sich am liebsten selbst verteidigen. Die Begründung dafür gibt er seiner Frau zur Umgehung der Zensur auf einer Aktennotiz in der dritten Person: »Herr Heß beherrscht eben die Materie besser als irgendein anderer und hat demgemäß von Fall zu Fall das Notwendige bei der Hand, während der Rechtsanwalt immer erst ihn fragen muß.« Heß versteht jene Angeklagten nicht, die, wie Frick, Frank oder Kaltenbrunner, selber Juristen sind und sich dennoch von Anwälten vertreten lassen.

Am 12. März 1946 kommt es während der mittäglichen Verhandlungspause im Speiseraum zu einer theatralischen Szene: Gilbert, der Psychologe, der perfekt deutsch spricht, unterhält sich gerade mit Ribbentrop über die vielen Verträge, die von Hitler gebrochen wurden. »Was glauben Sie, Herr von Ribbentrop«, fragt Gilbert, »warum war Hitler ein solcher Lügner?«

Heß springt auf und marschiert mit stelzenden Schritten und blitzenden Augen auf den Amerikaner zu. Er klappt die Hacken zusammen, macht eine knappe Verbeugung und fragt: »Herr Doktor, würde ein amerikanischer Offizier es dulden, daß ein Deutscher sein verstorbenes Staatsoberhaupt beleidigt?«

»Natürlich nicht«, antwortet Gilbert, »eben weil sein Staatsoberhaupt kein Lügner war.«

»Dann muß ich Sie ersuchen, derartige Bemerkungen über unseren Staatschef zu unterlassen!«

Gilbert meint trocken: »Ich zitiere nur Ihre eigenen Diplomaten.«

Heß macht einen Augenblick lang den Eindruck, als wolle er Gilbert zum Duell fordern. Dann dreht er sich abrupt um und setzt sich.

In allem, was nicht Hitler betrifft, hat sein Gedächtnis wieder nachgelassen. Er klagt über Konzentrationsschwäche, er kann sich nicht mehr an Einzelheiten aus den Verhandlungen erinnern, und eines Tages hat er wieder alles vergessen. Seine neue Amnesie steht diesmal in direktem zeitlichen Zusammenhang mit dem erschütternden Aufmarsch von Zeugen, die die Vernichtungslager überlebt haben und nun über die entsetzlichen Praktiken dort aussagen. In jenen Tagen gibt es unter den Angeklagten mehrfach Ohnmachtsanfälle. Walter Funk, der ehemalige Reichswirtschaftsminister, weint.

Ist Heß' Gedächtnisschwund diesmal wirklich simuliert, oder kann man ihn als hysterischen Fluchtmechanismus erklären? Als Fluchtmechanismus, der immer dann einsetzt, wenn es die Kraft dieses Menschen übersteigt, den Dingen ins Auge zu sehen? Wir haben gesehen, daß die Flucht ins Vergessen ein natürlicher Verteidigungsmechanismus ist, wenn eine Streßsituation nicht mehr ertragen werden kann.

Dennoch muß Heß' Gedächtnis in jener Zeit funktioniert haben. Dr. Robert M. W. Kempner, damals amerikanischer Ankläger, heute Rechtsanwalt in Frankfurt, hat dem Autor gesagt: »Ich habe Beweise, daß Heß' Gedächtnis während des ganzen Prozesses funktioniert hat. Auf kleinen Zetteln hat er seinen Mitangeklagten laufend Tips für ihre Verteidigung gegeben, Bücher und Dokumente genannt, exakt mit Standorten und Fundstellen. Ein Mensch, der dazu in der Lage ist, muß ein geradezu hervorragendes Gedächtnis haben.«

Um so unerklärlicher ist ein Ereignis am Morgen des 14. März 1946. Vor der Sitzung berichtet Dr. Gilbert Rudolf Heß, daß dessen alter Lehrer und Freund, Professor Karl Haushofer, gemeinsam mit seiner Frau Martha den Freitod gewählt hat.

Ohne das geringste Zeichen einer Emotion schaut Heß den Psychologen an. »Ich erinnere mich«, sagt er, »daß ein Mann namens Haushofer hier für mich aussagen wollte, aber ich weiß sonst nichts über ihn.« Alle Versuche Gilberts, ihn an Haushofer zu erinnern, schlagen fehl. Heß schaut sich gleichgültig im Gerichtssaal um und lehnt sich mit gekreuzten Armen zurück. Schließlich sagt er kalt: »Ich hoffe nur, daß meine anderen Zeugen mich nicht im Stich lassen werden, indem sie sich das Leben nehmen.«

Ein Mensch, dessen Gedächtnis intakt ist und der bei der Nachricht vom Tode seiner besten Freunde in der Lage ist, Erinnerungsverlust schauspielerisch so hervorragend zu simulieren, ist entweder wirklich geistesgestört oder zumindest gemütskrank, weil ihm jede Spur von Gemüt fehlt.

Gilbert fragt ihn schließlich, ob er sich nicht daran erinnern könne, daß sein Gedächtnis zu Beginn des Prozesses wieder da war und daß er damit eine Sensation hervorrief. Heß schüttelt abwesend den Kopf. Gilbert schreibt: »Er hatte schon wieder vergessen, daß er vergessen hatte zu vergessen.«

Vierzehn Tage darauf schreibt Heß seiner Frau einen sehr klaren und logischen Brief darüber, was er über die künftige schulische Erziehung seines Sohnes denkt. Im Anschluß daran amüsiert er sich über seine offizielle Adresse: »Rudolf Heß, Nürnberg, Gefängnis der ›Kriegsverbrecher‹ vvvvvv.«

Als Dr. Seidl mit seiner Verteidigung beginnt, verzichtet Heß darauf, in den Zeugenstand zu gehen, um in eigener Sache auszusagen. Seine Entlastungszeugen – der ehemalige Stuttgarter Oberbürgermeister Dr. Stroelin, Ernst Wilhelm Bohle und Heß' Bruder Alfred – versuchen, die Beschuldigung zu entkräften, die unter Heß' stehende Auslandsorganisation der Partei habe sich als »fünfte Kolonne« betätigt. Am nächsten Tag hat Heß vergessen, wer die Zeugen waren.

Ohne Teilnahme zu zeigen, sitzt er dabei, als Dr. Seidl am 25. März den Versuch macht, mit einer »juristischen Atombombe« die Zuständigkeit des Gerichtshofes überhaupt in Frage zu stellen. Ein amerikanischer Offizier hat Seidl die Abschrift eines Textes zugespielt, der den ganzen Prozeß platzen lassen könnte: den Text des geheimen Zusatzabkommens zum deutsch-sowjetischen Nichtangriffspakt vom August 1939. In diesem Zusatzabkommen wurde die Demarkationslinie für die Aufteilung Polens zwischen Deutschland und Rußland festgelegt. Ribbentrop hat die Echtheit der Abschrift bestätigt. Seidl hat sich auch von Friedrich Gaus, Botschafter im ehemaligen Außenamt, der bei den

Verhandlungen dabei war, eine eidesstattliche Erklärung darüber beschafft.

Seidls Argument: Er will beweisen, daß eine Macht, die hier in Nürnberg am Richtertisch vertreten ist, selber eine der Taten begangen hat, die unter Anklage stehen, nämlich die Vorbereitung eines Angriffskrieges.

Dr. Seidl darf das Dokument nicht verlesen. Der Vorsitzende bestimmt, es müsse zunächst ins Englische und ins Russische übersetzt und ins offizielle Dokumentenbuch aufgenommen werden. Dr. Seidl will auch keine Auskunft darüber geben, wie er an das Dokument herangekommen ist. Deshalb wird es als »aus fragwürdiger Quelle stammend« abgelehnt. Ebenso abgelehnt wird der Antrag des streitbaren Anwalts, den sowjetischen Außenminister Molotow als Zeugen zu laden.

Heute ist die Existenz jenes geheimen Zusatzabkommens durch die historische Forschung bewiesen. Damals hat die nicht zugelassene Abschrift die russische Anklagevertretung – zumindest für kurze Zeit – in peinliche Verlegenheit gebracht.

Dr. Robert M. W. Kempner hat dem Autor gesagt: »Die Tatsache, daß Dr. Seidl jenes Dokument zur Verteidigung von Rudolf Heß heranzog, hat dem Angeklagten – trotz bester Intentionen seines Anwalts – letztlich nichts genützt, aber wahrscheinlich geschadet. Wenn ich als Verteidiger einem Ankläger zu verstehen gebe, mein Mandant habe ein Verhältnis mit der Frau des Anklägers gehabt, dann kann das für meinen Mandanten eine sehr riskante Sache sein.« Kempner ist sicher, daß die unerbittliche Haltung der Russen gegenüber dem letzten Spandauer Häftling nicht zuletzt auf diesen zwar erfolglosen, aber für die Russen äußerst peinlichen Angriff zurückzuführen ist.

Während Dr. Seidl an jenem 25. März wie ein Löwe kämpft, sitzt sein Mandant scheinbar teilnahmslos auf seinem Platz und starrt vor sich hin. Von nun an entfernt er sich geistig immer mehr vom Prozeß, immer mehr von dem, was um ihn herum geschieht.

Seine Frau rät ihm, die von der amerikanischen Armee in München herausgegebene »Neue Zeitung« zu lesen, bei der damals die Creme des nichtnazistischen deutschen Journalismus schrieb. In einem Brief macht Ilse Heß ihrem Mann zum Vorwurf, »daß viele unserer Männer ohne den konkreten Untergrund der heutigen, nun einmal vorhandenen augenblicklichen Tatsachen in einer Welt wohnen, die es nicht mehr gibt, die es *so* niemals wieder geben wird«.

Rudolf Heß schreibt zurück: »Im übrigen glaube ich, daß ich auch ohne ›Neue Zeitung‹ die Dinge richtiger sehe als die meisten, die sich regelmäßig ›über die Weltlage informieren‹.«

Am 25. Juli 1946 hält Dr. Seidl für Rudolf Heß ein juristisch brillantes, temperamentvolles Plädoyer, in dem er die Anklage gegen seinen Mandanten, gestützt auf die Kommentare international anerkannter Rechtswissenschaftler, Punkt für Punkt zu widerlegen sucht. Diesem Plädoyer ist es nicht zuletzt zu verdanken, daß Heß später von den Punkten 3 und 4 der Anklage (Kriegsverbrechen und Verbrechen gegen die Menschlichkeit) freigesprochen wird. Heß sitzt mit starrer Miene dabei. Dem Kampf seines Anwalts scheint er als unbeteiligter, etwas gelangweilter Zuschauer beizuwohnen.

Ende August ist das Gedächtnis des ehemaligen Führer-Stellvertreters wieder völlig in Ordnung. An die Familie schreibt er:

»Aus Eurer ›Lachlinie‹ ersah ich, daß Ihr Dr. Seidls Mitteilung, ich hätte das Gedächtnis wieder völlig verloren, von der heiteren Seite genommen habt. Inzwischen werdet Ihr sicher durch den Rundfunk erfahren haben, daß erneut das ›Wunder‹ geschehen ist und ich es völlig zurückerhalten habe. vvvv. Dafür wird es aber wahrscheinlich heißen, ich sei wahnsinnig geworden oder litte zumindest unter ›fixen Ideen‹. Ich hoffe, Ihr nehmt auch das von der heiteren Seite. Karli (Professor Karl Haushofer) sagte mal, um eines großen Zieles willen müsse man es auch auf sich nehmen können, vor seinem Volk eine Zeitlang als Verräter dazustehen – ich füge hinzu: oder als Verrückter. Nach allem, was ich in den vergangenen fünfeinhalb Jahren ge- und ertragen habe, bringt mich auch der neueste Scherz, den sich mein erstaunliches Schicksal mit mir leistet, nicht aus der Fassung, sondern ich stehe ihm mit ausgeglichener Ruhe lächelnd gegenüber, mit der gleichen Ruhe, mit der ich auch das Urteil entgegennehmen werde ...«

Dann kommt der 31. August 1946, der Tag des Schlußwortes für die Angeklagten. Nach Göring ist Heß an der Reihe. Zunächst bittet er, sitzen bleiben zu dürfen, was der Vorsitzende ihm gestattet. Dann zieht er einen Stapel Notizen hervor und beginnt, eine eigenartige, konfuse Rede zu halten. Unter anderem sagt er:

»Einige meiner Kameraden hier können bestätigen, daß ich bereits zu Beginn des Prozesses folgendes voraussagte: Erstens: Es würden hier Zeugen auftreten, die unter Eid unwahre Aussagen machen, dabei könnten diese Zeugen einen absolut zuverlässigen Eindruck machen und über den besten Leumund verfügen. Zweitens: Es sei damit zu rechnen, daß dem Gericht eidesstattliche Versicherungen vorgelegt werden, die unwahre Angaben enthalten. Drittens: Die Angeklagten würden mit einigen deutschen Zeugen erstaunliche Überraschungen erleben. Viertens: Einige Angeklagte würden ein eigenartiges Verhalten zeigen. Sie würden schamlose Äußerungen über den Führer machen. Sie würden ihr eigenes Volk belasten. Sie würden sich gegenseitig zum Teil belasten, und zwar falsch. Vielleicht sogar würden sie sich selbst belasten, und zwar falsch. Alle diese Voraussagen sind eingetroffen, und zwar – soweit sie die Zeugen und eidesstattlichen Versicherungen betreffen – in Dutzenden von Fällen.

Ich habe diese Voraussagen aber nicht nur hier zu Beginn des Prozesses gesagt und gemacht, sondern bereits Monate vor Beginn des Prozesses in England unter anderem dem bei mir befindlichen Arzt Dr. Johnston gegenüber in Abergavenny. Ich habe zum gleichen Zeitpunkt damals bereits diese Voraussagen schriftlich niedergelegt, nachweisbar.

In den Jahren 1936 bis 1938 fanden in einem außerdeutschen Land politische Prozesse statt. Diese waren dadurch gekennzeichnet, daß die Angeklagten sich in einer erstaunlichen Weise selbst bezichtigten, zum Teil haben sie ganze Reihen von Verbrechen aufgezählt, die sie begangen hatten oder von denen sie behaupteten, sie begangen zu haben. Als zum Schluß ein Todesurteil oder Todesurteile gegen sie gefällt wurden, klatschten sie frenetisch Beifall, zum Staunen der Welt. Einige ausländische Berichterstatter, Presseberichterstatter, aber berichteten, man habe den Eindruck gehabt, daß diese Angeklagten durch ein bisher unbekanntes Mittel in einen anomalen Geisteszustand versetzt worden seien, demzufolge sie sich verhielten, wie sie sich verhielten. Ich wurde an diese Vorgänge aus einem bestimmten Anlaß in England erinnert. Es war mir nicht möglich, dort die Berichte aus den damaligen Prozessen noch einmal zu bekommen, so wenig wie hier. Wohl aber standen mir hier die entsprechenden Jahrgänge des ›Völkischen Beobachters‹ zur Verfügung. Bei Durchsicht derselben bin ich auf folgende Stelle gestoßen, und zwar in der Nummer vom 8. März 1938. Hier heißt es in einem Bericht aus Paris, datiert 7. März 1938, wie folgt:

Die große Pariser Zeitung ›Le Jour‹ habe Enthüllungen gebracht über das Mittel, das anscheinend verwandt wurde in den besagten Prozessen. Es handelt sich um ein geheimnisvolles Mittel. Wörtlich heißt es – ich zitiere hier wörtlich, was der ›Völkische

Beobachter‹ aus ›Le Jour‹ bringt –: ›Das Mittel gewährt die Möglichkeit, die ausersehenen Opfer handeln und sprechen zu lassen ganz nach ihnen gegebenen Befehlen.‹

Ich betone und weise darauf hin, daß es in diesem Bericht der Zeitung ›Le Jour‹ nicht nur heißt ›sprechen zu lassen nach ihnen gegebenen Befehlen‹, sondern auch ›handeln zu lassen nach ihnen gegebenen Befehlen‹. Letzteres ist von unerhörter Wichtigkeit im Hinblick auf das Handeln, das bisher unerklärliche Handeln des Personals der deutschen Konzentrationslager einschließlich der Wissenschaftler und Ärzte, die die furchtbaren, grausamen Versuche an den Häftlingen gemacht haben; Vorgänge, die normale Menschen, besonders aber Wissenschaftler und Ärzte, unmöglich sich leisten können.

Dies ist aber auch von ebenso großer Bedeutung im Hinblick auf das Handeln der Personen, die zweifellos die Befehle und Weisungen gegeben haben zu den Greueln in den Konzentrationslagern und die Befehle gegeben haben zum Erschießen von Kriegsgefangenen, zur Lynchjustiz und ähnlichem mehr bis herauf zum Führer selbst.

Ich erinnere daran, daß der Zeuge Generalfeldmarschall Milch hier ausgesagt hat, er habe den Eindruck gehabt, daß der Führer die letzten Jahre geistig nicht normal gewesen sei, und eine Reihe meiner Kameraden hier haben mir unabhängig voneinander und ohne daß sie von dem wußten, was ich jetzt hier aussage, gesagt, daß der Gesichtsausdruck und Augenausdruck des Führers in den letzten Jahren etwas Grausames hatte, ja einen Hang zum Wahnsinn hatte. Ich kann die betreffenden Kameraden als Zeugen benennen.

Ich sagte zuvor, daß ein bestimmter Anlaß in England mich veranlaßte, an die Berichte zu denken aus den damaligen Prozessen. Der Anlaß war, daß meine Umgebung während meiner Gefangenschaft sich in einer eigenartigen und unverständlichen Weise mir gegenüber verhielt, in einer Weise, die darauf schließen ließ, daß diese Menschen irgendwie in einem geistig anomalen Zustand handelten. Diese Menschen und Personen meiner Umgebung wurden von Zeit zu Zeit ausgetauscht. Dabei hatten einige der Ausgetauschten und neu zu mir Kommenden eigenartige Augen. Es waren glasige und verträumte Augen. Dieses Symptom hielt aber nur wenige Tage an; dann machten sie einen völlig normalen Eindruck. Sie waren von normalen Menschen nicht mehr zu unterscheiden.

Das Wesentliche ist aber, in einem der damaligen Berichte, die in den Pressearchiven noch zu finden sein müssen – es handelt sich um die Prozesse in Moskau –, hieß es, daß die Angeklagten eigenartige Augen gehabt hätten. Sie hätten wie verglaste und verträumte Augen gehabt! Ich sagte bereits, daß ich die Überzeugung habe, daß die betreffenden Regierungen nichts von den Vorgängen wußten.

Es ist eine historische Tatsache, daß ein Denkmal errichtet wurde für 26 370 burische Frauen und Kinder, die in britischen Konzentrationslagern starben, und zwar größtenteils verhungerten. Viele Engländer, unter anderem Lloyd George, haben damals schärfstens gegen diese Vorgänge in diesen britischen Konzentrationslagern protestiert, desgleichen auch die englische Augenzeugin Miß Emily Hopfords.

Die Welt stand aber damals vor einem unerklärlichen Rätsel, vor dem gleichen Rätsel, vor dem heute die Welt steht hinsichtlich der Vorgänge in den deutschen Konzentrationslagern.

Das englische Volk stand damals vor einem unerklärlichen Rätsel, vor dem gleichen Rätsel, vor dem heute das deutsche Volk steht hinsichtlich der Vorgänge in den deutschen Konzentrationslagern. Ja, selbst die britische Regierung stand damals hinsichtlich der Vorgänge in den südafrikanischen Konzentrationslagern vor einem Rätsel, vor dem gleichen Rätsel, vor dem heute die Angehörigen der Reichsregierung und die übrigen Angeklagten hier und in anderen Prozessen stehen hinsichtlich der Vorgänge in den deutschen Konzentrationslagern.

Es wäre selbstverständlich von höchster Bedeutung gewesen, daß ich das, was ich zu sagen habe über die Vorgänge in meiner eigenen Gefangenschaft in England, unter Eid ausgesagt hätte. Es war mir aber unmöglich, meinen Verteidiger dazu zu bringen, sich bereit zu erklären, die entsprechenden Fragen an mich zu stellen. Ebenso ist es mir unmöglich gewesen, einen anderen Verteidiger dazu zu bestimmen, die entsprechenden Fragen an mich zu stellen. Es ist aber von höchster Bedeutung, daß ich das, was ich sage, unter Eid gesagt habe. Daher erkläre ich nunmehr:

(Der Angeklagte Heß erhebt sich.)

Ich schwöre bei Gott, dem Allmächtigen und Allwissenden, daß ich die reine Wahrheit sagen, nichts verschweigen und nichts hinzufügen werde.

Ich bitte das hohe Gericht, alles, was ich weiter sage, daher als unter meinem Eid stehend anzusehen.

(Der Angeklagte Heß setzt sich wieder.)

Zwischenfügen möchte ich noch hinsichtlich meines Eides: Ich bin kein kirchlicher Mensch; ich habe kein inneres Verhältnis zu den Kirchen, aber ich bin ein tief religiöser Mensch. Ich bin überzeugt, daß mein Gottglaube stärker ist als der der meisten anderen Menschen. Um so höher bitte ich das Gericht zu werten, was ich unter Eid, unter ausdrücklicher Berufung auf Gott, aussage:

(Zu Göring gewandt:)

Bitte unterbrich mich nicht.

Im Frühjahr 1942 trat bei mir...«

Vorsitzender: »Ich muß die Aufmerksamkeit des Angeklagten Heß darauf lenken, daß er bereits 20 Minuten gesprochen hat. Der Gerichtshof hat den Angeklagten gesagt, daß er ihnen in diesem Stadium des Prozesses nicht gestatten kann, Erklärungen von großer Länge abzugeben.

Wir müssen alle Angeklagten hören. Der Gerichtshof hofft deshalb, daß der Angeklagte Heß seine Rede zum Abschluß bringen wird.«

Heß: »Herr Präsident! Ich darf darauf aufmerksam machen, daß ich damit gerechnet habe, daß ich der einzige Angeklagte bin, der bisher in keiner Weise noch hier sich äußern konnte. Denn das, was ich hier zu sagen habe, hätte ich als Zeuge nur dann sagen können, wenn entsprechende Fragen an mich gerichtet worden wären. Wie ich aber bereits ausführte ...«

Vorsitzender: »Ich beabsichtige nicht, mich mit dem Angeklagten auf Argumente einzulassen. Der Gerichtshof hat verfügt, daß die Angeklagten nur kurze Erklärungen abgeben dürfen. Der Angeklagte Heß hatte volle Gelegenheit, in den Zeugenstand zu gehen und unter Eid auszusagen. Er entschied sich dahin, dies nicht zu tun. Jetzt gibt er eine Erklärung ab; er wird ebenso wie die anderen Angeklagten behandelt und auf eine kurze Erklärung beschränkt werden.«

Heß: »Ich werde daher, Herr Präsident, auf meine weiteren Ausführungen, die ich in dem Zusammenhang mit dem, was ich eben sagte, machen wollte, verzichten. Ich bitte, bloß noch ein paar Schlußworte anzuhören, die mehr allgemeiner Art sind, mit dem, was ich eben gesagt habe, nichts zu tun haben.

Feststellungen, die mein Verteidiger in meinem Namen vor diesem Gericht traf, ließ ich um des dereinstigen Urteils meines Volkes und um der Geschichte willen treffen. Nur dieses ist mir wesentlich.

Ich verteidige mich nicht gegen Ankläger, denen ich das Recht abspreche, gegen mich und meine Volksgenossen Anklage zu erheben. Ich setze mich nicht mit Vorwürfen auseinander, die sich mit Dingen befassen, die innerdeutsche Angelegenheiten sind und daher Ausländer nichts angehen. Ich erhebe keinen Einspruch gegen Äußerungen, die darauf abzielen, mich oder das ganze deutsche Volk in der Ehre zu treffen. Ich betrachte solche Vorwürfe von Gegnern als Ehrenerweisung. Es war mir vergönnt, viele Jahre meines Lebens unter dem größten Sohne zu wirken, den mein Volk in seiner tausendjährigen Geschichte hervorgebracht hat. Selbst wenn ich es könnte, wollte ich diese Zeit nicht auslöschen aus meinem Dasein.

Ich bin glücklich, zu wissen, daß ich meine Pflicht getan habe meinem Volk gegenüber, meine Pflicht als Deutscher, als Nationalsozialist, als treuer Gefolgsmann meines Führers. Ich bereue nichts.

Stünde ich wieder am Anfang, würde ich wieder handeln, wie ich handelte, auch wenn ich wüßte, daß am Ende ein Scheiterhaufen für meinen Flammentod brennt. Gleichgültig was Menschen tun, dereinst stehe ich vor dem Richterstuhl des Ewigen. Ihm werde ich mich verantworten, und ich weiß, er spricht mich frei.«

Abgesehen vom theatralischen Bombast der letzten Absätze, deren allerletzter bezeichnenderweise fast genauso klingt wie Hitlers Schlußwort vom April 1924 vor dem Münchner Gericht in der Blutenburgstraße, ist dieses Schlußwort ein einzigartiges Dokument der Flucht aus der Wirklichkeit in ein Traumgebäude eigener Konstruktion.

Rudolf Heß weiß: Die Greueltaten in den Konzentrationslagern kann er nicht ableugnen. Sie sind dokumentiert. Es gibt Zeugen, es gibt Überlebende. Man kann diese Greuel nicht verschwinden lassen, indem man sich die Hand vor die Augen hält. Also muß eine Erklärung gefunden werden. Und Heß, mit seiner Begabung für mathematisch-logische Probleme, schließt: Nicht nur das Personal der Konzentrationslager stand unter dem Einfluß jenes geheimnisvollen Mittels, auch die, von denen die Befehle kamen!

Sogar der Führer selbst war in die hypnotische Gewalt perfider geheimnisvoller Mächte geraten!!!

Das erinnert an den grausamen Witz, der nach dem Kriege erzählt wurde: Im Mai 1945 entsteigt Adolf Hitler seinem Bunker unter der Reichskanzlei, tritt auf den russischen General zu und sagt: »Geheimagent Hitler meldet: Befehl ausgeführt! Deutschland zerstört!«

Für Rudolf Heß ist das Schlußwort kein Witz. Im Manuskript, das er »gegen eine spätere hohe Belohnung« an den britischen Faschistenführer Sir Oswald Mosley schmuggeln wollte, nennt er die »Verschwörer«. Den Juden ist es zum Zwecke ihrer Weltherrschaft gelungen, *alle* Menschen zu verhexen, nicht nur jene, die über Deutschland siegten, auch die Nazis und den Führer selbst!

Nach Meinung vieler Psychiater waren die Gedanken seines Schlußwortes für Heß die einzige Möglichkeit, mit dem Schock fertigzuwerden, den nicht nur das Scheitern seiner Englandmission, sondern auch die vielen grauenhaften Enthüllungen verursacht hatten. Das Schlußwort ist ein Beispiel für den Fluchtmechanismus des Hysterikers, das seinen Eingang in die medizinische Fachliteratur gefunden hat.

Am Tage nach dem Schlußwort schreibt er an seine Frau: »Zu rechnen ist natürlich mit allem: mit Tod, Zucht- oder Irrenhaus.«

Doch dann kommt wieder seine Eitelkeit zum Vorschein. Er fürchtet, die letzten Absätze seiner Schlußrede, sein Bekenntnis zum Führer, würden von Presse und Rundfunk nicht gebracht werden. Er ist so eitel, daß er glaubt, man würde diese »gefährlichen« Worte unterdrücken. Deshalb legt er dem Brief eine Abschrift bei.

Ilse Heß kann ihrem Mann gleich darauf bestätigen, daß – zumindest die englischen Sender – die Schlußsätze unverkürzt gebracht haben. Sie fügt erstaunt hinzu: »Was Du sonst nach den Zeitungsmeldungen gesagt haben sollst, verstehen wir allerdings nicht – so sehr wir das Abgeschriebene verstehen!«

Am 30. September 1946 ist der Tag des Urteils. Den ganzen Tag über wird die Urteilsbegründung verlesen. Erst am nächsten Morgen werden die Schuldsprüche gefällt.

Als sein Name fällt, scheint Rudolf Heß nicht einmal zu begreifen, daß es sich um ihn handelt. Der amerikanische Journalist Joe J. Heydecker hat die Szene beschrieben:

»Er ist völlig unbeteiligt, hat auf den Knien ein paar Blätter Papier liegen und schreibt unablässig. Göring beugt sich hinüber und macht ihn darauf aufmerksam, daß nun er an die Reihe komme. Aber Heß wehrt mit einer unwilligen Handbewegung ab und fährt fort, seine geheimnisvollen Notizen zu machen, ohne sich um das zu kümmern, was über ihn gesprochen wird. Nicht einmal die Kopfhörer hat er aufgesetzt, und als Göring ihm anschließend den Schuldspruch ins Ohr flüstert, quittiert er das lediglich mit einem geistesabwesenden Nicken.«

Er hat nicht aufgenommen, daß er schuldig ist nach den Anklagepunkten 1 und 2 und nicht schuldig nach den Anklagepunkten 3 und 4.

Drei Angeklagte, Hans Fritzsche, Hjalmar Schacht und Franz von Papen, werden freigesprochen. Das Gericht ordnet an, daß der Gerichtsmarschall sie unverzüglich auf freien Fuß setzen soll. Die anderen werden nach dem Mittagessen einzeln hereingeführt, ihr Strafmaß zu hören.

Um 14.30 Uhr betritt das Gericht zur 407. und letzten Sitzung den Saal.

Joe J. Heydecker beschreibt, wie Heß den Spruch entgegennahm: »Leise rollend und wie von Geisterhand bewegt, öffnet sich die Tür. Nummer zwei. Rudolf Heß. Mit einer femininen Handbewegung weist er die Kopfhörer von sich. Er steht da, wippt auf den Zehenspitzen, richtet die dunklen Augenhöhlen dahin und dorthin, schaut zur Decke, und jeder erwartet, daß er gleich anfangen wird, vor sich hin zu pfeifen. ›Angeklagter Rudolf Heß! Gemäß den Punkten der Anklageschrift, unter welchen Sie schuldig befunden wurden, verurteilt Sie der Internationale Militärgerichtshof zu lebenslänglichem Gefängnis.‹ Heß hört den Urteilsspruch nicht, und erst als ihm ein Militärpolizist auf die Schulter tippt, dreht er sich tänzelnd um und verschwindet im Ausgang.«

Als Heß in seine Zelle zurückgebracht wird, wartet Dr. Gilbert auf ihn. Er schreibt: »Heß kam nervös anstolziert. Er sagte, er habe überhaupt nicht zugehört, und überdies sei es ihm egal. Als der Wächter seine Handschellen aufschloß, fragte er, warum er gefesselt worden sei, Göring dagegen nicht. Ich antwortete, man hätte es bei Göring offenbar übersehen. Er lachte wieder und sagte dann in geheimnisvollem Tonfall, er wisse schon, warum.«

Tags darauf schreibt Rudolf Heß nach Hause: »Inzwischen werdet Ihr das Ergebnis des Prozesses erfahren haben, also auch hinsichtlich meiner: ›lebenslängliches Gefängnis‹. vvvvvv.

Ich bin sehr überrascht, da ich mit dem Todesurteil für mich gerechnet hatte. Wenn ich dem Urteil überhaupt Bedeutung beimessen würde, könnte ich soweit zufrieden sein. So aber scheidet ein ›zufrieden‹ oder ›nicht zufrieden‹ völlig aus. Ich befinde mich in der größten Gemütsruhe, die nur dadurch erschüttert wird, daß mir die Kameraden leid tun, denen ich meine Einstellung zu den

Dingen nicht übertragen kann. Gemäß meiner grundsätzlichen Ablehnung des Gerichtes habe ich auch ostentativ den Urteilsspruch gegen mich nicht zur Kenntnis genommen; ich habe die Übersetzungshörer nicht angelegt und nach dem, was der Vorsitzende auf englisch sagte, nicht hingehört. Tatsächlich habe ich erst längere Zeit hinterher zufällig erfahren, wie der Spruch lautet. Die vorangegangene Verlesung der Begründung erfolgte durch einen Russen; da brauchte ich mir ohne Hörer mit der Übersetzung nicht einmal Mühe geben, nichts zu verstehen ...«

Als er hört, Dr. Seidl habe für ihn ein Gnadengesuch eingereicht, schreibt er dem Anwalt einen bitterbösen Brief: »Wie mir der Kommandant mitteilte, haben Sie ein Gnadengesuch für mich beim Internationalen Kontrollrat eingereicht. Ich stelle fest, daß dies ohne mein Wissen und gegen meinen Willen geschah. Ich betrachte das Einreichen eines derartigen Gnadengesuches als einen würdelosen Akt.«

Seidl kann Heß schließlich mit der Entgegnung beruhigen, es habe sich nicht um ein »Gnadengesuch« im üblichen Sinne gehandelt, sondern um eine juristische Feststellung über die Höhe des Strafmaßes.

Am 15. Oktober 1946 um 22.45 Uhr vergiftet Hermann Göring sich in seiner Zelle mit einer Zyankalikapsel. Wie diese in seinen Besitz gekommen war, blieb bis heute ungeklärt.

Zwei Stunden und 15 Minuten darauf, um 1.01 Uhr am 16. Oktober, beginnen in der Turnhalle des Gefängnisses die Hinrichtungen der anderen zehn zum Tode Verurteilten. Um 3.09 Uhr wird der letzte für tot erklärt.

Rudolf Heß ist nach seiner Verurteilung ins obere Stockwerk des Zellenbaus umgezogen. Im Erdgeschoß sind nur die Todeskandidaten geblieben. Während der Nacht- und der frühen Morgenstunden des 16. Oktober liegt er auf dem Boden seiner Zelle und starrt in den Lichtreflektor. Der Posten beobachtet den ehemaligen Stellvertreter des Führers unentwegt durch die Türluke. Man will sich nicht noch einen weiteren Selbstmord im Gefängnis leisten.

Ein paar Tage später schreibt Heß nach Hause: »Was der Tod der elf einmal bedeuten wird, vermögen heute nur wenige zu ahnen – noch weniger kann ich darüber schreiben. Wir stehen mitten in einer großen Zeitenwende. Was wir alle durchmachen, sind ihre Geburtswehen. Alles scheint negativ – und einmal wird dann doch Neues und Großes geboren werden ...«

Das Spandauer Gefängnis wird zum Empfang der sieben zu Freiheitsstrafen Verurteilten umgebaut und hergerichtet. Bis die Vorbereitungen abgeschlossen sind, bleiben die Gefangenen in ihren Nürnberger Zellen.

Heß schreibt viele Briefe nach Hause. Über die Bayreuther Festspiele; über Wiederaufbauentwürfe für die Münchner Altstadt; über das Projekt eines Rhein-Main-Donau-Schiffahrts-Kanals, den Heß mittels eines Tunnels unter dem Schwäbischen Jura hindurchführen möchte.

Am Freitag, den 18. Juli 1947, um 4 Uhr morgens werden Heß und seine sechs Mitgefangenen in Nürnberg geweckt. Mit zwei Ambulanzwagen geht es zum Nürnberger Flughafen, dann im Flugzeug nach Berlin-Gatow.

Um 11 Uhr trifft der »Stellvertreter des Führers« im Internationalen Kriegsverbrechergefängnis Berlin-Spandau, Wilhelmstraße Nr. 24, ein.

16. KAPITEL

Der Mann in Zelle 7

1984: In einem küchengroßen Raum in Spandau sitzt ein Greis von 90 Jahren. Als er diesen Raum bezog, war er 53. Als er in England Gefangener wurde, war er 47, ein »Mann in den besten Jahren«.

Der Hamburger Bankangestellte Martin B. ist am 10. Mai 1941 geboren, an jenem Tag, an dem Rudolf Heß im Haus des schottischen Landarbeiters McLean von dem Heimwehrmann Clark und dem Hilfspolizisten Williamson gefangengenommen wurde. Martin B. ist verheiratet mit einer hübschen jungen Frau von 27 Jahren. Ihre Mutter wurde eine Woche, nachdem Heß in Spandau eingetroffen war, mit ihrem Baby aus einer Hamburger Entbindungsstation nach Hause entlassen. Sie ist heute Großmutter von zwei Enkelkindern. Der Junge geht seit einem Jahr zur Schule, das Mädchen ist im Kindergarten. Sie wissen nicht, wer Rudolf Heß ist. Vielleicht erzählt ihnen die Großmutter einmal, wie sie den Stellvertreter des Führers 1939 in München als 12jähriges BdM-Mädchen einmal aus nächster Nähe gesehen hat.

Der einsame Gefangene in Zelle Nummer sieben hat einmal an seine Frau Ilse geschrieben:

»Das Schicksal hat dafür gesorgt, daß ich viel abgebrühter bin, als Du denkst. Selbst die tristeste aller Jahreszeiten, der Spätherbst, düster, naßkalt, die Sonne spät erscheinend und noch am Nachmittag verschwindend, die Natur kraftlos, absterbend, kahle Bäume, vergilbte Blätter wirbelnd im Wind, kurz, alles dazu angetan, Schwermut zu erzeugen, gar wenn einem – eindeutig auf dem absteigenden Ast – die Welt rings zum Symbol für das eigene Ich wird, selbst all dies trübselige Geschehen gleitet wirkungslos an mir ab …«

Baldur von Schirach, Ex-Reichsjugendführer, Ex-Gauleiter

von Wien, bis 1966 Mithäftling in Spandau, hat Rudolf Heß' Haltung als Gefangener mit der einer Schnecke verglichen, die sich sofort in ihr Haus zurückzieht, wenn sie ihre Umwelt als feindselig oder lästig empfindet. Albert Speer empfand es ebenso: »Wenn Heß eine Frage nicht paßte, dann antwortete er einfach nicht. Wenn ihm ein Gespräch nicht paßte, dann zog er sich zurück, verkapselte sich wie in der Schale einer Auster.« Nach Berichten von Schirach und Speer ist Heß auch einmal beim gemeinsamen weihnachtlichen Truthahnessen der Spandauer Gefangenen abrupt aufgestanden und hat sich wortlos und mit finsterem Blick mit seinem Teller in seine Zelle zurückgezogen, um allein zu sein.

Manchmal sprach er wochenlang kein Wort. Nicht mit seinen Wächtern, nicht mit den Gefängnisdirektoren, nicht mit den Ärzten. Dann machte er auf seine Umgebung den Eindruck eines Menschen, der seine Umwelt nicht wahrnimmt, der an dem leidet, was in der Sprache der Psychologen »Autismus« heißt.

Und derselbe Mann bewies in seinen Briefen an seine Frau und Sohn eine geradezu erstaunlich weitgespannte Skala von Interessen.

Der Mann, der Jahrzehnte außerhalb unserer Welt lebte, der das Dasein eines Zwangseremiten führte, schrieb Briefe, die teilweise überraschend vernünftige Einsicht in die Fragen der modernen Welt offenbaren.

»Ich glaube, die wirkungsvollste Zwischenlösung, wenn nicht sogar *die* Lösung überhaupt, des Verkehrsproblems in größten Städten ist: Die öffentlichen Verkehrsmittel zwar nicht umsonst zur Verfügung zu stellen, aber sie so bequem wie möglich zu machen in solcher Zahl mit insgesamt so viel Sitzplätzen, daß man jederzeit, also auch zu den Stunden, da sich der Verkehr zum und vom Arbeitsplatz zusammendrängt, sitzend in ihnen unterkommt – und so schnell, mit Vorfahrtsrechten und dergleichen, daß man viel rascher zu seinem Ziel gelangt als mit dem eigenen Wagen ... Die Kosten aber, die einer Stadt aus der Erstellung wirklich bequemer Fahrzeuge in der erforderlich großen Zahl erwüchsen, würden bestimmt eingespart an Straßendurchbrüchen, Straßenneubauten, Hoch- und Untergrundstraßen, Parkplätzen und dergleichen.«

Über den Mangel an Spielplätzen und Erholungsmöglichkeiten für Kinder äußerte er Ansichten, die ein fortschrittlicher Familienminister bedenkenlos unterschreiben würde:

»Der Kritik, ja Empörung stimme ich zu, daß zwar für Straßen jederzeit der Zwangsverkauf von Grundstücken von einer Behörde angeordnet werden kann, nicht aber für Kinderspielplätze in der Stadt. Hinzu kommt, daß die armen Kleinen in den heutigen Wohnungen keinen Raum für sich haben, geschweige denn wenigstens *hier* sich austoben können. Das Fehlen dieser Möglichkeit ... muß sich psychisch verheerend auswirken, vielleicht fürs ganze Leben ... Wird der Spiel- und Bewegungstrieb gehemmt, das Schließen von Freundschaften unmöglich gemacht in dieser Zeit, führt das nur zu häufig zu Psychosen ...«

Aber auch andere Töne klangen in den Briefen aus Spandau durch. Die Äußerungen über die Entwicklungshilfe sind eingefärbt vom Hochmut des Rassisten, wenn er zum Beispiel von afrikanischen Völkern sagt, »daß sie selbst keine schöpferischen Fähigkeiten haben«. Das ginge schon daraus hervor, »daß sie unergründlich lange auf der gleichen primitiven Kulturstufe verharrten«. Er lobt ein Buch über Afrika von Giselher Wirsing, den er als Journalisten noch aus der Ära des Dritten Reiches kennt und schätzt und der damals durchaus linientreu war. Dagegen hält er Peter Grubbes Bericht über Ostafrika für ein »niederschmetterndes Buch«. »Ich bin erschüttert«, schreibt er nach Hause.

Sein Zorn auf Alexander Mitscherlich (»*Diese* Haßausbrüche, *diese* Tatsachenverdrehungen bis zum Kindischen«) war ebenso groß wie der auf die Wagner-Enkel in Bayreuth, die nicht berechtigt seien, »revolutionär und voreingenommen gegen jede Tradition mit den Werken ihres großen Großvaters umzuspringen ...«

Fragen der deutschen Sprache gehörten mit zu den Lieblingsthemen von Rudolf Heß. Seine brieflichen Diskurse über die Rechtschreibreform erstreckten sich über viele Wochen. Die gemäßigte Kleinschreibung lehnte er ab. (»Das Satzbild wird ja so eintönig, verliert die Plastik, durch die es sich bei uns vorteilhaft von dem fremder Sprachen unterscheidet.«) Er wollte hier alles beim alten lassen, aber auf Pedanterie verzichten. (»Nur sollte man auch in der Schule künftig für alle strittigen Fälle es dem Belieben des Einzelnen freistellen, ob er groß oder klein schreiben will.«)

Die Rechtschreibung dagegen sollte vereinfacht werden: »Ich würde bedenkenlos (von selbstverständlichen Ausnahmen, wie deutschen Eigennamen, lateinischen und griechischen Originalbezeichnungen, Städtenamen und dergleichen abgesehen) auch das Ypsilon beseitigen, also Baiern mit ai, ›Hümne‹, Hüdrant‹,

›Zilinder‹ schreiben lassen – eiskalt! Und warum nicht ›Karakter‹ und ›Korgesang‹?«

Scharf ging er mit der modernen Kunst und Architektur ins Gericht. An seine Frau schrieb er:

»Sicher hast Du recht, wenn Du meinst, die Ausdrucksformen moderner Kunst seien das Spiegelbild des innerlich zerrissenen Menschen unserer Zeit. Ich gehe noch weiter, denn ich glaube, hier liegt zum Teil ein circulus vitiosus vor: Das Disharmonische, mit dem sie sich umgeben: disharmonische Bauten, disharmonische Werke der bildenden Kunst, disharmonische Musik, bewirkt allmählich einen disharmonischen Geist, eine disharmonische Seele, tiefes Unbefriedigtsein, innere Zerrissenheit, Kulturzersetzung als schließliche Folge.«

Sein Bannstrahl traf Matisse ebenso wie Picasso. Seine Meinung zur Malerei von Klee bis zu Kandinsky, zu den Surrealisten, aber auch zur Pop-Art und Op-Art faßte er so zusammen: »Wenn Leute, die sich Künstler nennen, Werke herstellen, die denen der Irren ähneln, dann sind sie auch keine Künstler – sie sind Kranke wie diese, zumindest im Hirnfach ›Kunst‹.«

Moderner Architektur konnte er keinen Geschmack abgewinnen. »Ich sah den Entwurf für eine neue Oper in Madrid. Stünde nicht darunter, was es darstellen soll, ich hätte das Ganze für eine Felsgruppe des Freiluft-Löwengeheges in einem modernen Zoo gehalten.«

Auch Niemeyer, Mies van der Rohe und Le Corbusier kamen nicht gut weg bei dem Mann in Zelle sieben.

Heß meldete sich – in durchaus vernünftigem Sinne – zur Oberstufenreform an den Gymnasien: »Ich halte es für unsinnig, daß jemand, der für die Geisteswissenschaft, für Philologie, für Geschichte begabt ist, um dergleichen studieren zu können, sich auf der höheren Schule in einem Ausmaß mit Chemie und Physik befassen muß, das weit über das hinausgeht, was man im Rahmen guter Allgemeinbildung verlangen muß. Und das, obwohl er keine Ader für diese Fächer hat, die Quälerei um so größer ist und unverantwortlich viel Kraft darauf verwendet werden muß – mit dem Ergebnis eines übermüdeten Hirns beim Abitur und in der Hochschule.«

Ein Brief über die Frage des Frauenstimmrechtes in der Schweiz schließt mit einem Satz, der die alten Vorbehalte gegenüber der Demokratie spiegelt, jene Vorbehalte des Nationalsozialisten Heß, der Anfang der zwanziger Jahre im »Völkischen

Beobachter« für die Abschaffung des Parlamentarismus zugunsten der Herrschaft einer kleinen Elite plädierte. »Ich freilich bin der Meinung, daß die Mehrheit der Männer in politischen Angelegenheiten, in welchem Land auch immer, nicht gescheiter ist als die der Frauen, es daher auf dasselbe herauskommt, ob die Frauen mitstimmen oder nicht (Lacher).«

Rudolf Heß war ohne jeden Zweifel einer der Hauptverantwortlichen für den ausufernden Personenkult um Adolf Hitler, für die stickige Luft des schrankenlosen Byzantinismus. Er hat seinen idolisierten Führer in öffentlicher Rede »die menschgewordene reine Vernunft« genannt. Er hat die Menschen in öffentlicher Rede zu fanatischem »blinden Gehorsam« ermahnt. Er hat dekretiert, daß es am Führer keine Kritik gäbe. Wenn er später aus Spandau schreibt: »... Der Deutsche neigt nun einmal zur Übertreibung auf allen erdenklichen Gebieten, bekennt sich jeweils fanatisch zu den gegensätzlichsten Extremen je nach dem Zug der Zeit« – ist das Resignation, Selbstbescheidung oder späte Einsicht?

Eines steht fest: In der Zelle Nummer sieben des Internationalen Kriegsverbrechergefängnisses in Berlin-Spandau saß kein Verrückter! Das beweisen die Briefe von Rudolf Heß. Er machte sich Gedanken, die er klar, manchmal umständlich und pedantisch, oft genug aber auch stilistisch hervorragend zu artikulieren vermochte.

Roger Manvell und Heinrich Fraenkel sind zu folgendem Schluß gekommen: »Hunderte von Briefen aus einem Zeitraum von drei Dekaden liefern den klaren Beweis gegen die Annahme, daß der Schreiber an Schizophrenie oder irgendeiner anderen Art von Geisteskrankheit litt.«

Schon 1948 hat der amerikanische Psychiater Maurice M. Walsch Heß in Spandau untersucht. Er kam damals zu dem Ergebnis, daß der Gefangene »zum gegenwärtigen Zeitpunkt an keiner geistigen Störung leidet«. Auch sein Gedächtnis war bei jener Untersuchung ebenso in Ordnung wie dreieinhalb Jahrzehnte später.

Den vier Gewahrsamsmächten ist also nicht zum Vorwurf zu machen, daß sie einen Geisteskranken ohne psychiatrische Behandlung in einer Gefängniszelle eingesperrt hielten.

Ebenso fest scheint jedoch zu stehen, daß sich in Rudolf Heß' innerem Verhältnis zu seiner Vergangenheit, zum Nationalsozialismus und zu Adolf Hitler nichts Wesentliches geändert hatte.

In Deutschland und anderen Ländern leben viele Menschen, die noch heute der Naziideologie anhängen und Hitler – offen oder insgeheim – bewundern. In westlichen Ländern sieht man keinen Grund, diese Menschen deswegen einzusperren oder sie auf ihren Geisteszustand hin untersuchen zu lassen. Niemand belästigt sie, sie stehen unter dem Schutz der Gesetze. Man toleriert sie.

Der greise Stellvertreter des Führers aber lebte in der kleinen Zelle eines großen Gefängnisses, das längst ein historisches Kuriosum geworden war. Spandau hat den Kalten Krieg überstanden, die Berliner Blockade, Chruschtschows Berlin-Ultimatum, den Bau der Berliner Mauer. Spandau hat alle Krisen zwischen den ehemaligen Alliierten überlebt. In Spandau taten Amerikaner, Russen, Engländer und Franzosen Monat für Monat so, als hätte sich seit ihrem gemeinsamen Sieg über das Hitler-Reich nichts verändert. Spandau war eine Zeitkapsel, in der die Uhren 1947 angehalten wurden.

Ende 1969, als Rudolf Heß einige Wochen im Britischen Militärhospital von Berlin verbrachte, spielten sich in Spandau gespenstische Szenen ab, die an ein absurdes Theaterstück erinnern: Die Russen bestanden darauf, daß die Wachablösung wie üblich stattfinden müsse, so als sei der Gefangene Nummer sieben in seiner Zelle. Maschinengewehrschützen strichen mit ihren Scheinwerfern über Gefängnismauern, über die niemand flüchten konnte, weil niemand da war; Posten gingen ihre Runden in einem Gefängnis ohne Gefangenen; Wärter kontrollierten in regelmäßigen Abständen die Zelle des abwesenden Häftlings; Mahlzeiten wurden zu den vorgeschriebenen Zeiten in die Zelle gebracht und anschließend wieder in die Küche zurückgetragen. Die symbolische Bedeutung Spandaus als letzter Rest früherer Gemeinsamkeit zeigte sich hier in ihrer logisch-irrationalen Konsequenz.

Und was ist aus dem Gerichtshof geworden, der 1946 in Nürnberg die Urteile fällte? Ein weiteres Kuriosum: Formell und juristisch besteht das am 18. Oktober 1945 konstituierte Internationale Militärtribunal noch immer. Keine der vier beteiligten Regierungen hat das Abkommen jemals gekündigt. Theoretisch könnte das Tribunal morgen wieder zusammentreten.

Dieser Gerichtshof war damals unter sehr heftigen Geburtswehen entstanden und hatte schon vor der Beendigung des Krieges zu ernsthaften Auseinandersetzungen zwischen den Alliierten ge-

260

führt. Stalin hatte die summarische Erschießung von 50 000 Nazis vorgeschlagen. Er hatte bei der Konferenz in Teheran Ende November 1943 einen Trinkspruch darauf ausgebracht. Churchill hatte mit bebender Stimme und rot vor Zorn erwidert: »Lieber lasse ich mich hier an Ort und Stelle in den Garten hinausführen und erschießen, als meine und meines Volkes Ehre durch solche Niedertracht zu beschmutzen.« Engländer wie Franzosen neigten zur sogenannten »Napoleon-Lösung«: Man wollte die führenden Nazis auf eine Insel wie St. Helena verbannen. Die Amerikaner wollten einen ordentlichen Prozeß. Sie setzten sich durch.

Die hochgesteckten Ansprüche des Tribunals, Recht auch für die Zukunft der Völker zu schaffen, verkündete der amerikanische Chefankläger Robert H. Jackson in seiner Eröffnungsrede:

»Lassen Sie mich es deutlich aussprechen: Dieses Gesetz wird hier zwar zunächst auf deutsche Angreifer angewandt, es schließt aber ein und muß, wenn es von Nutzen sein soll, den Angriff jeder anderen Nation verdammen, nicht ausgenommen die, die jetzt hier zu Gericht sitzen.«

Der international angesehene Völkerrechtler Professor Jahreiss verbarg weder seine Skepsis noch seine Hoffnung: »Die Vorschriften des Statuts nehmen das Recht eines Weltstaates vorweg. Sie sind revolutionär. Vielleicht gehört ihnen im Hoffen und Sehnen der Völker die Zukunft.«

Was wurde aus diesen Ansprüchen und Hoffnungen?

Am 21. November 1947 beauftragte die Vollversammlung der UNO eine Kommission für Internationales Recht, auf der Grundlage von Statut und Urteil des Nürnberger Tribunals einen »Kodex der Verbrechen gegen den Frieden und die Sicherheit der Menschheit« zu entwerfen. Im Artikel 1 dieses Entwurfs heißt es: »Die Verbrechen gegen den Frieden und die Sicherheit der Menschheit sind Verbrechen nach internationalem Recht. Die Individuen, die dafür verantwortlich sind, können bestraft werden.«

Zehn Jahre später vertagte sich die Kommission endgültig. Im Schlußkommuniqué hieß es resigniert: »Die gegenwärtige Zeit mit ihren starken und zahlreichen Spannungen ist für die Regelung dieser Frage nicht geeignet.« Andersherum gesagt: Man kann kein Gesetz gegen Sittlichkeitsverbrechen erlassen, weil zu viele potentielle und praktizierende Triebtäter herumlaufen! Die Feststellung des Komitees ist aber keineswegs Ausdruck von subtilem Zynismus, sondern von Hilflosigkeit.

Rudolf Heß, der Stellvertreter des Führers, ist nach einem korrekt geführten Gerichtsverfahren für schuldig befunden worden, an einer Verschwörung zur Vorbereitung eines Angriffskrieges und an Verbrechen gegen den Frieden beteiligt gewesen zu sein. Er war einer der höchsten Naziführer, er war der engste Vertraute Hitlers. Es ist undenkbar, daß er die Pläne des Führers, internationale Verträge zu brechen und einen Angriffskrieg zu führen, nicht unterstützt hat, und sei es stillschweigend, nach seiner eigenen These des »Gehorchens um des Gehorchens willen«. Von der Anklage, Kriegsverbrechen oder Verbrechen gegen die Menschlichkeit begangen zu haben, wurde Rudolf Heß freigesprochen.

Die Anklagepunkte, unter denen er schuldig gesprochen wurde, sind nicht unumstritten. Rechtsgelehrte haben angeführt, daß sie zumindest den Grundsatz »Nullum crimen sine lege, nulla poena sine lege« verletzen. In anderen Worten: Niemand kann für eine Tat bestraft werden, die zum Zeitpunkt ihres Begehens nicht durch Gesetz mit Strafe bedroht war.

Ganz einwandfrei ist eine Berufung auf dem Grundsatz »Nulla poena ...« allerdings nicht. Durch die Planung eines Angriffskrieges zumindest haben die Naziführer den – vom Deutschen Reich mitunterschriebenen – Briand-Kellogg-Pakt zur Verdammung des Krieges als Mittel der Politik gebrochen. Durch ihren Angriff auf Polen ohne Kriegserklärung haben sie auch das Haager Abkommen von 1899 gebrochen, nicht gerechnet den Bruch mehrerer bestehender Nichtangriffsverträge.

Andere »Formfehler« wie die Tatsache, daß in Nürnberg nur Sieger über Besiegte zu Gericht saßen, daß keine Neutralen am Richtertisch waren, sind ebenfalls völkerrechtlich umstritten.

Viel bemerkenswerter aber ist, daß noch fast vierzig Jahre nach dem Zweiten Weltkrieg an Rudolf Heß in Spandau ein Urteil vollstreckt wurde, dessen Rechtsnormen sich bis zum heutigen Tage nicht in den Vereinten Nationen durchgesetzt haben. Dessen Rechtsnormen in den letzten drei Jahrzehnten auf vielen Schauplätzen der Erde von vielen Regierungen, die den Vereinten Nationen angehören, mißachtet wurden.

»Spandau ist ein gespenstisches Überbleibsel jenes neuen Gebäudes der Welt, das geplant, aber nicht ausgeführt wurde und dessen Bausteine da und dort herumliegen«, schreiben Joe J. Heydecker und Johannes Leeb in ihrem Buch »Der Nürnberger Prozeß«.

Alle Versuche, die Freilassung von Rudolf Heß zu erreichen, sind am hartnäckigen, unerbittlichen Widerstand der Sowjetunion gescheitert. Der vorzeitigen Entlassung von Raeder und Funk, die wie Heß zu lebenslänglichem Gefängnis verurteilt waren, hatten die Russen sich nicht widersetzt. Aber Heß' Entlassung war für sie »kein Diskussionsthema«.

Als das Nürnberger Urteil für Heß von der Mehrheit der Richter beschlossen wurde, hatte der sowjetische Richter Nikitschenko seinen abweichenden Standpunkt zu Protokoll nehmen lassen. Darin heißt es abschließend: »Es unterliegt keinem Zweifel, daß Heß neben den anderen Hauptkriegsverbrechern für die Begehung von Verbrechen gegen die Humanität schuldig ist. Mit Rücksicht darauf, daß Heß der drittwichtigste politische Führer im Hitler-Deutschland war, daß er eine entscheidende Rolle bei den Verbrechen des Naziregimes spielte, halte ich als einzig richtiges Strafmaß für ihn die Todesstrafe.« Heß ist der Hinrichtung entgangen. Nach Ansicht der Russen sollte er dann wenigstens für den Rest seines Lebens im Gefängnis bleiben.

Ihre starre Haltung gegenüber dem ehemaligen Stellvertreter des Führers, der gar nicht mehr in Deutschland war, als Hitler Rußland überfiel, hatte noch einen besonderen Grund: Die Russen sehen Heß' Flug nach England ganz und gar nicht im Licht, in dem andere dieses Unternehmen zu sehen wünschen. Sie sehen Heß nicht als selbsternannten Missionar für Frieden und Menschlichkeit, sondern als einen Mann, der Hitler bewußt den Rücken für den Angriff auf die Sowjetunion freihalten wollte, vielleicht sogar England als Verbündeten für einen gemeinsamen Schlag zu gewinnen versuchte.

Solange Heß in England war, schwelte bei Stalin das Mißtrauen. Er hat Churchill den ganzen Krieg über mit Argwohn betrachtet, hat sich ihm und Beaverbrook gegenüber auch entsprechend geäußert. Vielleicht verhandelten die Engländer wirklich mit Heß? dachte er. Vielleicht trieben sie ein doppeltes Spiel?

Als Heß' Ex-Adjutant Karlheinz Pintsch 1944 an der Ostfront in Gefangenschaft geriet und die Russen alles über seine frühere Funktion herausfanden, wurde er wochenlang verhört. Was er über die Englandmission seines früheren Chefs wisse? Was wirklich gespielt würde? Pintsch wußte nichts, was nicht schon längst überall bekannt war. Die Russen glaubten ihm das nicht. Sie folterten ihn. Jeden Tag wurde ihm ein Finger seiner Hände gebrochen. Zehn Tage lang.

Konnte Rudolf Heß ohne russisches Placet entlassen werden? Theoretisch ja. Wenn sich eine der anderen Gewahrsamsmächte aus der gemeinsamen Administration von Spandau zurückgezogen hätte, wäre das Gefängnis nach den Statuten aufgelöst worden. Der Gefangene wäre in diesem Fall in das Land seines ursprünglichen Gewahrsams gebracht worden, also nach England. Dort hätte er auf freien Fuß gesetzt werden können.

Doch bei aller Bereitschaft, sich aus humanitären Gründen für die Freilassung des letzten Spandauer Gefangenen zu verwenden, scheuten die Regierungen der drei Westmächte verständlicherweise davor zurück, wegen des ehemaligen Stellvertreters Adolf Hitlers eine unter Umständen ernste Krise mit der Sowjetunion heraufzubeschwören. Auch hatte man keine Neigung, Rudolf Heß' wegen ein internationales Abkommen zu brechen. Die britische Regierung hat sich durch Lord Chalfont, Staatsminister im Außenministerium, klar dazu geäußert: »Die Freisetzung von Heß durch einen einseitigen Akt ohne russische Zustimmung wäre ein Bruch feierlich eingegangener internationaler Verpflichtungen. Die Regierung Ihrer Majestät zieht einen solchen Akt nicht in Erwägung.«

Seit 1967 gab es eine Hilfsgemeinschaft »Freiheit für Rudolf Heß«. Auf ihre Initiative hin unterschrieben mehr als 800 angesehene Persönlichkeiten aus Deutschland und dem Ausland einen Appell zur Freilassung des letzten Spandauer Häftlings, der besonders durch die Einzelhaft seit Oktober 1966 eine im Urteil von Nürnberg nicht vorgesehene Strafverschärfung erdulden mußte, eine Strafverschärfung, die man keinem zu lebenslänglichem Freiheitsentzug verurteilten Massenmörder zumuten würde. Zu den Unterzeichnern gehörten: Sir Hartley Shawcross, der britische Hauptankläger im Nürnberger Prozeß, die Wissenschaftler Professor Hahn und Professor Heisenberg, Pastor Niemöller, Jean Anouilh, Sefton Delmer, Landesbischof Dr. Lilje, Otto von Habsburg, die Historiker Golo Mann und Lord Russell of Liverpool (dem niemand den Vorwurf einer prodeutschen Einstellung machen kann), um nur eine kleine Auswahl zu nennen.

Der amerikanische Wissenschaftler Julius Epstein – ein Jude – startete eine eigene Kampagne in Amerika und Kanada. In zahlreichen Zeitungs- und Zeitschriftenartikeln und in einem Briefwechsel mit dem sowjetischen Ministerpräsidenten Kossygin wies er darauf hin, daß eine weitere Verlängerung der Haft von Rudolf Heß den Menschenrechten widerspreche.

In England setzten sich neben anderen Publikationen besonders die Zeitungen »Daily Express« und »Guardian« für die Freilassung des letzten Spandauers ein. Schon 1965 hatte der angesehene Journalist und Kritiker Bernard Levin – ebenfalls Jude – in der »Daily Mail« die Entlassung von Heß gefordert.

Einer der engagiertesten Verfechter der Haftbeendigung war der Londoner Rechtsanwalt und konservative Parlamentsabgeordnete Airey Neave, derselbe Airey Neave, der als Gerichtsoffizier in Nürnberg Rudolf Heß die Anklageschrift zustellte. Neave setzte sich bei andauernder Weigerung der Russen, Heß zu entlassen, für den folgenden Kompromiß ein: Heß sollte sich in den Monaten, in denen die Westmächte die Aufsicht in Spandau führen, bei seiner Familie aufhalten dürfen. Im »russischen« Monat sollte man ihn dann immer nach Spandau zurückbringen. Sollten die Russen sein Ausfliegen in die Bundesrepublik nicht gestatten, dann könnte man in Berlin für eine geeignete Wohnung sorgen. Andere Vorschläge liefen darauf hinaus, Heß im Hause seiner Frau bei Hindelang im Allgäu unter ständigen Hausarrest zu stellen. Er hätte Spaziergänge machen, aber den Ort nicht verlassen dürfen. Das Handikap solcher Vorschläge bestand darin, daß *alle* Entscheidungen, die Status und Behandlung des Gefangenen betreffen, einstimmig gefaßt werden mußten. Und auch auf diese Vorschläge wäre die Antwort der Russen ein klares »Njet!« gewesen.

Die Tatsache, daß bedeutende Persönlichkeiten – darunter viele erklärte Antinazis, auch solche, die unter der Herrschaft des Dritten Reiches in Deutschland und Europa unmittelbar schwer zu leiden hatten – sich dafür einsetzten, daß der Stellvertreter Hitlers die letzten Jahre seines Lebens in Freiheit verbringen sollte, hatte bei manchen Nazifreunden zu einem überaus sonderbaren Mißverständnis geführt: Sie meinten nämlich nicht selten, diese Leute engagierten sich deshalb so, weil sie Rudolf Heß für einen verkannten guten Menschen und reinen Idealisten hielten, der, ohne die geringste Schuld auf sich geladen zu haben, durch ein willkürliches Racheurteil in Haft gehalten wurde.

Die Ursachen solcher Mißverständnisse liegen allein in der unsäglichen Arroganz und borniertem Selbstgerechtigkeit, die in Gesprächen mit manchen ehemals führenden Nazis noch immer in verblüffendem Maße zum Vorschein kommt. Joachim Fest hat diese Haltung als »Wehleidigkeit gegenüber eigenen Ungelegenheiten bei völliger moralischer Apathie gegenüber den Millionen von unschuldigen Opfern der Nazis« charakterisiert. Solche Krypto-Nazis verwechselten offenbar die rein humanitären und rechtlichen Motive der Gutgesinnten mit freundschaftlicher Sympathie oder gar Bewunderung für den »Stellvertreter des Führers«.

Auch bei allem schuldigen Respekt vor den Gefühlen seiner Frau Ilse dürfte ihre folgende Bemerkung von vielen Millionen Deutschen wohl als deprimierender Ausdruck hochmütiger Selbstgefälligkeit empfunden worden sein: »Manchem Mann unserer Zeit wird mit Recht zugute gehalten, daß er mitgewirkt habe, die deutsche Volkssubstanz aus den Katastrophen des zwanzigsten Jahrhunderts zu retten. Ich bin sicher, daß die unbeirrbare Haltung meines Mannes – von den Tagen des Nürnberger Tribunals bis zu seinem Tode – im Überdauern unserer seelischen Volkskraft dereinst ihre Rechtfertigung finden wird.«

Das Kapitel Rudolf Heß ist abgeschlossen. Es ist kein Ruhmesblatt im Buch der Geschichte. Es erzählt von einem Mann, der nicht begreifen konnte, daß er dem Unrecht gedient und historische Schuld auf sich geladen hatte, der sich für ein Opfer hielt und ein Täter war. Und es erzählt von Menschen, die dem Täter Heß das Recht der Gnade verweigerten und sich dadurch auch ins Unrecht setzten. Die Taten des Rudolf Heß waren nicht, wie die seines Abgotts, Mord und Völkermord; sie waren so etwas wie unbewußte Beihilfe, angedient aus blindem Idealismus und blinder Folgsamkeit.

Insofern büßte der »Stellvertreter des Führers« jahrzehntelang in Spandau stellvertretend für die Mehrheit seines Volkes, die blind und folgsam war wie er.

Dank des Autors

Mein Dank gilt allen, die dieses Buch ermöglicht haben.

Für Informationen danke ich Herrn Dr. Ernst Hanfstaengl, München; Herrn Rechtsanwalt Dr. Robert M. W. Kempner, Frankfurt; Herrn Alfred Leitgen, Starnberg; Herrn Diplomingenieur Albert Speer, Heidelberg; Herrn Dr. Otto Strasser, München; Herrn Hans Walter, Kameramann und Filmproduzent, München; sowie einer Reihe von Gesprächspartnern, die ich auf ihren besonderen Wunsch hin nicht namentlich erwähne.

Mein besonderer Dank gilt den Damen und Herren des Instituts für Zeitgeschichte in München, die mir Zugang zu Dokumenten, Zeitungen und anderem zeitgeschichtlichen Material erleichtert haben.

Dank sagen möchte ich auch meinem Freund Will Tremper, München, der mich ermutigt hat, den Schritt von der Idee zur Verwirklichung zu tun, und meiner Frau, Monika Schubert, die mir stets mit Anregung und Kritik zur Seite stand.

Bibliographie

Dokumente

Ilse Heß (Hrsg.): *Ein Schicksal in Briefen,* 3 Bde., Druffel-Verlag, Leoni/
Starnberger See, 1967–1969.
  1. *England-Nürnberg-Spandau,* 1967;
  2. *Gefangener des Friedens,* 1969;
  3. *Antwort aus Zelle Sieben,* 1967.

*Der Prozeß gegen die Hauptkriegsverbrecher vor dem Internationalen
Militärgerichtshof.* Sitzungsprotokolle und Beweisurkunden, Bd. I–XLII,
Nürnberg 1947–1949.

Literatur

Bird, Eugene K.: *Hess.* Herrsching o.J.
Boberach, Heinz (Hrsg.): *Meldungen aus dem Reich.* Auswahl aus den geheimen
  Lageberichten des Sicherheitsdienstes der SS 1939–1944. München 1968.
Boelcke, Willi A. (Hrsg.): *Wollt Ihr den totalen Krieg?* Die geheimen Goebbels-
  Konferenzen 1939–1943. München 1969.
Boveri, Margret: *Der Verrat im 20. Jahrhundert.* Hamburg 1956.
Bracher, Karl Dietrich: *Die deutsche Diktatur.* Köln/Berlin 1969.
Broszat, Martin: *Nationalsozialistische Polenpolitik.* Frankfurt 1965.
Bullock, Alan: *Hitler. Eine Studie über Tyrannei.* Vollst. überarb. Neuausgabe,
  Düsseldorf 1964.
Churchill, Winston: *Der Zweite Weltkrieg.* 6 Bde., München 1948–1954.
Dietrich, Otto: *12 Jahre mit Hitler.* München 1955.
Douglas-Hamilton, James: *Geheimflug nach England.* Der »Friedensbote«
  Rudolf Heß und seine Hintermänner. Düsseldorf 1973.
Fest, Joachim C.: *Das Gesicht des Dritten Reiches.* Profile einer totalitären
  Herrschaft. München 1963.
–: *Hitler.* Berlin 1973.
Franz-Willing, Georg: *Die Hitlerbewegung.* Hamburg/Berlin 1962.
Gallo, Max: *Der schwarze Freitag der SA.* Wien/München/Zürich 1972.

Gilbert, G. M.: *Nürnberger Tagebuch*. Frankfurt /M.

Görlitz, Walter: *Adolf Hitler*. Göttingen 1960.

Grebing, Helga: *Der Nationalsozialismus*. München 1959.

Gruchmann, Lothar: *Der Zweite Weltkrieg*. München 1967.

Hanfstaengl, Ernst: *Zwischen Weißem und Braunem Haus*. München 1970.

Hartog, L. J.: *Und morgen die ganze Welt*. Gütersloh 1961.

Hassell, Ulrich von: *Vom anderen Deutschland*. Aus den nachgelassenen Tagebüchern. Zürich 1946.

Heider, Helmut: *Die Republik von Weimar*. München 1966.

–, (Hrsg.): *Reichsführer!* Briefe an und von Himmler. München 1970.

–, (Hrsg.): *Das Tagebuch von Joseph Goebbels 1925/26*. Stuttgart o.J.

Heiden, Konrad: *Geburt des Dritten Reiches*. Zürich 1934.

–: *Adolf Hitler*, Zürich 1936.

Heß, Rudolf: *Reden*. München 1938.

Heydecker, Joe J., und Leeb, Johannes: *Der Nürnberger Prozeß*. Köln/Berlin 1958.

Hillgruber, Andreas (Hrsg.): *Staatsmänner und Diplomaten bei Hitler*. München 1969.

Hitler, Adolf: *Mein Kampf*. München 1935.

Hofmann, Hanns Hubert: *Der Hitlerputsch*. München 1961.

Jacobsen, Hans-Adolf: *1939–1945*. Der Zweite Weltkrieg in Chronik und Dokumenten. Darmstadt 1959.

Kelley, Douglas M.: *22 Männer um Hitler*. Olten/Bern 1950.

Kempner, Robert M. W.: *Das Dritte Reich im Kreuzverhör*. München/Esslingen 1969.

Kersten, Felix: *Totenkopf und Treue*. Heinrich Himmler ohne Uniform. Hamburg 1952.

Klöss, Erhard (Hrsg.): *Reden des Führers*. Politik und Propaganda Adolf Hitlers 1922–1945. München 1967.

Krebs, Albert: *Tendenzen und Gestalten der NSDAP*. Erinnerungen an die Frühzeit der Partei. Stuttgart 1959.

Lautenschläger, Berthold (Hrsg.): *Ahnentafel des Stellvertreters des Führers*. Leipzig 1936.

Leasor, James: *Botschafter ohne Auftrag*. Oldenburg 1963.

Lüdecke, Kurt G. W.: *I Knew Hitler*. London 1938.

Manvell, Roger, und Fraenkel, Heinrich: *Hess*. London 1971.

Maser, Werner: *Nürnberg. Tribunal der Sieger*. Düsseldorf/Wien 1977.

Pflücker, Ludwig: *Als Gefängnisarzt in Nürnberg*, Waldeckische Landeszeitung, Korbach, 4.–29.10.1952.

Rees, J. R. (Hrsg.): *The Case of Rudolf Hess*. A Problem in Diagnosis and Forensic Psychiatry. London 1947.

Ritter, A., und Miller, Susanne (Hrsg.): *Die deutsche Revolution 1918–1919*. Frankfurt 1968.

Schellenberg, Walter: *Memoiren*. Köln 1959.

Schmolze, Gerhard (Hrsg.): *Revolution und Räterepublik in München 1918/19 in Augenzeugenberichten*. Düsseldorf 1969.

Schwerin von Krosigk, Lutz Graf: *Es geschah in Deutschland*. Tübingen/Stuttgart 1951.

Sebottendorff, Rudolf von: *Bevor Hitler kam.* Urkundliches aus der Frühzeit der nationalsozialistischen Bewegung. München 1933.

Seraphim, Hans-Günther (Hrsg.): *Das politische Tagebuch Alfred Rosenbergs 1934/35 und 1939/40.* Göttingen 1956.

Shirer, William L.: *Aufstieg und Fall des Dritten Reiches.* Köln/Berlin 1961.

Smith, Bradley F.: *Der Jahrhundertprozeß.* Frankfurt/M. 1977.

Speer, Albert: *Erinnerungen.* Berlin 1969.

Strasser, Otto: *Hitler und ich.* Konstanz 1948.

–: *Mein Kampf.* Frankfurt 1969.

Toland, John: *Adolf Hitler.* Bergisch-Gladbach 1977.

Wistrich, Robert: *Wer war Wer im Dritten Reich.* München 1983.

Wulf, Joseph: *Martin Bormann, Hitlers Schatten.* Gütersloh 1962.

Zentner, Kurt: *Illustrierte Geschichte des Zweiten Weltkriegs.* München 1963.